U0851908

铁路科技图书出版基金资助出版

铁路综合接地和信号设备防雷系统工程设计指南

铁道部工程设计鉴定中心　编著

中国铁道出版社
2014年·北京

内容简介

本书系统介绍了综合接地和信号设备防雷系统有关设计标准及原则，提出了站前、站后工程接口的衔接、预埋件要求、施工工艺等重点结合部设计难题的解决方案，以及国外高速铁路综合接地系统的特点和我国高速铁路、客运专线综合接地系统的测试验证，为今后高速铁路、客运专线等铁路建设项目综合接地和信号设备防雷系统设计提供了有益借鉴和指导，具有工具书的作用。其内容包括：铁路综合接地、信号防雷系统的设计原则、系统构成、工程设计方法、文件组成、工程实例、技术要求、工程质量验收等。本书内容丰富，实用性和针对性强，是从事铁路综合接地和信号防雷系统设计、建设、管理和维护等科技人员的重要参考书。

图书在版编目（CIP）数据

铁路综合接地和信号设备防雷系统工程设计指南/铁道部工程设计鉴定中心编著. —北京：中国铁道出版社，2009.9（2014.7 重印）

ISBN 978-7-113-10319-4

Ⅰ. 铁… Ⅱ. 铁… Ⅲ. ①铁路工程—接地系统—系统设计—指南 ②铁路信号—信号设备—防雷—系统设计—指南 Ⅳ. U284.93-62

中国版本图书馆 CIP 数据核字（2009）第 131000 号

书　　名：铁路综合接地和信号设备防雷系统工程设计指南
作　　者：铁道部工程设计鉴定中心　编著

责任编辑：魏京燕　　**电话：**51873115　　**电子信箱：**dianwu@vip.sina.com
封面设计：冯龙彬
责任印制：郭向伟

出版发行：中国铁道出版社（100054，北京西城区右安门西街 8 号）
网　　址：http://www.tdpress.com
印　　刷：北京铭成印刷有限公司
版　　次：2009 年 9 月第 1 版　　2014 年 7 月第 2 次印刷
开　　本：880 mm×1 230 mm　1/16　印张：8.5　字数：252 千
书　　号：ISBN 978-7-113-10319-4
定　　价：60.00 元

版权所有　侵权必究

凡购买铁道版的图书，如有缺页、倒页、脱页者，请与本社读者服务部调换。

电　　话：市电（010）51873174，路电（021）73174（发行部）

打击盗版举报电话：市电（010）51873659，路电（021）73659

编辑委员会

主　　编　任润堂

副 主 编　张　锐　杨　岗

编　　委　李国斌　束维京　王　强　陈学光　覃　燕

莫志松　李光东　张季良　王哲浩　刘大为

尹福康　肖　苹　朱　颖　高建强　张华明

余颜丽　李远刚　张守利　王海忠　聂　影

李乾社　谢静高　许　杰　赵　阳

参编人员　张　锐　杨　岗　刘立峰　周志辉　余颜丽

周南骏　蔡　亮　鞠岩松　楚振宇　唐元方

陈纪刚　谭　梅　刘　洋　曾满元　颜　华

徐治学　禹志阳　吴命利　李建清　潘继军

董玉玺　田小丽　陈　刚　薛瑞民

主编单位　铁道部工程设计鉴定中心

主要参编单位　中铁二院工程集团有限责任公司

参编单位　中铁第一勘察设计院集团有限公司

铁道第三勘察设计院集团有限公司

中铁第四勘察设计院集团有限公司

中铁工程设计咨询集团有限公司

北京全路通信信号研究设计院

北京电铁通信信号设计院

中国铁道科学研究院

北京交通大学

成都铁路局

广州铁路(集团)公司

序

根据我国《中长期铁路网规划》，到2020年我国铁路运营里程将达到12万km以上，到2012年，我国将有1.3万km客运专线建成投产，“四纵四横”主要通道全面实现客货分线，长三角、珠三角、环渤海地区及其他城市密集地区的城际铁路系统也将基本建成。作为铁路建设的重要配套工程内容之一，铁路综合接地、信号防雷系统也将同步建设。

我国铁路建设初期，通信、信号、信息、电力电气化各系统各自设计独立的接地系统，各接地系统之间存在的电位差经常造成强电系统高电位反击低电位弱电系统设备，严重影响铁路运输安全。进入新世纪以来，随着科学技术的迅猛发展，各种对接地和周边电磁环境要求越来越高的电子产品或弱电系统大量涌现，以计算机为基础构成的信号控制系统、通信系统、信息系统和电气化铁路牵引供电系统，对设备工作接地、安全接地、防雷接地的要求越显突出。如何统筹研究站前土建工程与站后工程设计接口、施工预留，按照沿线铁路设施共用综合接地平台的建设理念，合理搭建等电位综合接地系统平台，已成为当前铁路建设必须解决的重要任务和课题。

为解决当前综合接地系统工程设计面临的新问题，规范各设计院综合接地系统的设计标准和文件组成内容，在充分调研国外高速铁路建设成功经验的基础上，结合京津城际、武广、郑西等我国在建客运专线的建设实践，铁道部工程设计鉴定中心组织相关单位，共同编写了《铁路综合接地和信号设备防雷系统工程设计指南》一书。该书系统介绍了综合接地系统有关设计标准和原则，提出了站前、站后工程接口的衔接、预埋件要求、施工工艺等重点结合部设计难题的解决方案，为今后客专铁路建设项目综合接地系统设计提供了有益借鉴和指导，具有工具书的作用。其内容包含铁路综合接地、信号防雷系统的必要性，国外高速铁路综合接地系统特点，系统构成、工程设计方法、文件组成、工程实例、技术要求等，内容丰富，重点突出，图文并茂，具有现较强的实用性和针对性，相信对大家会有所帮助。

当前我国铁路建设正处在难得的黄金机遇期，规范和完善综合接地系统设计标准和方法，对加快我国客运专线建设进度，提高我国客运专线建设水平有着积极的现实意义。希望广大建设、设计人员积极探索，不断总结经验，为不断提高和完善我国铁路综合接地建设水平，实现铁路现代化作出新的贡献。

初建

二〇〇九年五月

前　　言

国务院审议通过的《中长期铁路网规划》，到2020年铁路里程将达到12万km以上。随着我国铁路大规模建设的推进，作为铁路建设的重要内容之一的铁路综合接地、信号防雷系统建设也取得了重大进展。经过广大工程技术人员的共同努力，已经在沪汉蓉铁路通道（合宁、合武铁路）、沿海铁路通道（甬台温、温福、福厦铁路）、京津城际、石太、武广、郑西、广深港等铁路建设了综合接地系统。正在建设的哈大、津秦、京石、石武客专铁路和规划建设的西成、西宝、兰渝、贵广、南广、兰新第二双线等一大批时速200 km以上铁路都将配套建设综合接地系统。为总结综合接地系统和信号设备防雷系统的工程经验，规范、指导设计，不断提高设计水平，铁道部工程设计鉴定中心组织以中铁二院工程集团有限公司为主的中铁一、三、四勘察设计院集团有限公司，中铁设计咨询集团有限公司，北京全路通信信号研究设计院，中铁电化集团北京电铁通信信号勘测设计院等单位工程设计人员和专家编写了《铁路综合接地和信号设备防雷系统工程设计指南》一书，旨在对铁路综合接地和信号防雷系统工程设计起到积极推动作用。

根据国内外建设经验，我国相继制定了《铁路防雷、电磁兼容及接地工程技术暂行规定》等技术文件。本书是按照国家和铁道部有关技术标准、规范的要求，结合铁路工程设计的需要进行编制，系统介绍了铁路综合接地、信号防雷系统的设计原则、系统构成、工程设计方法、文件组成、工程实例、技术要求等。具有内容丰富、实用性和针对性强的特点，是从事铁路综合接地系统设计、建设、管理和维护等科技人员的重要参考书。

本书由铁道部工程设计鉴定中心、中铁二院工程集团有限公司组织编写，由任润堂主编。参加编写的单位有中铁第一、三、四勘察设计院集团有限公司，中铁设计咨询集团有限公司，北京全路通信信号研究设计院，中铁电化集团北京电铁通信信号勘测设计院等单位。

本书编写过程中得到了铁道部运输局、建设司、科技司、经济规划研究院，铁科院、北京交通大学，成都铁路局、广铁集团等单位的领导和专家指导，以及西安西电光电缆公司、焦作铁路电缆厂，深圳科安达、恒毅兴、铁创、上海铁大等公司的大力支持。在此向参加本书编写、审核的单位和有关人员表示衷心的感谢。

本书系首次出版，随着铁路客运专线的建设和铁路综合接地、信号防雷的发展，目前确定的方案还将继续完善并制定后续的相关标准、规范等。各单位若发现需要修改和补充之处，请及时将意见及有关资料寄交中铁二院工程集团有限公司（四川省成都市通锦路3号，610031），并抄送铁道部工程设计鉴定中心（北京市复兴路10号，100844），以供今后修订时参考。

作　者

2009年5月

前言

目　　录

第一章　概　　述

第一节　铁路综合接地和信号设备防雷系统的必要性

在 21 世纪以前，我国铁路沿线设施的接地系统均参考前苏联模式，按不同的专业分别设置设备工作地线、安全地线、雷电防护等装置，并且出于安全的考虑，各种地线之间需要相互隔离，造成了接地设施分散，制作工艺标准和接地要求不同，接地保护效果得不到整体提高的状况。

早期的信号设备多由机电产品构成，抗雷击能力相对较强，对防雷要求和标准不高，对雷电电磁脉冲的传统防护手段主要以各自设备分散设置防雷元器件、分散设置地线的方法来实现。由于这种方式没有把信号设备的防雷元器件和建筑物的防雷作为一个整体系统来考虑防雷设计方案，加之信号设备主要设置在铁路沿线，设备分散，对于强电磁干扰尤其是直击雷缺乏有效的防护，导致信号设备工作期间特别容易受到不同地区雷电气候的影响。

随着铁路交通基础设施的大规模建设，铁路系统技术装备水平、标准、管理水平等都在不断优化、提高，设备房屋与其他建筑物合建综合房屋的需求也越来越多。就信号专业而言，进入 21 世纪以来，铁路建设大量装备了调度集中、计算机联锁、列车运行控制、微机监测等以电子设备为基础的系统设备，由于这些系统和设备耐过压能力有限，雷电高电压以及雷电电磁脉冲侵入所产生的电磁效应、热效应都会对系统和设备造成干扰或永久性损失。据铁道部运输局统计，在 2005 年至 2007 年的 3 年中，全路信号设备因雷害引起的故障在 3 个年度中分别为 762 件、650 件和 310 件，分别占年度信号故障总数的 9. 52%、8. 76%、6. 22%，造成的故障延时分别为 996 h、716 h 和 414 h，平均每件雷害故障延时 1. 31 h、1. 1 h、1. 34 h。从上述几组数据可以看出，3 个年度因雷害引起的故障呈下降趋势，是因为铁道部在这三年内安排了综合防雷系统专项整治工作所取得的成果。同时也可以看出，对铁路信号设备采取综合防雷措施，可有效降低雷电对电子设备造成的损害程度，可减少被保护的信号系统设备遭受雷击损害的风险。因此，在确保铁路行车安全，确保信号技术装备的可靠性方面，越来越凸显出综合防雷系统对信号设备保护的重要性，同时对设备的接地、防雷以及电磁兼容的设计、施工、维护管理等方面提出了更高的要求。

在综合接地系统方面，随着秦沈客运专线建设中引进法国高速铁路信号系统设备的同时，我们借鉴了法国铁路综合接地、信号防雷和电磁兼容等方面的经验和设计思路。其中心思想是综合接地以沿线敷设对地电阻小于或等于 1 Ω 的贯通地线为接地平台，轨旁及站区信号设备就近接入贯通地线，实现沿线信号设备等电位连接，避免了不同设施之间因电位不同造成的损害。

通过秦沈客运专线信号工程综合接地（俗称“小综合”）的实践，不断总结实践经验，在之后的普速铁路（速度目标值在 160 km/h 及以下）自动闭塞工程中借鉴了敷设信号专用贯通地线的做法，收到了良好的接地效果。

针对我国客运专线、城际铁路的建设，铁道部组织了综合接地系统的深入研究和现场测试，在工程中将铁路线路两侧附近 20 m 范围以内的其他铁路设施（如隔离栅栏、声屏障等）接地装置，以及距接触网带电体 5 m 范围以内需接地的构筑物、设备接地装置，根据需要就近接入综合接地系统，实现铁路沿线设施等电位连接，初步形成了速度目标值为 200 km/h 及以上铁路大范围综合接地系统的暂行技术标准和规定。

第二节 铁路综合接地和信号设备防雷发展阶段回顾

2002 年 2 月 9 日铁道部发布的铁路行业标准《铁路电子设备用防雷单元》(TB/T 2311—2002),是以铁道部行业标准《铁路信号设备雷电防护用组合单元技术条件》(TB/T 2311—1992)为基础,同时参考了 IEC 61643-1 1998、IEEE STB/T C62.36-1994、ITU-T K.36 1998 等国际有关电子设备防雷单元的标准进行编制的。该标准主要针对我国铁路信号设备仍有多种电气设备的不同情况制定,这种基于电气设备的防护目前已不能完全适应铁路信号设备微电子化发展的需要。

2003 年 3 月铁道部颁布的铁路行业标准《铁路信号设备雷电电磁脉冲防护技术条件》(TB/T 3074—2003),遵循了先进性、实用性和与既有国家标准协调的原则,尽量采用国际先进标准,提出了分区、分级的综合防雷思想,为促进铁路信号系统采用技术先进、经济合理、科学有效、安全可靠和规范的雷电防护措施奠定了基础。

1999 年 8 月,在秦沈客运专线的建设中,借鉴了法国高速铁路(地中海线)有成熟应用经验的综合接地、防雷系统建设经验,第一次沿全线铺设了 1 条贯通地线,彻底解决了困扰多年的室外信号设备接地困难问题。2004 年,贯通地线的解决方案在成都枢纽成都北编组站得到了实际运用,为区域综合防雷系统的接地和工程建设奠定了基础。实践证明,综合接地系统的实施,对保障铁路运输和设备良好的运行状态起到了决定性作用。

2004 年 5 月,铁路产品认证管理委员会发布 CRCC 产品认证实施规则——铁路电子设备用防雷单元,把铁路电源与通道防雷器材纳入了信号设备类强制认证目录。

2006 年 3 月铁道部《关于印发〈铁路信号设备雷电及电磁兼容综合防护实施指导意见〉的通知》(铁运〔2006〕26 号)下发各铁路局。该实施指导意见涉及铁路信号设备电磁兼容及雷电电磁脉冲防护的设计、施工、维护与管理等方面,包含元件选型和认证、地网设置、屏蔽设置、等电位连接、保安器设置等诸多内容,初步形成了信号设备综合防护的框架,起到了统一规范、统一标准,对改进全国铁路信号设备雷电防护起到了重要指导作用。

2006 年 12 月 11 日,铁道部在总结京津城际铁路、合宁、合武、石太客专等铁路综合接地系统组织实施过程中取得的经验基础上,并参照国外相关技术规范,颁布了《关于印发〈客运专线综合接地技术实施办法(暂行)〉的通知》(铁集成〔2006〕220 号),对指导客专铁路综合接地系统设计和施工起到了重要作用。

2007 年 3 月,铁道部颁布铁路行业标准《铁路防雷、电磁兼容及接地工程技术暂行规定》(铁建设〔2007〕39 号),系统总结了我国铁路防雷、电磁兼容及接地工程建设经验,借鉴了国外有关标准和规定,并因地制宜地结合我国铁路建设国情和具体工程情况,规范了铁路防雷的设计和运用管理。

2007 年 4 月铁道部组织召开了铁路防雷、接地工程设计专业分工及文件编制研讨会,贯彻落实铁道部铁运〔2006〕26 号文和铁建设〔2007〕39 号文精神,从设计源头严格控制工程质量和投资,规范设计文件编制,克服设计中的差、错、漏、碰现象,解决了近年来铁路工程设计中出现的多专业协作不力的问题,为不断提高设计质量和更好地服务现场奠定了基础。会议形成《铁路防雷、接地工程设计专业分工及文件编制研讨会议纪要》(鉴信〔2007〕96 号),有效推进了该领域多专业接口协调设计工作的开展。

2006 年 11 月至 2007 年 8 月间,铁道部陆续批复了石太、京津城际、武广等速度目标值为 300 ~ 350 km/h 客运专线,沪汉蓉铁路通道合宁线、合武线,沿海铁路通道甬台温线、温福线、福厦线等速度目标值为 200 ~ 250 km/h 客货混运铁路综合接地系统变更设计,并在工程中实施。

2007 年 1 月至 2008 年 12 月间,在我国首条无砟轨道试验段遂渝线,第一条速度目标值为 200 ~ 250 km/h 有砟轨道铁路合宁线和第一条速度目标值为 300 ~ 350 km/h 无砟轨道铁路京津城际轨道交通工程中,开展了针对不同工程特点、不同地域新建铁路综合接地系统的大规模现场测试工作,并取得了大量的第一手资料和成果,为综合接地系统对设备保护的效果进行了测试和验证。

2008 年,为规范铁路综合接地系统的设计与施工,根据铁道部《关于印发〈2008 年铁路工程建设标准编制计划〉的通知》(铁建设函〔2007〕1374 号)的要求,由铁道部经规院组织完成了铁路工程建设通用参考图

《铁路车站信号设备防雷、电磁兼容及接地》(通号〔2008〕9201)和《铁路综合接地系统》(通号〔2009〕9301)的编制,并分别以经规标准〔2008〕113 号和经规标准〔2009〕35 号正式发布使用。该通用参考图适用于铁路车站信号综合防雷和综合接地系统设计,可供桥梁、隧道、路基、站场、轨道、房屋结构、声屏障工程等专业的综合接地系统设计参考使用。

第三节 国外高速铁路接地系统特点

国外高速铁路接地系统,德国、法国和日本具有代表性。据国外有关资料显示表明,在国外高速铁路发达国家,综合接地系统技术经过 20 多年的运用实践,日趋成熟。

综合接地系统一般利用建筑物内钢筋作为自然接地体及引下线,当达不到接地电阻值要求时,再补充设置人工接地体,避免了单独设置人工接地装置需要较大场地的限制,可节省投资,且金属受混凝土保护,不易腐蚀。因此,德国、法国等欧洲国家铁路强、弱电系统的接地一般采用综合接地系统方式。而日本铁路则采用各铁路子系统接地相互独立、相互隔离的方式,这与日本的铁路建设管理方式有关。

高速铁路一般采用电力牵引,牵引回流和短路电流经过钢轨并在钢轨和与之相连的设施上产生对地电位差,当该电位差达到一定数量级时,将对人身和设备安全构成威胁。因此,国外高速铁路根据自身铁路建设和技术发展的特点,对铁路接地方式进行了全面的系统研究,形成了目前以法国、德国为代表的欧洲铁路综合接地系统方式和以日本为代表的分开独立接地方式。

一、欧洲方式

欧洲铁路的主要技术由国家铁路公司(如德国 DB、法国 SNCF 等)掌控,注重建立标准体系来促进技术发展。欧洲高速铁路车站普遍采用开放式,人员可自由进出,因此对人身安全的要求较高。影响接地效果的首要因素是接地网接地面积的大小,任何一个简单独立地网的面积是有限的,接地效果也是有限的。为此,欧洲铁路建立了 EN 50122 铁路接地安全评价体系,采用等电位连接方式,在铁路沿线敷设贯通地线,将铁路沿线所有设施的接地网连接在一起,形成面积非常大的综合接地体,来增强接地效果,确保人身和设备安全。

欧洲铁路的综合接地系统方式充分利用铁路沿线设施,降低了钢轨电位,保证了人身和设备安全,而且降低了铁路各子系统单独接地所需的工程投资。对于场坪面积条件有限或高土壤电阻率地区,采用综合接地的优势特别突出。

二、日本方式

日本铁路采用分开独立接地方式,这与日本的铁路建设管理方式有关。日本铁路技术主要分布在铁建工团、各铁路公司和部分大型企业中,铁路各子系统间缺乏综合性。在 2006 年铁道部组织的京津城际、武广、郑西、广深港、合宁、合武、石太等铁路通信、信号、电力、电气化的"四电"系统集成研讨工作中,日本信号系统专家曾表示,为避免牵引回流对信号设备产生不利影响,工作接地和安全接地必须分开设置。

在实际工程中,日本铁路采用各铁路子系统接地相互独立、相互隔离的方式,使得钢轨电位较高。为此,日方专家采取了通过在车站、变电所设置放电间隙等措施来弥补,并采用车站封闭式管理等辅助措施,在站台两侧设防护栏杆,铁路区间全封闭,不允许人员擅自进入,尽可能地减少高电位差对人身安全的威胁。

三、欧洲和日本两种接地方式的对比

针对德国、法国和日本两种截然不同的接地方式,从技术体系、接地方式、牵引回流方式、强弱电设备间的相互影响、区间和车站接地方式、接触网设施、钢轨电位和安全保证等方面进行了定性对比,表 1－1 即为两种接地方式的对照表。

表 1-1 两种接地方式对照表

对比内容	德国、法国方式	日本方式
技术体系	建立以 EN 50122 为代表的铁路接地系统的安全评价体系	接地技术分布在铁建工团、各铁路公司和部分大型企业中，缺乏综合性
接地方式	将工作接地、安全接地合为一体，铁路各子系统（包含站台、站房等）之间进行等电位连接	工作接地、安全接地分开设置，相互之间存在感应电位差
牵引回流方式	部分牵引回流经过综合接地系统（钢轨、回流线或保护线、大地、相关设施地网等）返回牵引变电所，弱电设备地网有电流和电压存在	正常情况下牵引回流经过钢轨、保护线返回牵引变电所，与弱电设备无关，但存在感应电位差
强弱电设备间的相互影响	通过综合接地系统将强电对弱电设备的影响控制在可以接受的范围内	强电回流与弱电设备互不影响，但存在感应电位差
区间接地方式	法国采用敷设贯通地线方式，德国利用沿线钢轨，将沿线设备与贯通地线或钢轨相连，从而实现等电位连接	沿线设备独立接地，互不影响，但存在感应电位差
车站接地方式	包含站台站房在内的所有铁路设施之间进行等电位连接，并与贯通地线或钢轨相连	站台与轨道之间设放电间隙，当电压差超过 3 kV 时，放电间隙动作，降低轨道电位
接触网	接触网回流线或保护线与支柱之间采用无绝缘安装，利用支柱基础充分接地	接触网保护线与支柱之间采用绝缘安装，加设闪络保护线或 S 形放电间隙，不考虑利用支柱基础接地
钢轨电位	按 EN 50122 的要求进行控制； 安全性较高	短路时的钢轨电位远高于欧洲方式； 危险性较高
安全保证	通过完善技术体系来保证人身、设备安全，车站采用开放形式，人员自由进出	通过站台两侧设防护栏杆，人员擅自进入栏杆外部属于违法行为

通过上述两种典型方式的对比，从国际上铁路设施接地技术发展来看，综合接地系统方式在铁路行业和其他工业领域都具有明显的技术优势，作为一种主流接地方式，已逐步在高速铁路工程建设中广泛采用。欧洲各国高速铁路的实际运用经验表明：

第一，只要将综合接地系统中的强电设备（电气化、电力等）接地和弱电设备（通信、信号、信息等）接地在等电位接入综合接地系统时保证一定的距离，弱电设备的安全是有充分保证的；

第二，铁路各子系统接地纳入综合接地系统后，在大大降低了各子系统独立进行接地处理的实施难度的同时，有效地克服了各系统设备之间的电位差。

第四节 我国高速铁路综合接地系统的特点

我国客运专线与德国、法国、日本高速铁路相比，具有以下特点：

(1) 信号系统要利用以钢轨为载体的轨道电路来传输列车运行控制信息，要求两轨之间及轨对地之间要有良好的绝缘；

(2) 大量采用绝缘性能高的无砟轨道；

(3) 为提高道床漏泄电阻，轨道扣件系统进行二次绝缘处理；

(4) 桥、隧长度占线路比重较大，一般都在 50% 以上；

(5) 列车速度高，决定了列车车轮对钢轨冲击力大，引起钢轨与轨枕间的绝缘垫板厚度增加。

(6) 随着列车运行速度的提高，钢轨电流较普速铁路大，电磁耦合使金属体表面产生较高的感应电压，引发牵引回流量分布改变，大幅值、强波动的牵引回流在钢轨中流动将产生钢轨电位，对人身安全、客运专线信号等系统的正常工作和设备安全，乃至于对行车安全构成非常大的影响。

(7) 站后各系统设备采用的电子设备增多，地线的种类和数量也大量增加，如果单设地线，势必会为对线路的稳定性造成破坏，存在各独立接地体电位差对设备造成危害的可能性。

针对上述特点,结合“以人为本“的设计理念,需要将高速铁路沿线各种接地有机、合理地结合起来,保证各系统、各设备之间实现等电位连接,减少不同设备、不同系统之间存在的电位差及可能造成的人身和设备的安全隐患。为此,铁道部在借鉴国外高速铁路综合接地系统工程运用经验基础上,不断总结我国工程实践经验,逐步制定了有关综合接地系统的暂行标准和原则,以此指导工程建设。

综合接地系统技术是涉及站前土建工程和站后强弱电系统设备的综合性系统技术,而我国的工程实践则处于刚刚起步的初级阶段,还有待于在全面总结、消化、吸收国际国内先进接地技术标准的基础上,针对保护建筑物结构钢筋和保证信号等轨旁设备可靠工作等不同要求,定义接地区域的安全设计概念,明确修正轨道对地计算模型的电气参数,结合理论计算模型系统研究,建立适应我国安全规范和兼容铁路信号、电气化系统设备要求的客运专线综合接地技术体系。

第二章 综合接地系统设计基本要素及系统构成

第一节 接地基本原理

一、接地的基本原理

为确保电气设备正常工作和安全防护需要，将电气设备、电气回路的某些部分（外壳或工作地线）与大地（土壤或代替大地的导体）间做良好的电气连接称为接地。电气设备接地通过接地装置实现，详见图2－1。接地装置由接地体、接地线和接地端子构成。

1. 接地体。埋入地中并直接与大地接触的金属导体称为接地体，也称为接地电极或接地极。它包括自然接地体（指兼作接地体用的但不是为接地而专门设置的直接与大地接触的各种金属构件、金属管、建筑物基础钢筋混凝土内的钢筋和金属设备支架等）、人工接地体（指人为地埋入地下的金属件，包括钢管、角钢、扁钢、圆钢等，根据安装形式又可分为垂直接地体和水平接地体两种）。接地装置应优先利用建筑物的自然接地体，当自然接地体的接地电阻达不到要求时，再增加人工接地体。

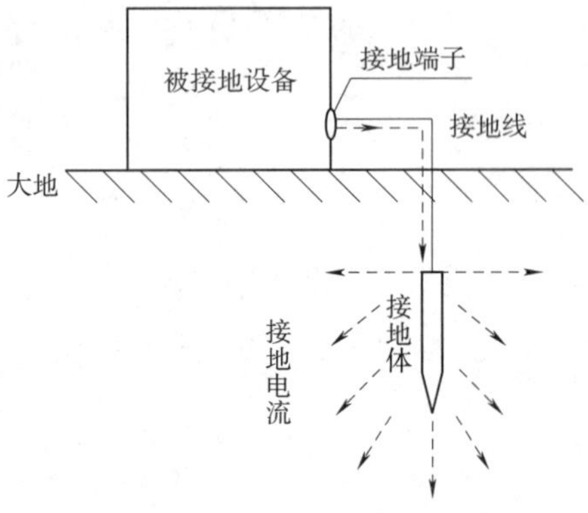

图2－1 接地概念图

2. 接地线。电气设备、杆塔的接地螺栓与接地体或零线连接用的金属导体，称为接地线。

3. 接地端子。接地线的连接端子或接地排。

二、接地的种类

根据不同的接地要求，接地分为工作接地、防雷接地、保护接地、重复接地、防静电接地、屏蔽接地等。

1. 工作接地。为满足电气设备的运行要求，而将系统的某一点进行接地，称为工作接地。如电力系统的中性点接地，可直接或经电阻、电抗、消弧线圈与大地做金属性连接。

2. 防雷接地。为防止雷电过电压对人身或设备产生危害，而设置的过电压保护设备的接地，称为防雷接地，如避雷针、避雷器的接地。

3. 保护接地。为防止电气设备的绝缘损坏，将其金属外壳对地电压限制在安全电压内，避免造成人身电击事故，将电气设备的外露可接近导体部分接地，称为保护接地。例如：配电、控制和保护用的盘（台、箱）的框架；电力电缆的构架、接线盒和终端盒的金属外壳、电缆的金属护层和穿线的钢管；室内、外配电装置的金属构架或钢筋混凝土构架的钢筋及靠近带电部分的金属遮栏和金属门；架空线路的金属杆塔或钢筋混凝土杆塔的钢筋以及杆塔上的架空地线、装在杆塔上的设备的外壳及支架；变配电所各种电气设备的底座或支架；家用电器的金属外壳，如洗衣机、电冰箱等。

4. 重复接地。在低压民用配电系统的TN-C系统中，为防止因中性线故障而失去接地保护作用，造成电击危险和损坏设备，对中性线进行重复接地。

5. 防静电接地。为了消除静电对人身和设备产生危害而进行的接地，如将某些液体或气体的金属输送管道或车辆的接地。

6. 屏蔽接地。为防止电气设备因受电磁干扰，而影响其工作或对其他设备造成电磁干扰的屏蔽设备的接地。

三、共用接地系统

随着现代工业的发展，以高低压电力网络为代表的电力设备（强电系统）和以计算机信息网络为代表的电子装置（弱电系统）得到了广泛应用，大量电力设备和电子装置以分布式形态出现在同一建筑中。起初各个系统电气设备接地装置分立设置，受设备占地面积很小等因素限制，接地电阻很难达到要求，频繁出现雷击或强电系统短路后向电子装置（弱电系统）的反击现象。为防止独立接地极之间的反击现象发生，通常要求两个独立接地体相互距离应不小于 20 m，这在现实工程中往往难以解决，为此近年来国内外普遍采用了共用接地系统。

共用接地系统以建筑基础接地为接地装置，以结构钢筋作为接地系统骨架，形成法拉第笼，并将各种设备金属外壳、金属管道、电气和信号电线路的金属护套、桥架等连接到一起，构成了等电位连接网络。同时在确保相互之间干扰为一定水平以下的前提下，将电子设备的工作接地、保护接地、屏蔽接地、防静电接地，以及建筑物防雷接地等共用一组等电位连接的接地系统，成为主要的接地措施。

《雷电防护》（IEC 62305）、《建筑物防雷设计规范》（GB 50057—94）、《建筑物电子信息系统防雷技术规范》（GB 50343—2004）、《火灾自动报警系统设计规范》（GB 50116—98）、《通信局（站）防雷接地工程设计规范》（YD 5098—2005）等与接地有关的标准均建议建筑物（含构筑物）电气与电子系统采用共用接地系统，接地电阻值必须按接入设备中要求的最小值确定。

四、铁路综合接地系统

铁路工程本身是一个分布式多专业协同运行的系统工程，沿线构筑物涉及桥梁、隧道、路基、房建、信号、通信、信息、电气化、电力、机械、环工、给排水等多个专业。电气化、电力、信号、通信等系统设施分散设置在铁路沿线，为保证人身安全、设备安全和正常运行，各系统均有接地要求。

铁路综合接地系统是以在铁路两侧敷设的贯通地线为接地干线，将铁路沿线各专业的电气和电子系统设备、建筑物（含构筑物）内部结构钢筋、长大金属件等，以等电位连接方式连接成一体的共用接地系统。

德国、法国、韩国等国外高速铁路均采用了铁路综合接地系统。目前我国已经在京津城际轨道交通工程、新建遂宁—重庆铁路、新建合肥—南京铁路等工程中采用了铁路综合接地系统技术，取得了良好的应用效果。新建合肥—武汉铁路、京沪、哈大、石太、郑西、武广、广深港、广珠城际、沿海通道（甬台温、温福、福厦）等客运专线铁路（正在施工中），也均设计采用了铁路综合接地系统技术。

第二节　综合接地系统设计的基本要素

综合接地系统设计主要有接地电阻、等电位连接、钢轨电位、接触电压和跨步电压、系统安全、电流腐蚀等基本要素。

一、接地电阻

接地电阻定义为接地电流 I 经接地电极流入大地时，接地电极的电位 V 对 I 的比值，如图 2－2 所示。接地电阻由接地电极自身电阻、接地电极表面及其与土壤之间的接触电阻、电极周围大地电阻三部分组成。其中电极周围大地电阻最为重要，相应的大地电阻率 ρ 是影响接地电阻的最重要因素。

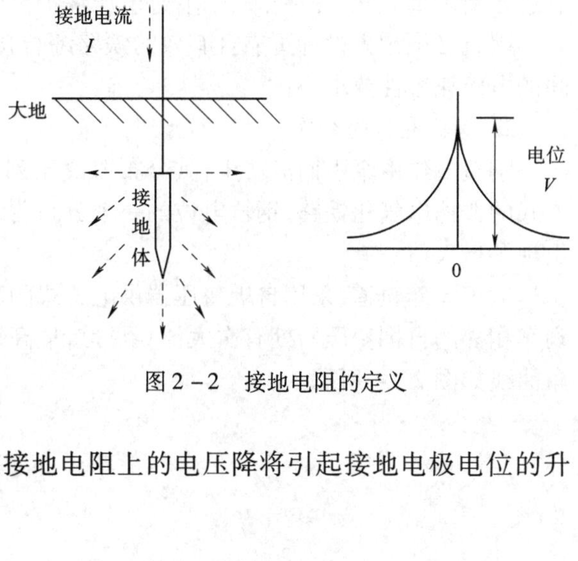

图 2－2　接地电阻的定义

由于接地电阻的存在，当有电流流经接地体时，电流在接地电阻上的电压降将引起接地电极电位的升高,当达到一定电压时,会使电力和电子设备损伤;电流离开接地电极在大地中扩散时,在地面出现的电位梯度会使人体遭受接触电势和跨步电势的危害。因此必须对接地电阻加以控制。

接入铁路综合接地系统的电气和电子设备较多,各专业接地要求不尽相同,接地电阻值必须按接入设备中要求的最小值确定。参照 GB 50116—98《火灾自动报警系统设计规范》5.7.1.2 规定,共用接地系统接地电阻值不应大于 1 Ω。国外铁路综合接地系统也是按 1 Ω 进行设计。目前我国已建成或在建工程铁路综合接地系统均要求接地电阻不大于 1 Ω。

以铁路贯通地线为接地干线的铁路综合接地系统客观上形成了接地面积较大、长度较长的接地网,接地电阻与接地网的面积成反比,因此铁路综合接地系统具有非常良好的接地性能。遂渝线、合宁线、京津城际工程的实测结果表明,铁路综合地线沿线各点的接地电阻均显著小于 1 Ω。

二、等电位连接

等电位连接是指为达到等电位目的而进行的导体连接,目的是为了防止设备与设备之间、系统与系统之间的电位差,确保设备和操作人员的安全。国内外大量运行经验表明,等电位连接是设备过电压保护,同时也是防止触电的有效措施。等电位连接成为共用接地系统和铁路综合接地系统的主要措施。

在铁路综合接地系统中,把铁路沿线 5 m 内附近的所有金属物,如接触网支柱底座、信号设备外壳底座、电力电缆金属屏蔽层、建筑构筑物(桥梁、隧道等)的结构钢筋、建筑物的接地系统,用等电位连接的方法连接起来,形成为一个良好的等电位体,沿线建筑物(站台、基站等)均应以最短的距离就近与贯通地线可靠连接。

三、钢轨电位

电力牵引区段列车在钢轨上运行,因而钢轨是牵引回流的必然通路。钢轨自身有阻抗,对地还存在泄漏阻抗,牵引回流必然在钢轨上产生电位。在正常运行和故障情况下钢轨和大地之间的电压称为钢轨电位。如果钢轨电位过高,在可接触到的、与钢轨相连的设备外壳或支架上会出现较高电位甚至超过允许接触电压,从而对人体造成危害。因此必须限制钢轨电位。

1. 漏泄电阻对钢轨电位的影响

钢轨对地的漏泄电阻是影响钢轨电位的关键因素,该漏泄电阻越大,钢轨对地的绝缘越好,将使通过钢轨的牵引回流量增加,钢轨电位越高,反之亦然。影响漏泄电阻的主要因素包括:钢轨间通过扣件、轨道板板面形成的水膜电阻;扣件中绝缘件的绝缘性能;扣件系统在实际应用中的污染程度等等。

我国高速铁路和客运专线采用无砟轨道,钢轨对地的漏泄电阻普遍较高,《无砟轨道条件下 ZPW-2000 系列轨道电路传输特性关键参数技术条件(暂行)》,客运专线轨道电路的道床漏泄电阻应不小于 3 Ω · km。在日本,晴天气候情况下既有线有砟轨道的泄漏电阻仅为 2 ~ 5 Ω · km,而采用无砟轨道的新干线泄漏电阻高达 100 ~ 500 Ω · km,造成钢轨电位大幅升高,因此日本在新干线开通运行后,以法律形式规定公民不得随意进入新干线区间,并在车站采取过电压保护措施。

因此必须预先设计可靠且有效的铁路综合接地系统,在设计时应考虑与其他专业,特别是信号系统之间的电磁兼容性要求。

2. 钢轨电位的分布

钢轨电位由牵引回流产生,其分布取决于列车和铁路牵引供电系统的分布。对于有砟轨道、直接供电方式的普速电气化铁路,钢轨电位的一个分布曲线如图 2 - 3 所示,在牵引变电所和列车所在位置钢轨电位出现了最大值。

对于无砟轨道、采用自耦变压器供电方式的高速铁路和客运专线,钢轨电位在列车所在位置最大,在与列车相邻的自耦变压器处有次大值。显然,最高钢轨电位随着泄漏电阻的增加而增加。钢轨电位的一个分布曲线如图 2 - 4 所示。

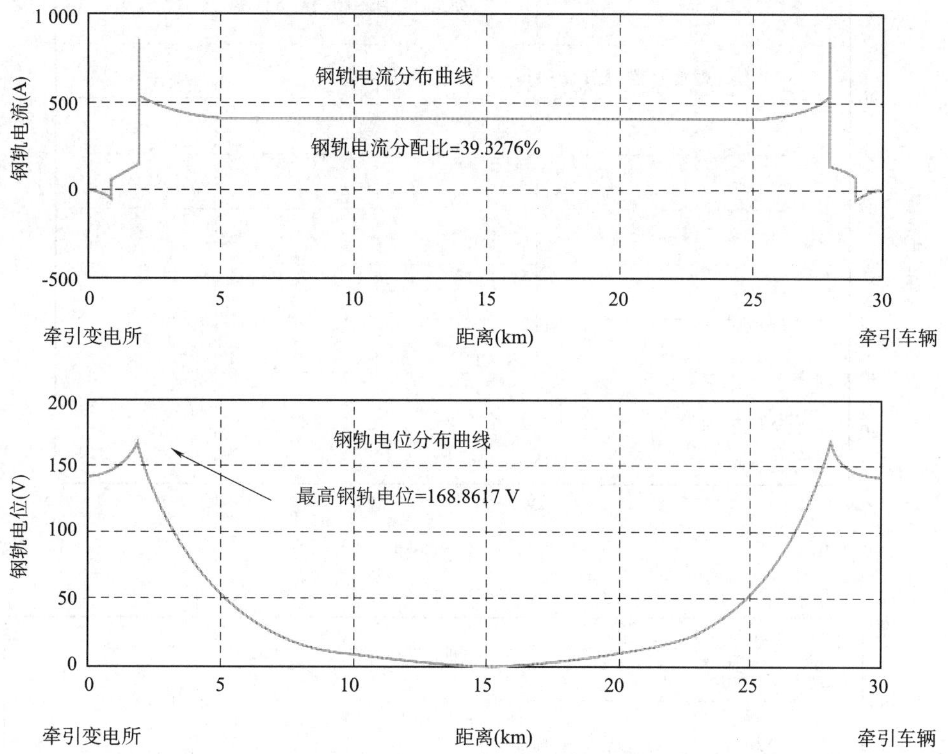

图 2－3 钢轨电位分布曲线图(一)

四、接触电压和跨步电压

由于土壤电阻的存在,当牵引回流从钢轨向大地流散时,会在钢轨附近产生电压降并形成一定的地表电位分布。当人处在铁路附近时,人的两脚将处于大地表面的不同电位点上,地面两点间的电位差称为跨步电势。人的两只脚和土壤间的接触电阻所形成的施加于人体上的电位差称为跨步电压。当人站立于接地体附近的地面上用手去接触导体时,人的手和脚将具有不同的电位,通常将地面上离设备水平距离 0.8 m 处与设备外壳离地面 1.8 m 处两点间的电位差称为接触电势。人的手和脚间所受的实际电压称为接触电压。

跨步电压和接触电压较高均会对人体产生威胁。如列车经过站台时,钢轨电位通过站台接地金属件外壳传递,可能威胁到站台上的乘客的安全。

根据 IEC 62128 铁路应用,容许接触电压与持续时间的关系曲线见图 2－5。

根据 EN 50122-1 铁路应用-固定设施-第一部分“电气安全和接地相关的保护性措施”和 prEN 50170 通用区域通信系统,参照国际经验,跨步电压和接触电压可以轨道电位的 50% 计算。

无论在任何情况下,与接地系统相连的导电部件的接触电压(即故障情况下的跨步电压)不应超过表 2－1中的数值。

表 2－1 接触电压及轨道电位表

系统运行状态	接触电压允许值(V)	轨道电位(V)
正常运行状态下(t > 300 s)	60	120
正常运行状态下(t = 300 s)	65	130
故障状态下(t = 100 ms)	842	1 684

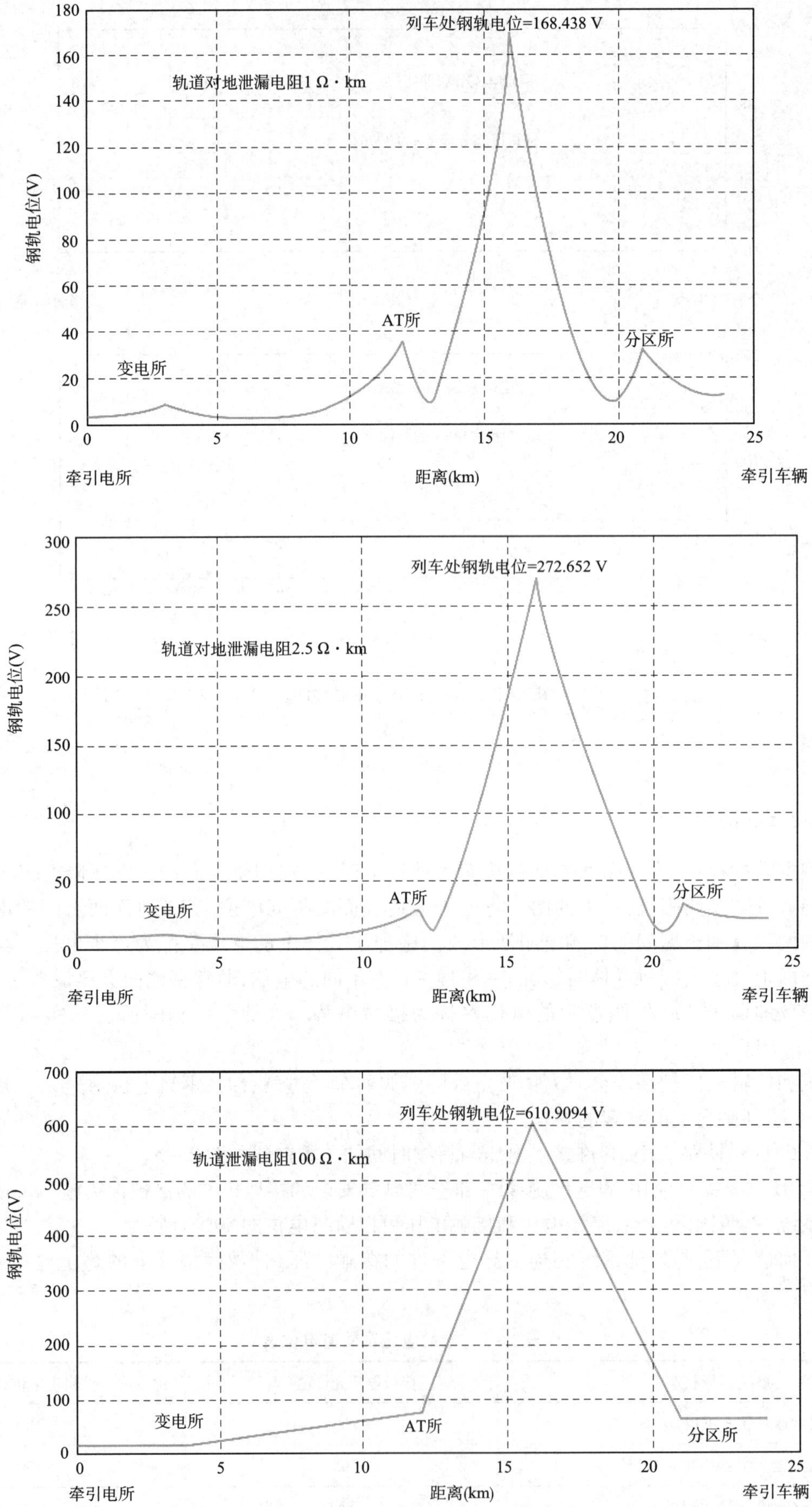

图 2－4　钢轨电位分布曲线图(二)

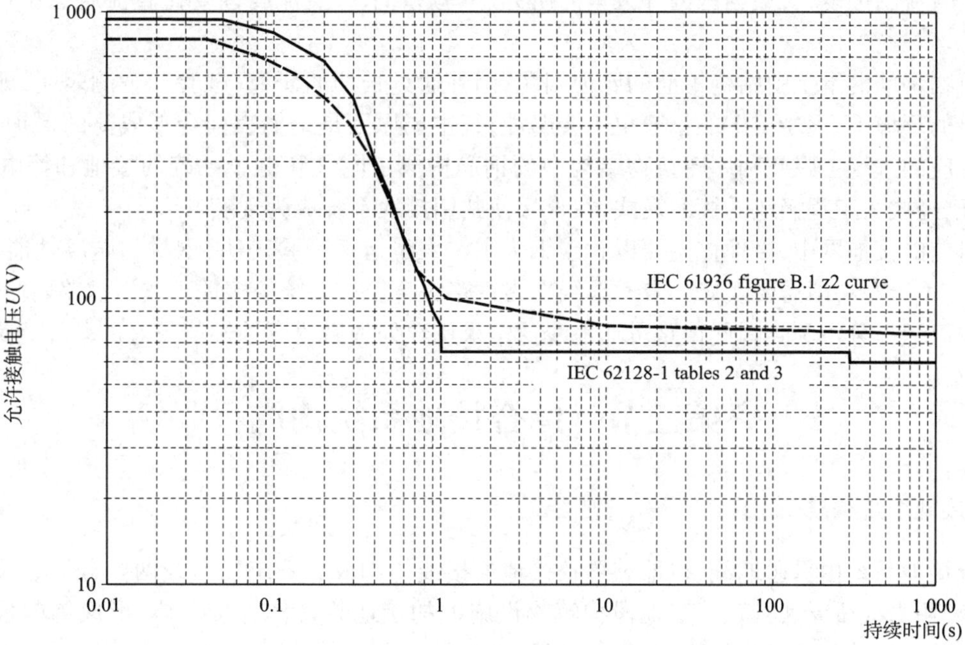

图 2－5　容许接触电压与持续时间的示意图

五、系统安全

铁路综合接地系统是共用接地系统，可供高/中电压系统（27.5 kV 的牵引供电系统和 10 kV 的电力供电系统）、低电压系统（220 V 建筑物电气系统）、防雷保护系统、电子系统（铁路信号、通信、信息系统）等多个系统就近等电位接入。共用接地系统充分利用各子系统建筑物结构钢筋和各子系统接地网形成共用接地网，接地电阻整体降低，系统安全性整体得到提高。

但是接地系统共用也存在一些问题，突出表现在个别子系统电位的上升可能给相邻子系统设备带来危险。当共用接地系统中某个子系统的一个设备发生短路或接受雷击，大电流会注入共用接地系统从而影响各个子系统的全部设备。因此，针对通信基站无线铁塔、牵引供电系统强大电流接地闪络等具体情况，采取空间间隔措施来解决。如《移动通信基站防雷与设计规范》（YD 5068—1998）明确指出：基站工作地与防雷地在基站联合接地网上的引接点距离不应小于 5 m，条件允许时宜间距 10～15 m。为避免强电系统大电流接地闪络可能产生的较高电位对弱电系统的影响，铁路综合接地系统要求信号、通信等子系统的接入点与牵引供电、电力供电等子系统的接入点之间的距离应不小于 15 m。

六、电流腐蚀

接地体埋设于土壤中会出现腐蚀现象。接地极受土壤腐蚀的形态主要有电化学腐蚀和电火花腐蚀两种。当金属和土壤中的电解质溶液接触时，由电化学作用而引起的腐蚀称电化学腐蚀或电解腐蚀。接地体在工频大电流或冲击大电流的作用下，由于接地体与周围土壤接触不良，会形成局部火花区，由电火花在接地体上烧出麻点，或局部烧熔，形成迅速腐蚀区，称为电火花腐蚀。在运行多年的地网中发现由电火花造成的腐蚀较多。

当没有外加直流电流流经接地体时，接地电极的腐蚀称为自然腐蚀（交流接地电极的腐蚀主要是自然腐蚀）；当有外加直流电流流经接地电极时，接地电极的腐蚀主要属于电化学腐蚀。对于直流供电，如地铁、轻轨等，由于长期有千安级的大电流通过，会引起附近的金属管道和金属部件的腐蚀，电化学腐蚀的问题极为突出，必须采取专门的防腐措施。在直流电气化铁道中，钢轨和沿线接地系统通常要求要严格隔离。

我国铁路均采用额定电压为 27.5 kV 的单相工频交流制供电。交流电流也会使接地网产生腐蚀。交流腐蚀的机理比直流腐蚀复杂，根据国内外大量的研究、试验和统计，交流腐蚀要比直流腐蚀小得多。工程中通常不予考虑。

对于建筑物钢筋混凝土中结构钢筋的腐蚀问题，国外通过长期的研究、试验和观测表明，即使在足够潮湿和氧气充足的环境下，混凝土中的钢筋也不会腐蚀，其主要原因是钢筋表面会形成薄的保护性氧化层，阻断了电化学反应的进行。因此利用建筑物结构中的钢筋构成了电气和电子系统的接地和等电位连接从20世纪70年代已经成为工程接地的标准模式，并直接使共用接地系统成为现实。

在我国目前的接地网中，接地体主要以含碳钢为主。大量运行经验表明，钢材的防腐性能较差，通常变电所地网10～15年左右即需要大修。贯通地线作为铁路综合接地系统的接地干线沿铁路两侧贯通敷设，频繁整修对运输组织十分不利。因此铁路贯通地线通常采用经处理后耐腐蚀性能较好的环保型贯通地线。

第三节 综合接地系统构成

一、综合接地系统构成

铁路综合接地系统由贯通地线、接地装置及接地连接线等构成。系统以沿线两侧分别敷设的贯通地线为主干，充分利用沿线桥梁、隧道、路基地段构筑物设施内的接地装置作为接地体，形成等电位综合接地平台。通过贯通地线将铁路沿线建筑物、构筑物的防雷接地、强弱电设备的工作接地、保护接地、防过电压接地、防静电接地、屏蔽接地装置等电位连接起来，以确保人身安全和设备安全。如图2－6所示，对综合接地系统的构成进行系统性描绘。沿线需接入的接地装置有电子信息系统接地、牵引供电系统接地、电力设施接地和其他设施接地等。

二、沿线构筑物设施内的接地装置

此类设施的接入作为综合接地系统的接地体，主要目的是为了有效降低综合接地系统的接地电阻以及接触网闪络保护，包括以下主要部分：

(1)利用桥墩明挖扩大基础、桩基础的结构钢筋设置的接地极。

(2)利用隧道初期支护锚杆、底板钢筋设置的接地极。

(3)利用路基地段接触网支柱基础内的结构钢筋设置的接地极。

(4)桥梁上部设置的接触网闪络保护接地钢筋。

(5)隧道二次衬砌内设置的接触网闪络保护接地钢筋。

(6)无砟轨道板内设置的接触网闪络保护接地钢筋。

(7)为降低站台上跨步电压，在车站混凝土站台结构内局部设置的接地钢筋。

三、电子信息系统接地

此类接地设计主要是为满足通信、信号、信息等弱电系统设备接地的需要，包括以下主要部分：

(1)距接触网带电体5 m范围内的电子信息系统设备的接地。

(2)沿线建筑物室内的电子信息系统接地在接入建筑物共用接地系统后，再就近与综合接地系统连接。

(3)沿线长途通信电缆、电缆槽支架、漏泄电缆悬吊钢索等的接地。

(4)无线通信基站及区间中继设备的杆塔等的接地装置应单独设置，达到要求后可就近接入综合接地系统。

四、牵引供电系统接地

此类接地设计主要是为满足牵引供电系统设备接地的需要，包括以下主要部分：

(1)PW线或NF线与轨道的连接必须通过扼流变压器或空芯线圈中性点连接。贯通地线与信号轨道电路完全横向连接线的连接点、PW线或NF线的引下线与扼流变压器或空芯线圈中性点连接点宜在同一里程。

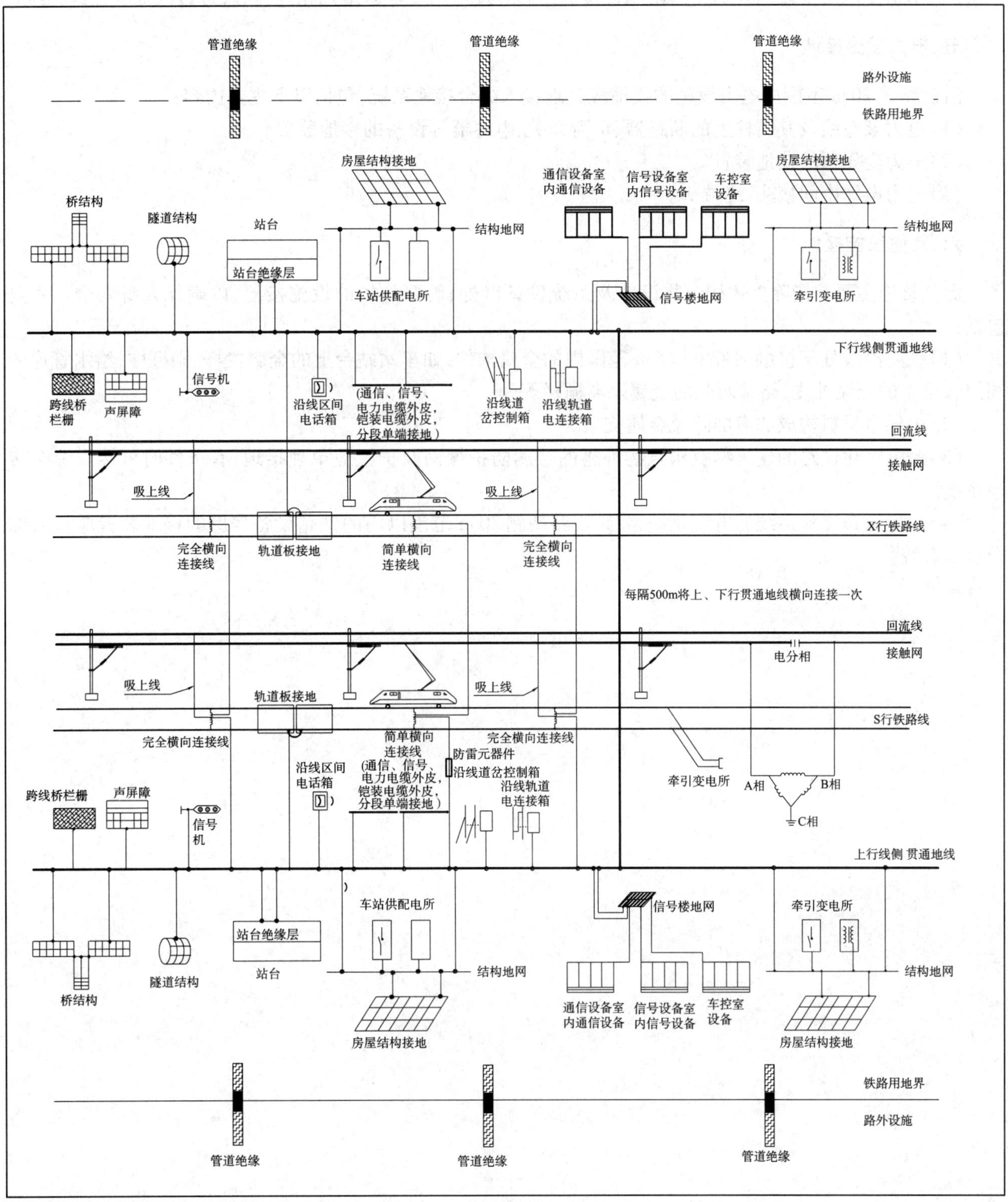

图 2－6　综合接地系统构成图

(2)牵引变电所应采用不少于两路独立的架空回流线或回流绝缘电缆(线)经扼流变压器中性点与钢轨相连接,并将回流线引入牵引变电所。回流电缆(线)的截面应满足另一回流电缆(线)故障情况下的最大载流量需要。

(3)牵引网中的防雷接地装置在贯通地线上的接入点与其他设备在贯通地线的接入不应共用同一接地端子。

(4)牵引变电所围墙内外的管道附属设备的金属外皮应与变电所地网相连，再就近接入综合接地系统。

五、电力设施接地

沿铁路线20 m范围内电力设施的接地应就近接入综合接地系统，包括以下主要内容：

(1)电力架空线及其支柱上的断路器、负荷开关、电容器等设备的接地装置。

(2)电力变压器的接地装置。

(3)电力电缆中间接头、终端头。

六、其他设施接地

此类接地主要是指除上述构筑物设施及系统设备以外，需要防护的设施接地，以确保人身安全。主要包括：

(1)铁路沿线处于接触网带电体5 m范围内的金属构件，如车站站台上的金属栏杆、雨棚柱、给水管道的阀门和设备的金属外皮、路基两侧的金属隔离栅栏等。

(2)由导电材料构成的声屏障及金属支架。

(3)跨电气化铁路的建筑物及构筑物外露的金属防护栅网及护栏应单独接地，有条件时可接入综合接地系统。

(4)采用综合接地系统的电气化铁路，距铁路两侧20 m范围以内的铁路设备房屋的接地装置应接入综合接地系统。

第三章　综合接地系统工程设计

综合接地系统工程设计的指导思想是采取有效措施保障人身安全和设备安全。因此，保障人身安全的措施主要从以下两个方面考虑：一是铁路沿线的桥梁、隧道、路基、站台区设置接触网闪络保护接地；二是接触网带电体 5 m 范围内金属构件的感应产生的杂散电流接地。工程设计应考虑充分利用铁路沿线桥梁、隧道、路基、站台区的构筑物或建筑物设施的钢筋结构作为自然接地体，确保接入贯通地线后系统对地电阻不大于 1 Ω，为沿线综合接地系统平台奠定良好的接地基础。

以下结合土建工程典型工点提出桥梁、隧道、路基、站台等不同地段的综合接地技术方案，以供工程设计参考。

第一节　综合接地系统工程设计原则及要求

一、工程设计基本原则

工程设计要遵循以下基本原则：

(1)综合接地系统工程设计应根据铁路等级、不同地区、不同设备，因地制宜地采取防护措施，达到保护人身安全和设备安全的要求；遵循以人为本、系统优化、综合防护的原则，加强总体协调、全面规划、统筹考虑。

(2)综合接地系统以沿线两侧敷设的贯通地线为主干，充分利用沿线桥梁、隧道、路基地段构筑物设施内的接地装置作为接地体，形成低阻等电位综合接地平台。

(3)在综合接地系统中，建筑物、构筑物及设备在贯通地线接入处的接地电阻不应大于 1 Ω。

(4)距接触网带电体 5 m 范围以内的电气化、电力、通信、信号、信息、车辆、给排水等专业需要接地的构筑物设施及设备应接入综合接地系统。

以图 3－1 铁路接触网区示意图为例加以说明。图示的受电弓区为直接接触电击保护区，该区可通过防护限界或防护障碍来防止直接接触的电击；接触网区为非直接接触网电击保护区，该区是指人员和牲畜等与通常不带电但在故障情况下可能带电的导电部件的接触区。可以看出，综合接地重点防护的区域是接触网区，也就是 X 参数的范围。德国铁路受电弓和架空接触网区的参数是 $X=4.0$ m；中国铁路的参数是 $X=5.0$ m。因此，工程上要求将距接触网带电体 5 m 范围以内的构筑物设施及设备接入综合接地系统。

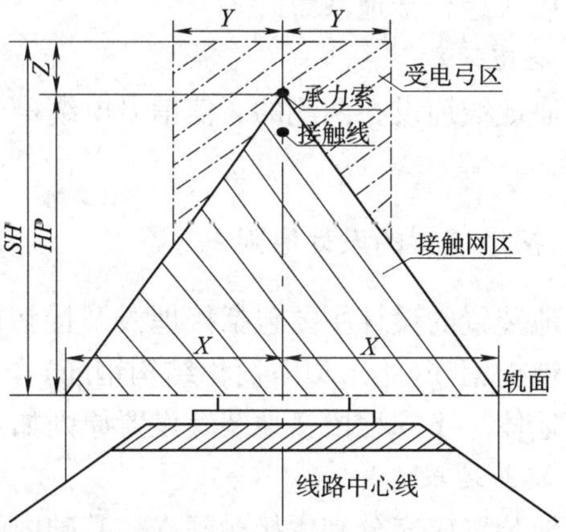

图 3－1　铁路接触网区示意图

X—架空接触网区宽度；Y—距线路中心的受电弓区宽度；SH—受电弓区距轨面高度；HP—架空接触网线距轨面高度；Z—受电弓区距架空接触网线高度。

造成接触网及其组成部分故障的原因是极其离散的，没有规律可循。据有关资料实例分析表明，在客观条件下因接触网设计缺陷造成的故障约占接触网故障率的3% ~5% 。外来物体对接触网的冲击影响是造成接触网故障的主要原因,诸如受电弓故障、货物超限界、建筑施工、气候原因(冰冻、雪灾等)及铁路犯罪等引起的故障。这些故障是无法预测的,这就需要我们在工程上采取有效的接地保护措施,使其在故障时尽快短路跳闸,缩小故障范围,以降低接触网故障带来的损失。

(5)距铁路线路两侧各20 m范围以内的铁路设备房屋接地装置应接入综合接地系统。

参照相关实验资料及工程上普遍认同的观点,两个接地体间的间距大于20 m时,其间的互阻为零。为了消除20 m范围内接地体间的互阻和电位差给人身和设备造成的安全隐患,综合接地工程要求距线路两侧20 m范围以内的铁路设备房屋等接地装置应接入综合接地系统。

(6)不便与铁路综合接地系统等电位连接的第三方设施(路外公共建筑物、公共电力系统、金属管线等设施)必须采取可靠的隔离或绝缘等措施。

在电气化铁路沿线,由于接地系统之间有电位转移的危险,所以铁路附近的第三方接地设备原则上不能与铁路接地系统相连接。为此,通常要求从外面进入或通过的管道应该由非导电材料制成,或在铁路外围被截断,代之以绝缘段,如图2-5所示。

如果空间或场地受限,无法将铁路和公共电网等的接地系统分开时,牵引供电的回流回路应与邻近的公共电网的接地系统相互连接。

对于跨铁路线的桥、涵,当其金属部件在架空接触网区和受电弓区时,应有特殊接地保护措施确保人身安全。

(7)贯通地线应耐腐蚀并符合环保要求,其设置应便于设备就近接入和工程实施。

(8)为提高铁路沿线通信、信号、电力、电气化等设备的安全可靠性,在普速铁路工程设计中遇到长大桥梁、隧道工程困难地段(如山区铁路或雷害严重地段)以及大型车站等接地需求较为集中的工点时,可参照客专综合接地系统设计原则,结合站前土建工程在困难工点范围内一次设计局部综合接地系统。

二、不同地段贯通地线敷设原则

1. 路基地段

贯通地线敷设在线路两侧通信信号电缆槽下方。贯通地线通过分支引接线、“C”形压接件及路基型接地端子接入综合接地系统。

2. 桥梁地段

贯通地线铺设在两侧的通信信号电缆槽内。贯通地线通过“L”形连接器(跨线桥、涵除外)及桥隧型接地端子接入综合接地系统。

3. 隧道地段

贯通地线铺设在两侧的通信信号电缆槽内。贯通地线通过“L”形连接器及桥隧型接地端子接入综合接地系统。

二、接地装置的设计原则

接地装置的设计主要包括接地极及接触网防闪络保护接地两部分。接地极应优先利用建筑物中的非预应力结构钢筋(本节以下简称结构钢筋)作为自然接地体,当自然接地体的接地电阻达不到要求时应增加人工接地体。不同地段接地装置设置原则如下:

1. 路基地段

接地装置应充分利用接触网支柱基础内的结构钢筋。

2. 桥梁地段

接地极应充分利用桥墩基础结构钢筋设置,以满足接地电阻值的要求;接触网防闪络保护接地应充分利用梁体(或保护层)及桥墩内的结构钢筋或钢结构;原则上不再增加专用的接地钢筋,并在结构物内预埋接地端子;接地装置应通过L型连接器与贯通地线可靠连接。

3. 隧道地段

接地极应充分利用隧道的初期支护锚杆或底板钢筋及结构钢筋,以满足接地电阻值的要求;接触网防闪络保护接地应充分利用隧道二次衬砌内的结构钢筋;原则上不再增加专用的接地钢筋,并在结构物内预埋接地端子;接地装置通过“L”形连接器与贯通地线可靠连接。

4. 无砟轨道地段

接触网闪络保护接地应充分利用无砟轨道板结构钢筋,并在结构物内预埋接地端子;原则上按每100 m与线路两侧预埋的接地端子单点“T”形连接。

5. 车站站台部分

在车站站台靠近线路侧局部范围内设置的接触网闪络保护接地应充分利用站台墙结构钢筋,并在结构物内预埋接地端子;原则上按每100 m与线路侧预埋的接地端子单点“T”形连接。

6. 其他接地装置

(1)除长度小于2 m的钢筋混凝土结构物外,距接触网带电体5 m范围内的轨旁设备、设施应进行等电位连接和接地连接,接地连接的间隔一般不大于100 m。

(2)安装有避雷器的接触网支柱,通信、信号等弱电系统设备不与其共用接地点。强、弱电设备接地点间隔要求不小于20 m,以防止突发情况下大电流对弱电设备的反击损害。

(3)为防止对预应力结构钢筋的影响,预应力结构钢筋不应接入综合接地系统。

(4)设独立避雷针的建筑物接地装置不应接入综合接地系统。

四、各专业接入综合接地系统种类

接入综合接地系统的各专业主要地线种类主要有以下几类:

1. 信　号

沿线信号设备(所有相关金属设备外壳)的安全地和屏蔽地、工作地等。

2. 通　信

沿线漏泄电缆悬吊钢索、通信电缆金属外皮等的屏蔽地,通信设备的工作地,避雷器的安全地。通信站、微波站、无线通信基站若满足综合接地设计原则时,可接入综合接地系统。

3. 信　息

沿线信息化系统设备的安全地和屏蔽地、工作地。

4. 电　力

电力电缆的金属外皮屏蔽地,电力变压器中性点接地线及设备外壳接地。

5. 电气化

接触网的回流线(或PW线)接地。

6. 车　辆

红外轴温探测站、复示站的接地若满足综合接地设计原则时,可接入综合接地系统。

7. 给排水

新型客车上水栓的工作地和外壳安全地。

8. 其他设施接地

(1)无砟轨道板、隧道内、桥墩内非预应力结构钢筋接地。

(2)站台上金属构筑物安全接地。

(3)沿线距离接触网带电体5 m范围内金属构件(如桥栏杆、雨棚、声屏障等)的防感应接地。

(4)车站信号楼、区间中继站综合接地网与综合接地系统的等电位连接。

五、土建工程接口设计原则

1. 桥梁、隧道、无砟轨道等结构物中的结构钢筋、锚杆、钢架等用于接地目的时应满足的技术要求

(1)当接触网短路电流不大于25 kA时,接地钢筋截面应不小于120 mm^2。

(2)当接触网短路电流大于25 kA时,接地钢筋截面应不小于200 mm^2。

(3)在工程实施中,若单根结构钢筋的截面不足,可将截面之和满足上述要求的相邻两根结构钢筋并联

使用，且无需改变结构钢筋的间距，或者用截面满足上述要求的钢筋替换。

2. 接地钢筋焊接应满足的技术要求

（1）除有特殊要求外，接地钢筋间的连接应采用搭接焊工艺，焊缝长度：单面焊接长度不小于100 mm；双面焊接长度不小于55 mm；焊厚不小于4 mm。

（2）接地钢筋间十字交叉点焊接时，采用 ϕ14 mm（$I_k \leqslant 25$ kA）或 ϕ16 mm（$I_k > 25$ kA）的"L"形钢筋进行焊接。

（3）隧道锚杆与钢架或专用环向接地钢筋间的焊接面积应不小于360 mm²。

（4）接地钢筋搭接焊如图3－2所示。

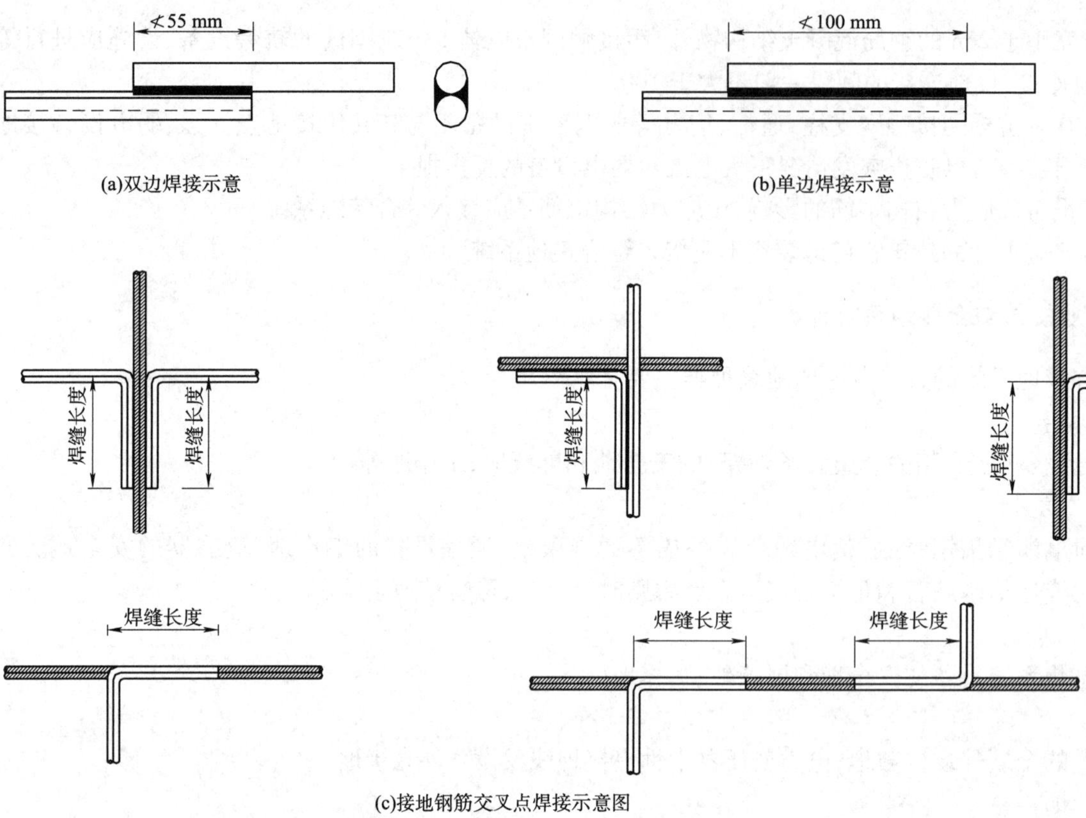

图3－2 接地钢筋搭接焊图

3. 外露接地钢筋的防腐处理原则

对施工中外露的接地钢筋应进行防腐处理，可采用外涂沥青，外包聚氯乙烯，聚苯乙烯带等方式。

4. 接地钢筋的标识

由于综合接地工程需要同土建工程同步施工，为保证综合接地系统内接地钢筋的可靠连接，在工程设计中，应对接地钢筋做出标识，防止施工过程中错焊、漏焊。

5. 接地端子安装要求

凡是预埋在电缆槽或其他混凝土制品中的接地端子，应直接灌注在结构物内，接地端子孔与混凝土表面齐平。

第二节 综合接地系统主要器材选用原则

综合接地系统器材主要包括贯通地线（含分支引接线，以下同）、接地端子、接地连接导线、"C"形压接件、"L"形连接器等。

一、贯通地线

贯通地线是综合接地系统的重要组成部分，并与土建工程同步实施。其截面积、材质选择直接关系到铁路运输安全。

1. 贯通地线截面积的计算

贯通地线在作为铁路综合接地系统的接地干线的同时，和钢轨、保护线（PW 线）或回流线以及大地共同组成了牵引回流系统。牵引回流系统和接触网、正馈线形成了多重强电磁耦合平行支路和吸上线、自耦变压器等多重垂直支路共同组成的复杂电气网络。各类导体的阻抗及耦合关系决定了导体的电流分配关系，从而决定了各类导体的截面。对单一导体流过的电流值而言，一种为正常工作负荷，另一种为短路故障电流。导体的截面选择应同时满足正常牵引负荷的长期载流和短路情况下的动热稳定要求。

(1) 正常牵引负荷条件下贯通地线截面选择

仿真计算和现场测试表明，由于贯通地线裸埋在土壤之中，牵引回流系统中钢轨、PW 线或回流线与接触网和正馈线的电气距离均近于贯通地线，在正常运行方式下，贯通地线中的电流并不大。遂宁—重庆铁路采用带回流线的直接供电方式，测试中贯通地线承担牵引回流的 15% ~20%。合肥—南京铁路采用自耦变压器供电方式，测试中贯通地线承担牵引回流的 15% ~20%。

对于时速 350 km 的客运专线，电动车组两列联挂，其负荷在 1 200 A 左右，流经贯通地线的工作电流约 240 A，截面为 70 mm^2 的贯通地线可满足要求。对于时速 200 km 的客运专线，电动车组两列联挂，其负荷在 600 A 左右，流经贯通地线的工作电流约 120 A，截面为 35 mm^2 的贯通地线可满足要求。

(2) 短路故障负荷条件下贯通地线截面选择

电气化铁道短路电流主要取决于电力系统的短路容量、供电电压等级和牵引变压器的容量（包括短路阻抗）。我国 200 km/h 以上高速铁路和客运专线牵引负荷较重，基本采用系统短路容量较大、供电能力较强的 220 kV 电压等级供电，短路容量通常在 3 000 ~8 000 MVA 左右；牵引变压器采用 220 kV 三相 V，v 接线或 220 kV 单相 I，i 接线，经计算远期牵引侧的最大短路电流见表 3－1。

表 3－1　远期牵引侧的最大短路电流

变压器接线方式	远期安装容量（MVA）	系统短路容量（MVA）	牵引侧最大短路电流（A）
单相 I，i 接线	2×80	8 000	23 273
三相 V，v 接线	2×(40＋40)	8 000	12 648

铜导线的瞬时载流能力理论计算：

$$I_m = \frac{A}{\sqrt{t}}$$

其中，A 为导线截面，mm^2；t 为时间，s。

在牵引网 100 ms 切除短路故障的条件下，不同截面的贯通地线所能承受的短路电流数值见表 3－2。

表 3－2　贯通地线短路电流数值

截面（mm^2）	0.1 s 所能承受的短路电流（A）
25	9 092
35	12 728
50	18 183
70	25 456

为确保安全，贯通地线宜在最恶劣的条件下承受牵引网最大短路电流。综合以上分析，由于贯通地线的正常工作负荷较小，因此其截面主要由短路条件下的热稳定性决定。根据以上分析，当牵引供电系统采用 220 kV 三相 V，v 接线牵引变压器时，贯通地线截面应不小于 35 mm^2，当牵引供电系统采用 220 kV 单相I，i 接线牵引变压器时，贯通地线截面应不小于 70 mm^2。

2. 贯通地线的材质选择

(1) 材质选择应考虑的因素

贯通地线的材料成分必须符合环保要求；具有良好的导电性能；应满足电缆的可靠性和安全性要求，电缆外护层必须有较好的防腐、防水、防氧化、防污染及防电化学腐蚀等性能；必须有较高的机械性能及抗冲击能力，以便适应长期、剧烈的振动环境；为便于施工，贯通地线必须有一定的柔软性。

(2)铜、铅的金属性能对比分析

按照上述贯通地线选材所考虑的因素，对铜、铅金属性能进行对比分析。

铜：在潮湿空气中，表面易生成有毒的铜绿；大气中含有二氧化硫、硝酸、氨、硫化氢等气体，会引起强烈的腐蚀，导致铜的强度下降，电阻显著增加，并且裸铜缆在现场施工中容易被偷盗。

铅：耐腐蚀性好，能抗碱、酸、氨、氢氟酸以及一些有机化合物的腐蚀；作为电缆护层，密封性好，且不透潮，不透气，且柔软，延展性好，熔点低，易于挤制。铅、汞等重金属的使用存在流失进入大地后对环境造成污染的问题，目前已被国家严格控制。

3. 贯通地线材质要求

(1)环保性能应满足国家对土壤环境质量要求的有关规定。

(2)铜导线应采用国家标准《电工圆铜线》(GB/T 3953)规定的TR型软圆铜线制造，且电阻率不应大于0.017241Ω·mm^2/m(20℃)。

(3)使用环境温度应满足 −40 ℃ ~ +60 ℃的要求，敷设时的环境温度不低于 −10 ℃。

(4)必须有良好的机械性能，允许弯曲半径不小于其外径的20倍。

通过上面的分析，贯通地线材质的选择以铜材质为优。

4. 贯通地线的规格

目前，贯通地线的规格主要有铜截面积25 mm^2、35 mm^2、50 mm^2、70 mm^2 几种规格。此外，也可根据现场需要提供其他规格电缆产品。

二、接地端子

接地端子主要用于综合接地系统内部及外部的等电位连接，均灌注于混凝土制品内。接地端子的材质及成分必须满足综合接地系统电气性能要求，与桥梁、隧道、路基等构筑物同寿命。接地端子一般采用不锈钢材料制造，不锈钢材质的成分必须满足 Cr≥16%、Ni≥5%、Mo≥2%、C≤0.08% 的要求，并且只允许将不锈钢材料暴露于空气中或埋设于土壤中。接地端子的主要类型和要求如下。

1. 路基型接地端子

主要用于路基地段电缆槽内的接地连接。接地端子的前端设有M16螺栓孔、外径不小于30 mm，M16螺栓孔的螺纹长度不小于25 mm，端子的后方为一段引接线，其材质及截面选择与贯通地线相同，长度可根据现场需要定制。路基型接地端子大样图如图3－3所示。

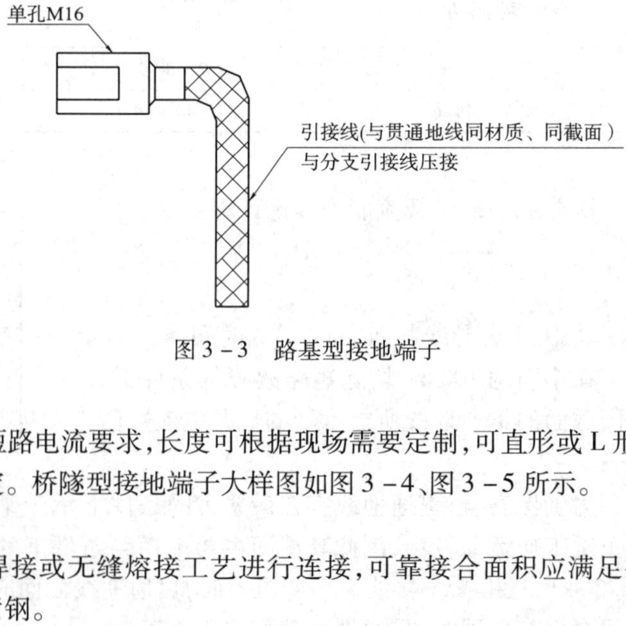

图3－3 路基型接地端子

2. 桥隧型接地端子

桥隧型接地端子主要用于桥梁、隧道地段及无砟轨道板的接地钢筋连接。接地端子的端头与路基型接地端子相同，后端为一段总长度不小于150 mm的连接圆钢。圆钢截面积应满足接触网最大短路电流要求，长度可根据现场需要定制，可直形或L形。L形连接圆钢的长、短边的长度根据现场施工情况确定。桥隧型接地端子大样图如图3－4、图3－5所示。

3. 连接工艺

(1)不锈钢端子与连接圆钢间可采用轴孔过盈焊接或无缝熔接工艺进行连接，可靠接合面积应满足接触网最大短路电流要求。连接圆钢宜采用Q235碳素钢。

(2)不锈钢端子与连接圆钢间采用轴孔过盈焊接工艺进行连接时，先将连接圆钢压入不锈钢端子后端不小于5 mm，再用氩弧焊工艺对不锈钢端子与连接圆钢间的缝隙进行施焊，焊接面必须绕连接圆钢一周且不得有肉眼可见的缝隙。

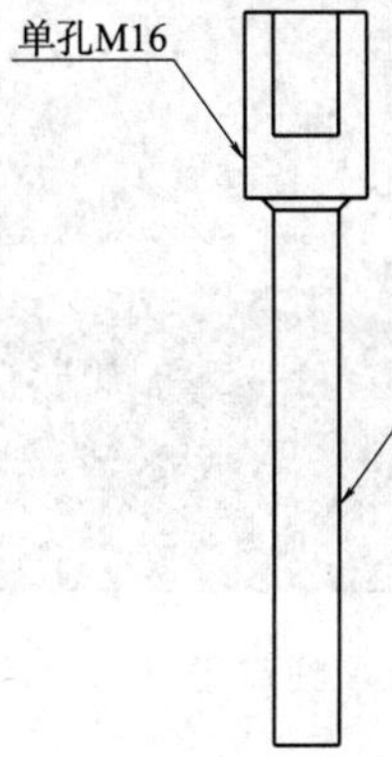

图 3 - 4　桥隧型接地端子(直形)

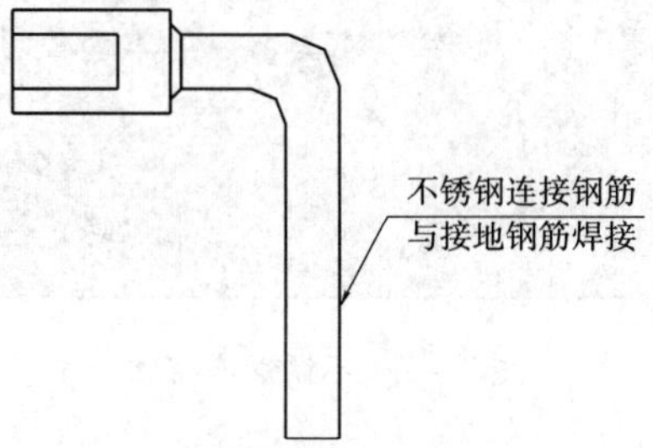

图 3 - 5　桥隧型接地端子(L 形)

(3)不锈钢端子与连接圆钢间采用无缝熔接工艺进行连接时,不锈钢与碳钢两种材质间必须形成原子级的结合,并且结合部分不得有任何微小气泡或空隙。

4. 其他要求

(1)接地端子要求结构简单、连接牢固、方便施工和使用,满足可直接灌注在电缆槽或其他混凝土制品中的要求。

(2)螺栓孔螺纹应为符合 GB 3934 要求的通用螺纹。同时,螺栓孔应加装高度不大于 1 mm 的塑料封头,以防施工时水泥浆灌进螺栓孔,并方便开启,以便后续工程施工。

(3)不锈钢端子的前端应有不易灭失的标识,标识内容必须包含厂标、产品序列编号等,产品的序列编号不得重复。

三、接地连接导线

接地连接导线主要用于综合接地系统内各接地装置之间的等电位连接,如桥梁与桥墩间的连接、无砟轨道板单元板间的连接,以及无砟轨道板与沿线贯通地线接地端子间的 T 形连接等。由于接地端子采用的是不锈钢材质,考虑到不同金属材质之间的连接存在接触腐蚀,工程上普遍采用不锈钢连接线,也有少量使用的是镀锡铜缆。下面主要对不锈钢连接线的相关技术要求进行说明。

1. 不锈钢连接线的构成及技术要求

(1)连接线由多股钢绞线、2 个线鼻以及 2 个配套的防盗螺栓组成,并采取防松措施。

(2)连接线的材料成分应满足 Cr ≥ 16% 、Ni ≥ 5% 、C ≤ 0.08% 的要求。

(3)多股钢绞线采用单股直径不大于 1 mm 的扭绞方式制造。接触网短路电流不大于 25 kA 时,连接线总截面不小于 120 mm^2;接触网短路电流大于 25 kA 时,连接线总截面不小于 200 mm^2。

(4)线鼻与多股钢绞线的连接处应能承受 5 000 N 的拉力且 3 min 不得松动和断股。

(5)连接线应具有好的耐腐蚀性,抗疲劳性。

2. 接地连接导线与接地端子的连接

接地端子直接灌注在混凝土制品中,接地连接导线与接地端子的连接采用栓接方式,如图 3 - 6 所示。

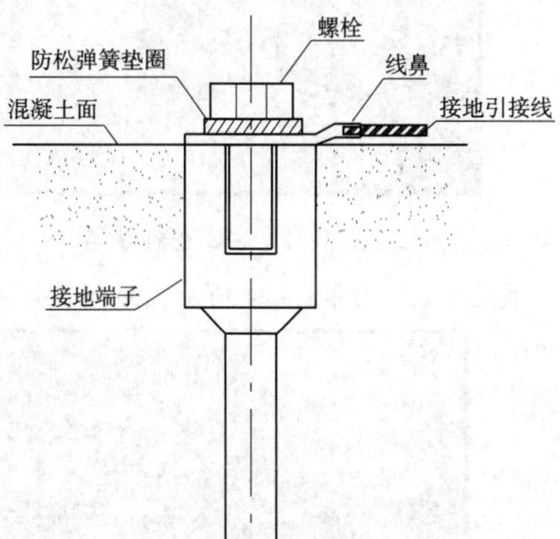

图 3 - 6　接地连接导线栓接示意图

3. 不锈钢连接线及配套器材

图 3 - 7 ~ 图 3 - 10 所示为现场采用的不锈钢连接线及其配套器材中的一种。

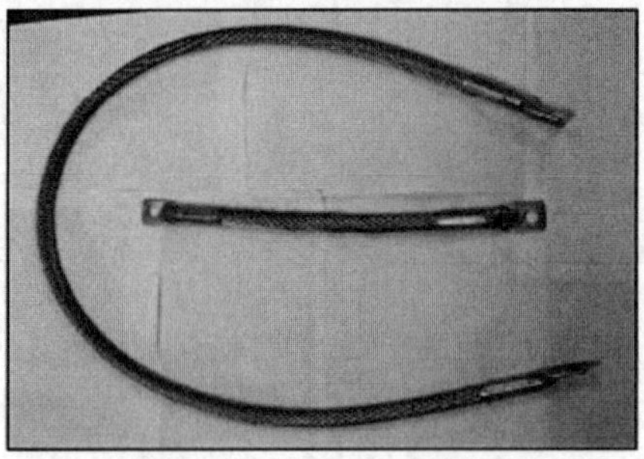

图 3-7 不锈钢连接线

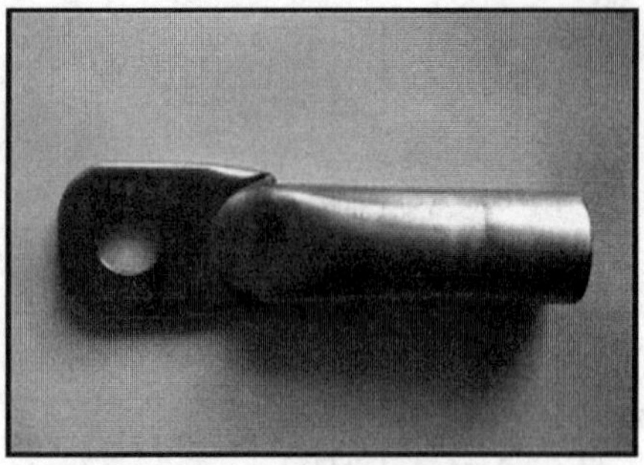

图 3-8 线鼻子

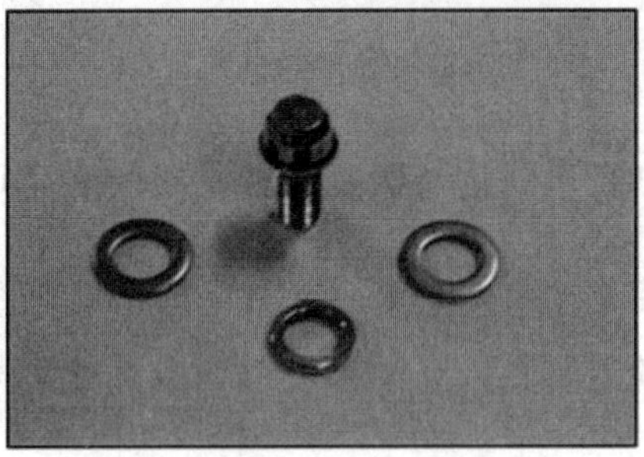

图 3-9 防盗螺栓及垫圈

图 3-10 防盗螺栓工具

四、“C”形压接件和“L”形连接器

1.“C”形压接件

“C”形压接件主要用于贯通地线的接续和“T”形分支引接，压接压力不小于 117.6 kN，连接处应采取防腐措施。“C”形压接件采用铜材质，机械物理性能和化学成分应满足国家标准《专用纯铜板》(GB 1837—80)的相关规定，表面采用镀锡防腐处理。配套器材包括带自锁压接钳和防水防腐自粘胶带。

图 3-11 和图 3-12 所示为现场采用的“C”形压接件带自锁压接钳中的一种。

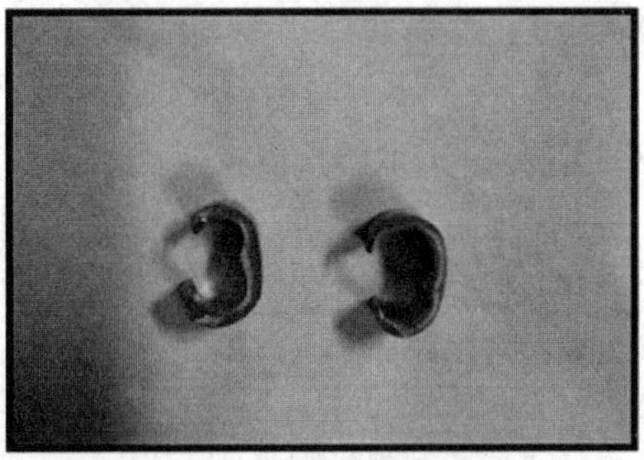

图 3-11 “C”形连接器

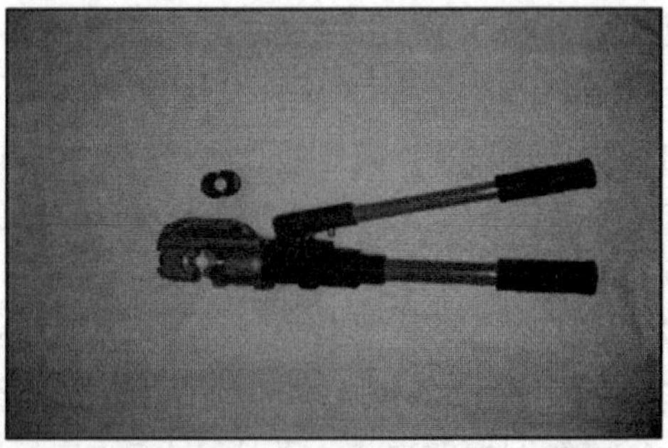

图 3-12 带自锁压接钳

图 3-13 和图 3-14 所示为现场贯通地线“T”形分支引接及接头防腐密封。

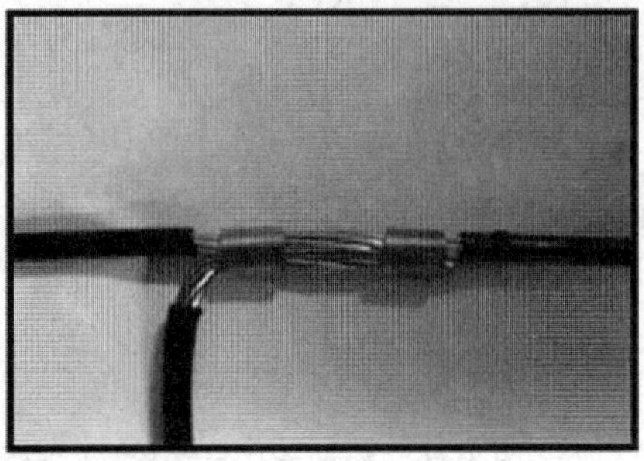

图 3-13 “T”形分支引接

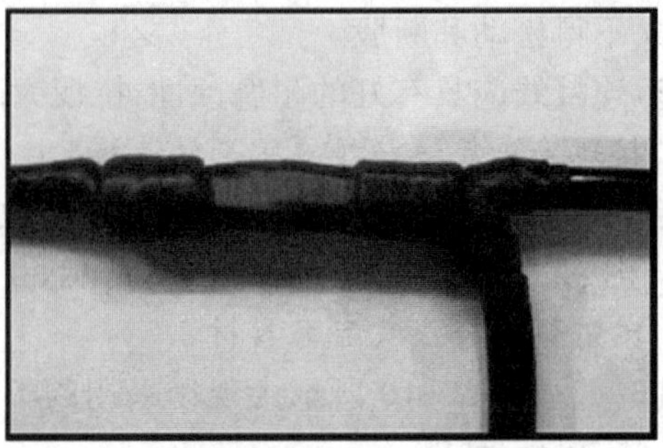

图 3-14 接头防腐密封

2.“L”形连接器

“L”形连接器主要用于桥梁、隧道地段贯通地线与电缆槽底部接地端子的连接。该连接器是将线鼻子、“C”形压接件及连接导线三种接续元件功能合为一体，达到操作简便、安全可靠、经济合理的目的。“L”形连接器采用铜材质，机械物理性能和化学成分应满足国家标准《专用纯铜板》(GB 1837—1980)的相关规定，表面采用镀锡防腐处理。“C”形环与贯通地线间进行压接，压接压力不小于117.6 kN，连接处应采取防腐措施；与接地端子的连接方式采用防盗螺栓栓接。

图3－15和图3－16所示为现场采用的“L”形连接器中的一种。

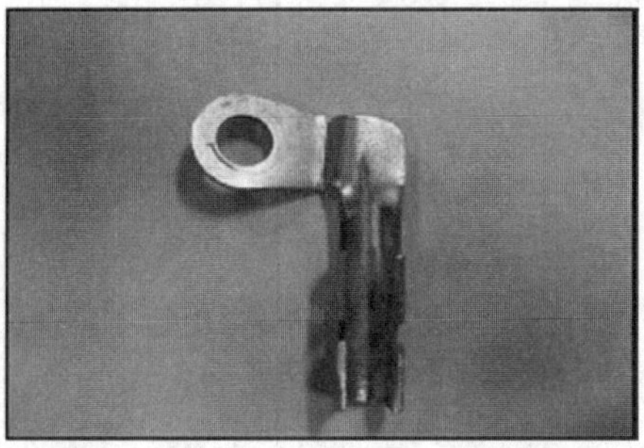

图3－15　“L”形连接器(正面)

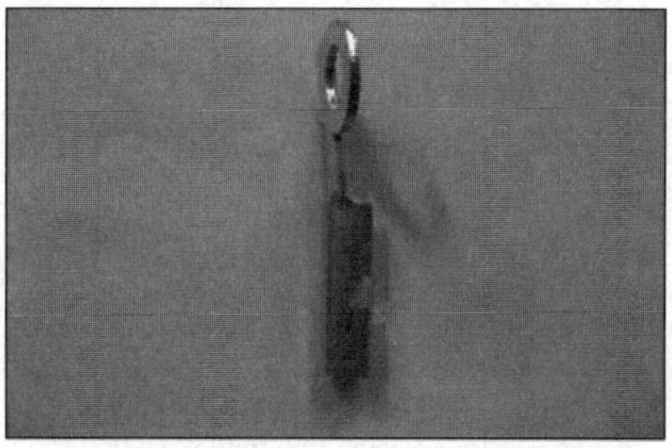

图3－16　“L”形连接器(侧面)

图3－17和图3－18所示为现场贯通地线“L”形连接器的“C”形压接及与接地端子栓接。

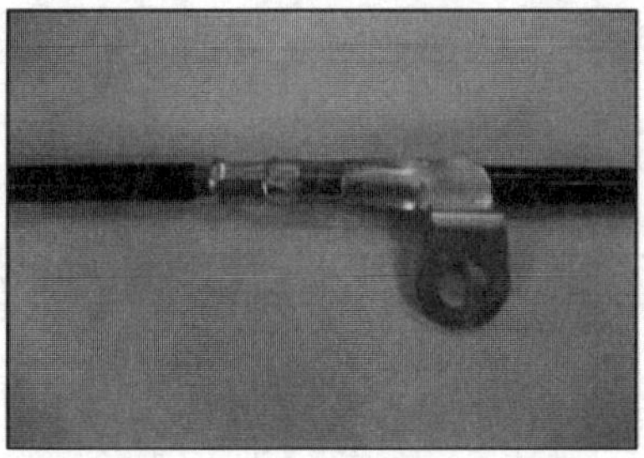

图3－17　“L”形连接器“C”形压接

图3－18　与接地端子栓接

第三节　桥梁地段综合接地系统工程设计

桥梁综合接地主要包括桥墩基础接地极和梁上接触网闪络保护接地的设置。下面结合典型桥梁工点，着重对桥墩接地、梁体接地、接地端子设置及其之间的等电位连接方案等进行说明。桥梁综合接地工程设置的接地端子均为桥隧型接地端子。

一、桥墩接地设计

桥墩基础接地工程主要是完成接地极及接地端子的设置。下面就明挖基础桥墩、桩基础桥墩的接地方案进行举例说明。

1. 明挖基础桥墩

明挖基础桥墩接地方案如图3－19所示。当基础设计深度达不到有效接地要求时，应采取其他接地措施进行补救。

(1)在基底底层设一层钢筋网作为水平接地极，水平接地极为大约1 m×1 m的钢筋网格，钢筋一般选用ϕ16 mm；钢筋网格面积宜与基底相同。

(2)水平接地极钢筋网格的外缘距混凝土表面不大于70 mm；水平接地极钢筋网格中部“十”字交叉的

钢筋结点均采用“L”形焊接,其他接地钢筋“十”字交叉的钢筋结点绑扎或点焊即可。

(3)在墩身选用两根结构钢筋作为竖向接地钢筋,下部与基底水平接地极可靠焊接,上部与墩帽处预留的接地端子可靠焊接。

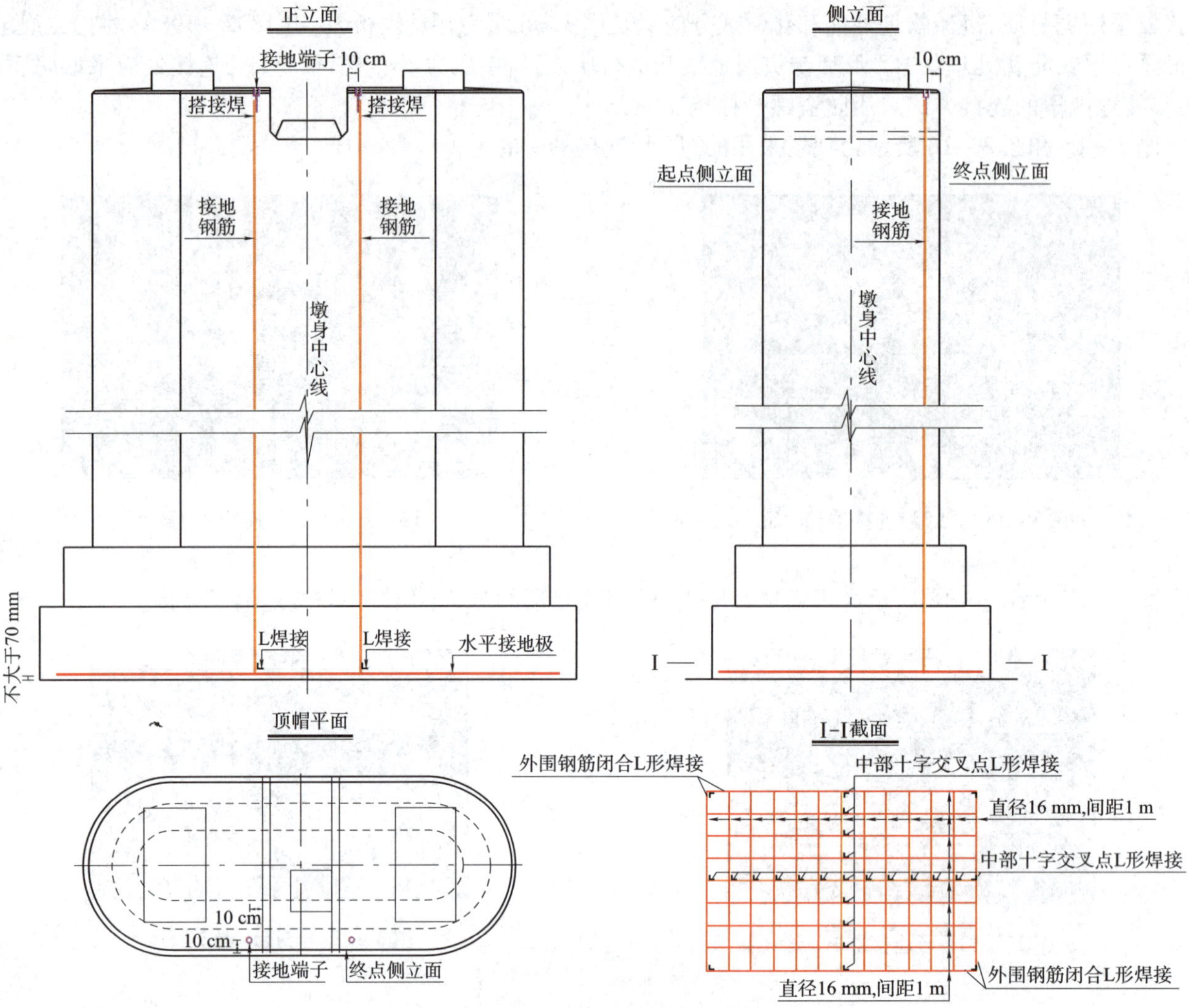

图 3-19 明挖基础桥墩接地方案图

2. 桩基础桥墩

桩基础桥墩接地方案如图 3-20 所示。

(1)在每根基桩中的外层结构钢筋中,选用一根通长的结构钢筋作为接地钢筋,并在承台中将所有基桩中的接地钢筋进行环接。

(2)在墩身选用两根结构钢筋作为竖向的接地钢筋,下部与承台中的环接钢筋可靠焊接,上部与墩帽处预留的接地端子可靠焊接。

二、梁体综合接地设计

桥梁体综合接地主要包括接触网闪络保护接地及接地端子的设置。具体方案说明如下:

1. 梁面中部纵向接地钢筋设置

在无砟轨道桥梁区段,纵向接地钢筋设于桥面保护层(厚度一般为 110 mm),纵向接地钢筋分别设于上、下行轨道板间的 1/3 和 2/3 处。

在有砟轨道桥梁区段,因桥面保护层厚度较小(一般为 40 mm),且为钢纤维混凝土结构,因此要求纵向接地钢筋利用桥梁上表层的结构钢筋。当道砟厚度小于 300 mm 时,在上、下行线路中部位置设纵向接地钢筋;当道砟厚度大于 300 mm 时,梁体上表面中部可不设纵向接地钢筋。

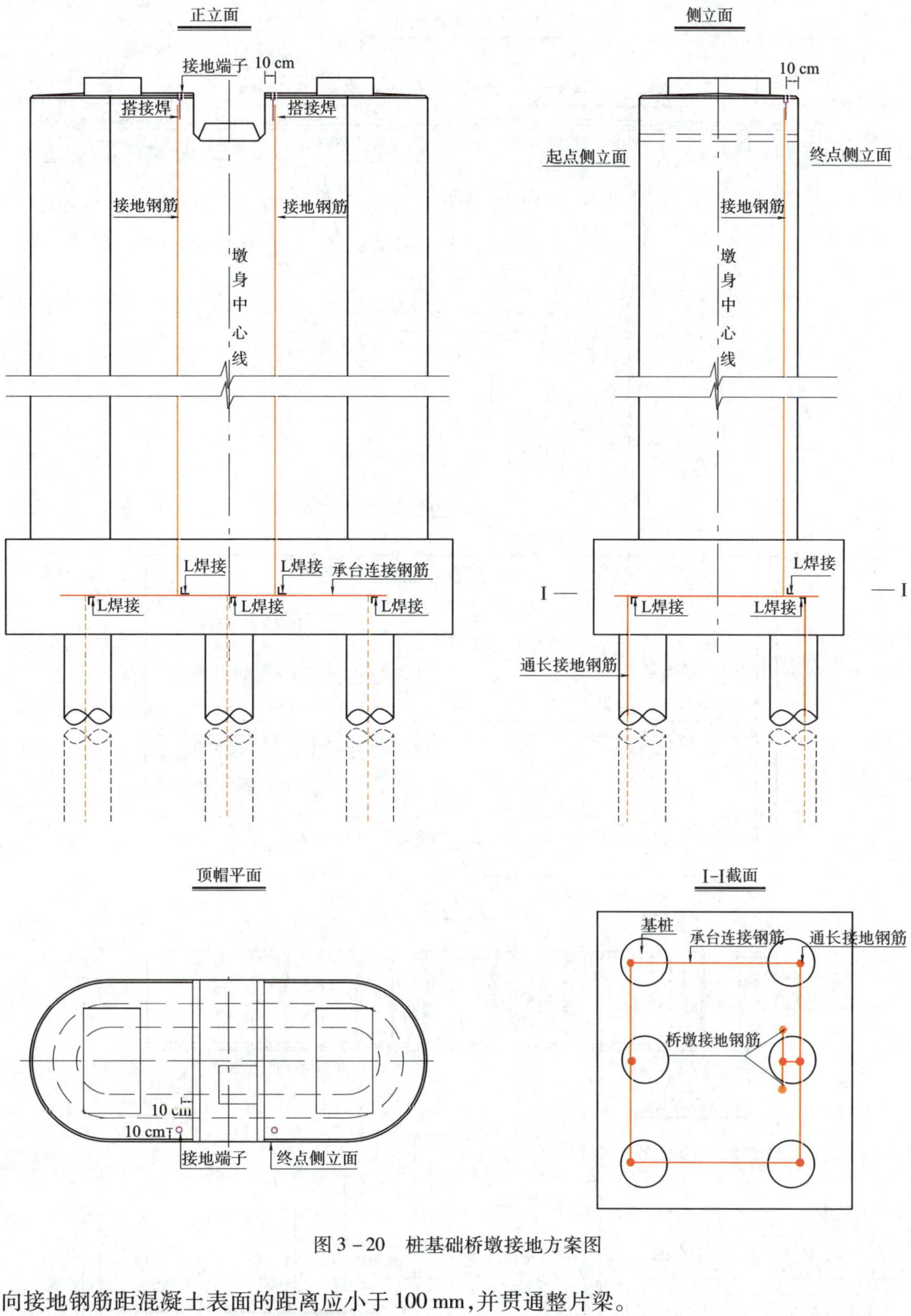

图 3－20　桩基础桥墩接地方案图

纵向接地钢筋距混凝土表面的距离应小于 100 mm，并贯通整片梁。

2. 防护墙（或挡砟墙，下同）接地钢筋设置

在防护墙下部的梁体内，利用结构钢筋设置纵向接地钢筋，并贯通整片梁。在每个防护墙段落的上层靠线路侧选用一根结构钢筋作为纵向接地钢筋，并通过竖向结构钢筋与梁体内的纵向接地钢筋可靠连接。

3. 横向接地钢筋设置

对于有砟轨道区段，以及保护层与桥梁体有结构钢筋连接的无砟轨道区段，上述梁体上表层（或保护层）纵向接地钢筋均要求与梁体起点侧的横向结构钢筋可靠连接。

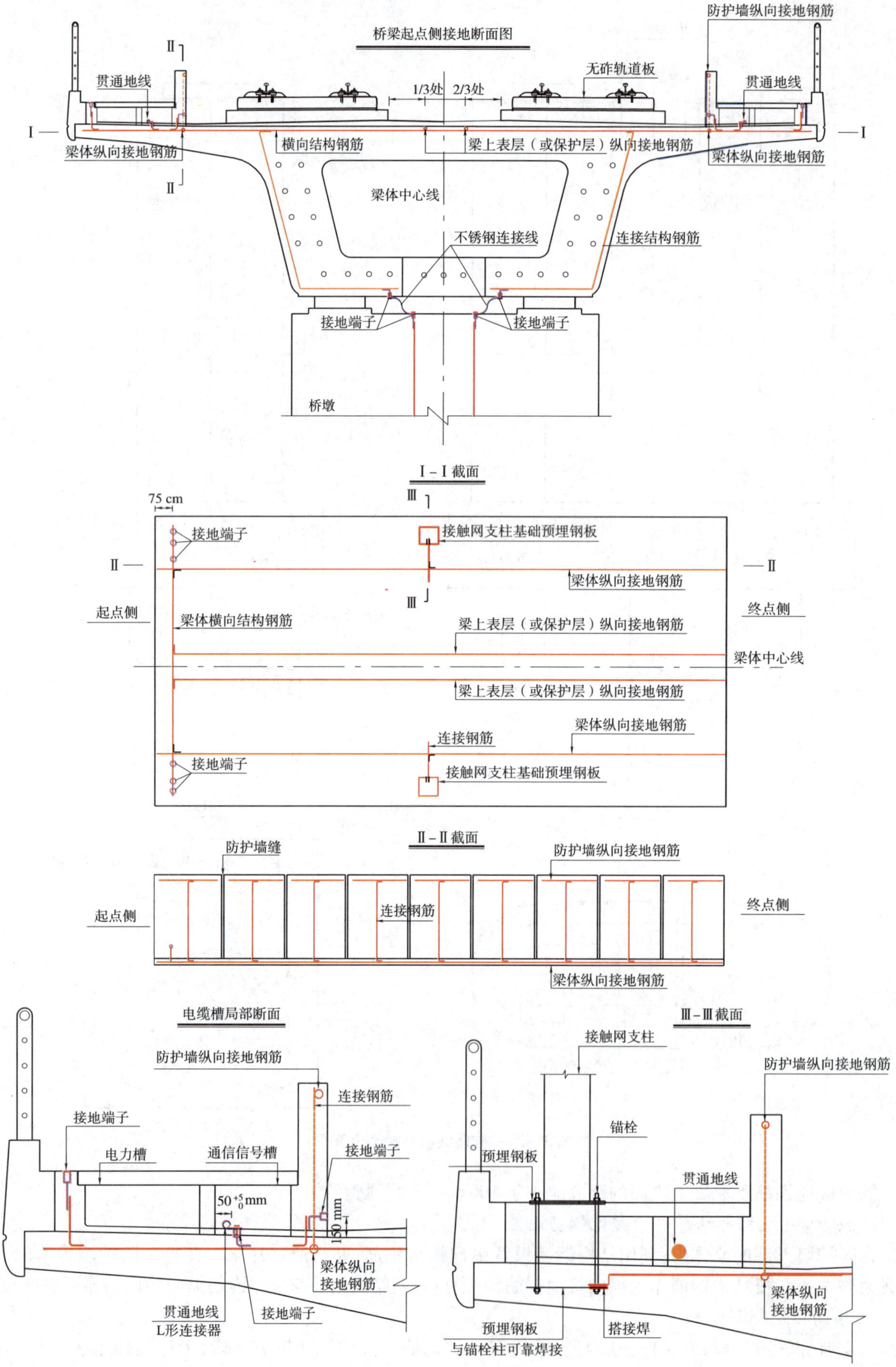

图3-21 无砟轨道箱梁接地示意图

4. 接地端子设置

在桥梁小里程端横向接地钢筋处的两侧电力电缆槽底部、防撞墙靠线路侧、桥护栏处分别设置接地端子,供轨旁相关设备、设施就近接地。

在梁体底部小里程端预留接地端子,并通过结构钢筋将其与梁体横向接地钢筋连接,以便于梁部接地装置与桥墩接地极相连接。

5. 典型梁体接地设计举例

下面就箱梁、下承式钢桁梁、T形梁及连续箱梁等接地方案进行举例。

(1)箱梁(单跨,无砟轨道)

在梁体上表层(或保护层)设置纵向接地钢筋的无砟轨道区段箱梁接地方案如图3-21所示。

(2)箱梁(单跨,有砟轨道)

有砟轨道箱梁接地方案如图3-22所示。道砟厚度小于0.3 m的梁体上表层适当位置处应设纵向接地钢筋,并纵向贯通整片梁。上、下行线间的纵向接地钢筋距混凝土表面的距离应小于100 mm。当道砟厚度大于300 mm时,梁体上表面中部可不设纵向接地钢筋。

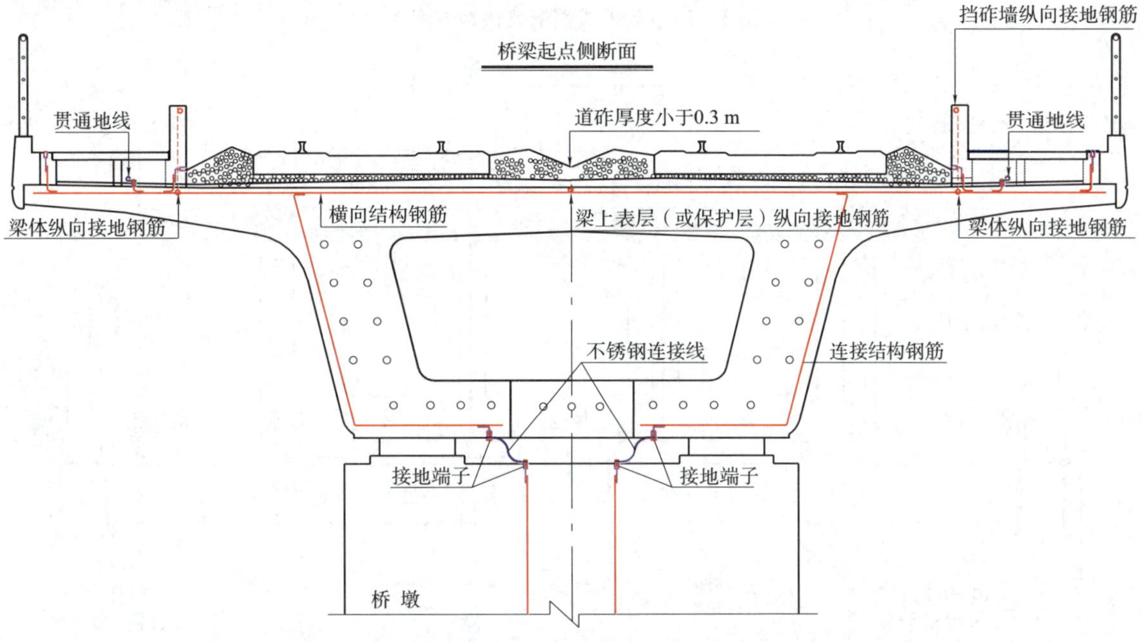

图3-22　有砟轨道箱梁接地方案图

(3)下承式钢桁梁(单跨,无砟轨道)

钢桁梁接地应充分利用桥梁钢结构作为接地电气连接,实现梁体上部与下部桥墩的接地连接。接地方案如图3-23所示。

(4)T形梁(单跨,有砟轨道)

T形梁综合接地结合桥梁体的结构形式,在箱梁综合接地方案的基础上,对纵向接地钢筋的设置做局部调整;电缆槽接地与梁体接地装置间的电气连接利用桥梁护栏钢结构实现。接地方案如图3-24所示。

(5)连续梁(箱梁,无砟轨道)

连续梁接地结合梁体多跨的结构形式,在单跨梁接地方案的基础上,连续梁中间桥墩处按照单跨梁断面要求设置接地端子和横向接地钢筋。以无砟轨道连续箱梁为例,接地钢筋平面布置如图3-25所示。断面图如前所示。

三、桥台接地设计

桥台台顶接地设置参照梁体的接地方案设计。桥台墩部及基础的接地设置参照明挖基础或桩基础桥墩的接地方案设计,桥台正面及断面如图3-26所示。

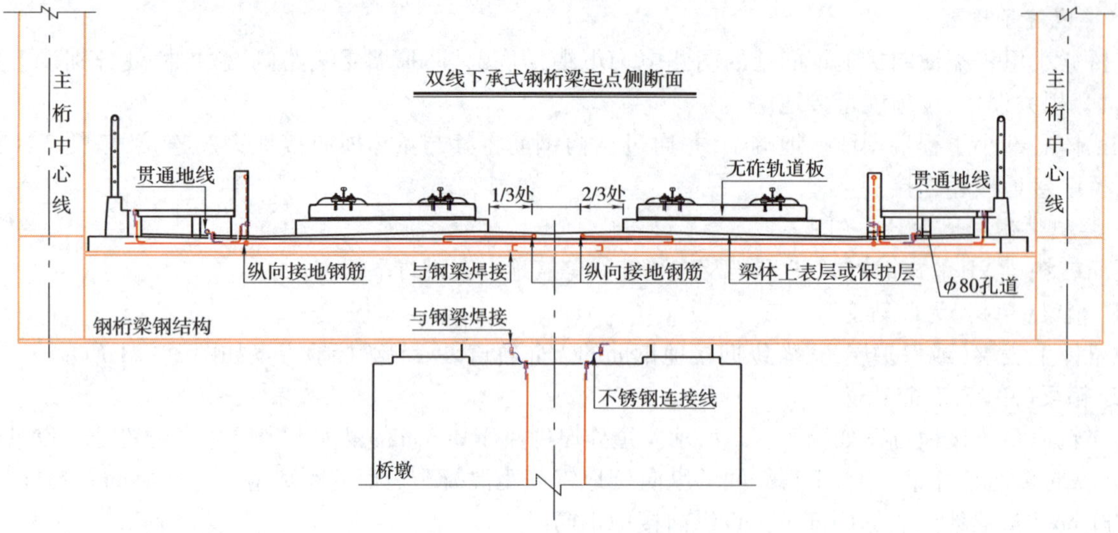

图 3－23 下承式钢桁梁接地方案图

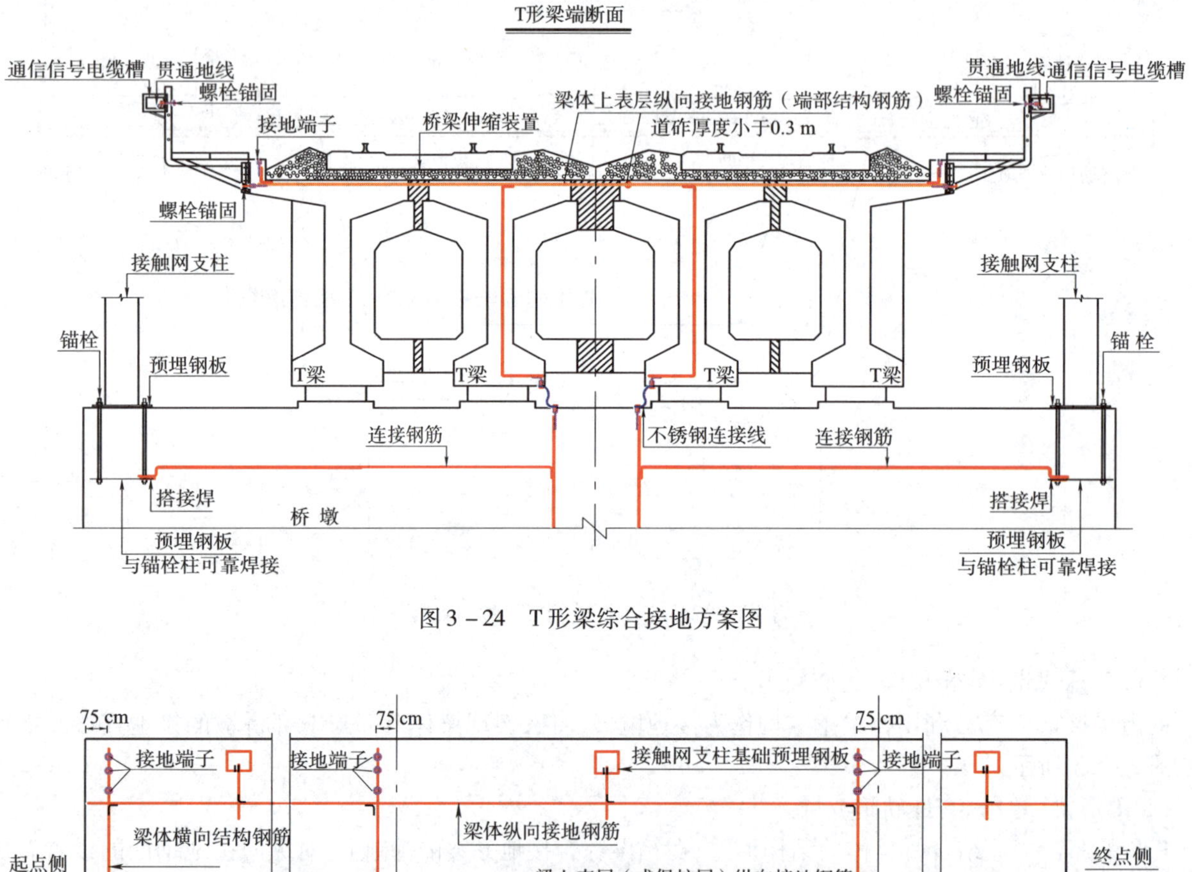

图 3－24 T 形梁综合接地方案图

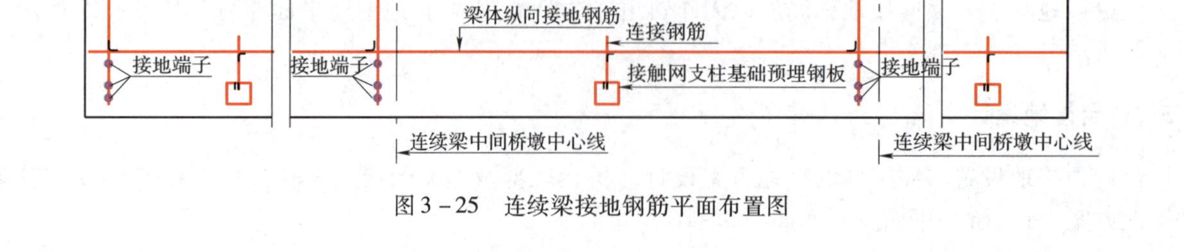

图 3－25 连续梁接地钢筋平面布置图

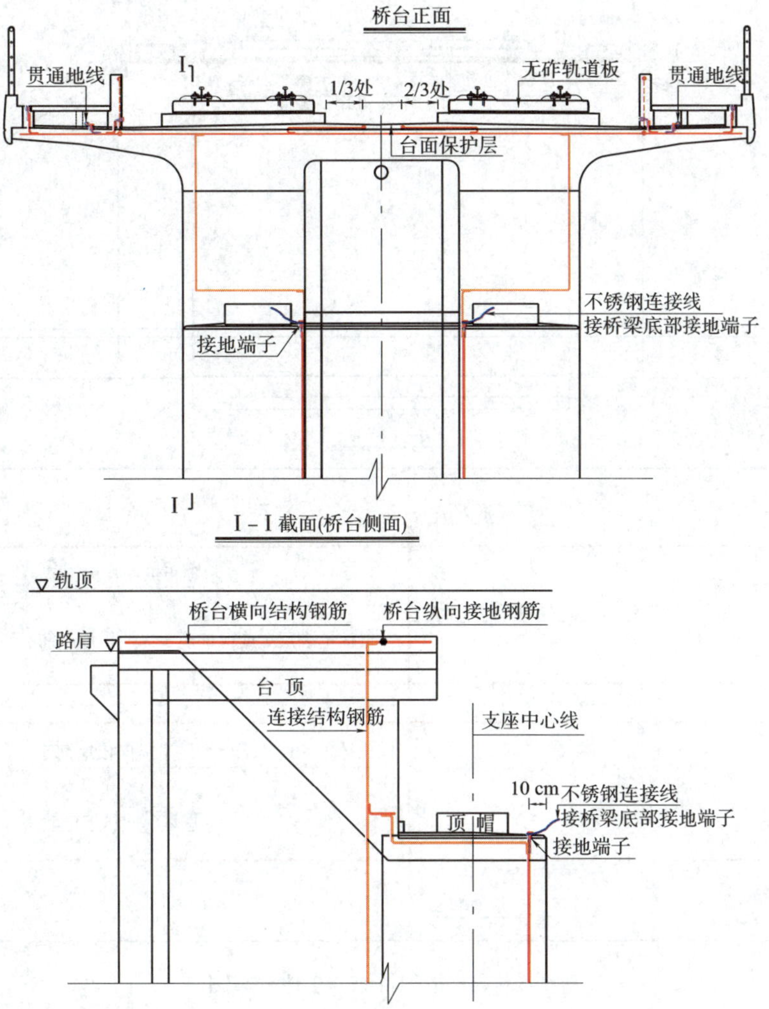

图 3－26　桥台综合接地方案图

四、框架桥综合接地设计

框架桥的结构形式主要有桥面在路肩标高以上和桥面在路肩标高以下两种。

对于桥面在路肩以下的框架桥，由于梁面与路基面间有一定的厚度（大于 300 mm），因此，桥梁面可不考虑综合接地装置，仅将桥护栏等金属构件与路基地段预留的接地端子就近等电位连接即可。

对于桥面在路肩以上的框架桥，梁面的接触网闪络保护接地参照箱梁综合接地设计方案设置顶板纵向接地钢筋，接地端子及横向接地钢筋设于桥梁中部（沿线路方向），如图 3－27 所示。

由于框架桥下部边墙在接触网带电体 5 m 范围以外，结构内钢筋可不接入综合接地系统。

五、跨线桥、涵综合接地设计

对于金属部件在接触网区和受电弓区的跨线桥、涵，需采取有效的接地措施以确保人身安全。

(1)跨线桥、涵顶面处于受电弓区内

利用顶面下部表层部分横向（垂直铁路线）结构钢筋作为接地钢筋使用，在梁两端利用结构钢筋将其连接起来。横向接地钢筋以不超过 1.5m 为间隔进行选取。

(2)在顶面两端预留接地端子，并与梁体内部接地钢筋可靠连接，为桥涵上方的金属护栏及保护栅栏提供接地。

(3)跨线桥、涵的下部桥墩或边墙靠线路侧

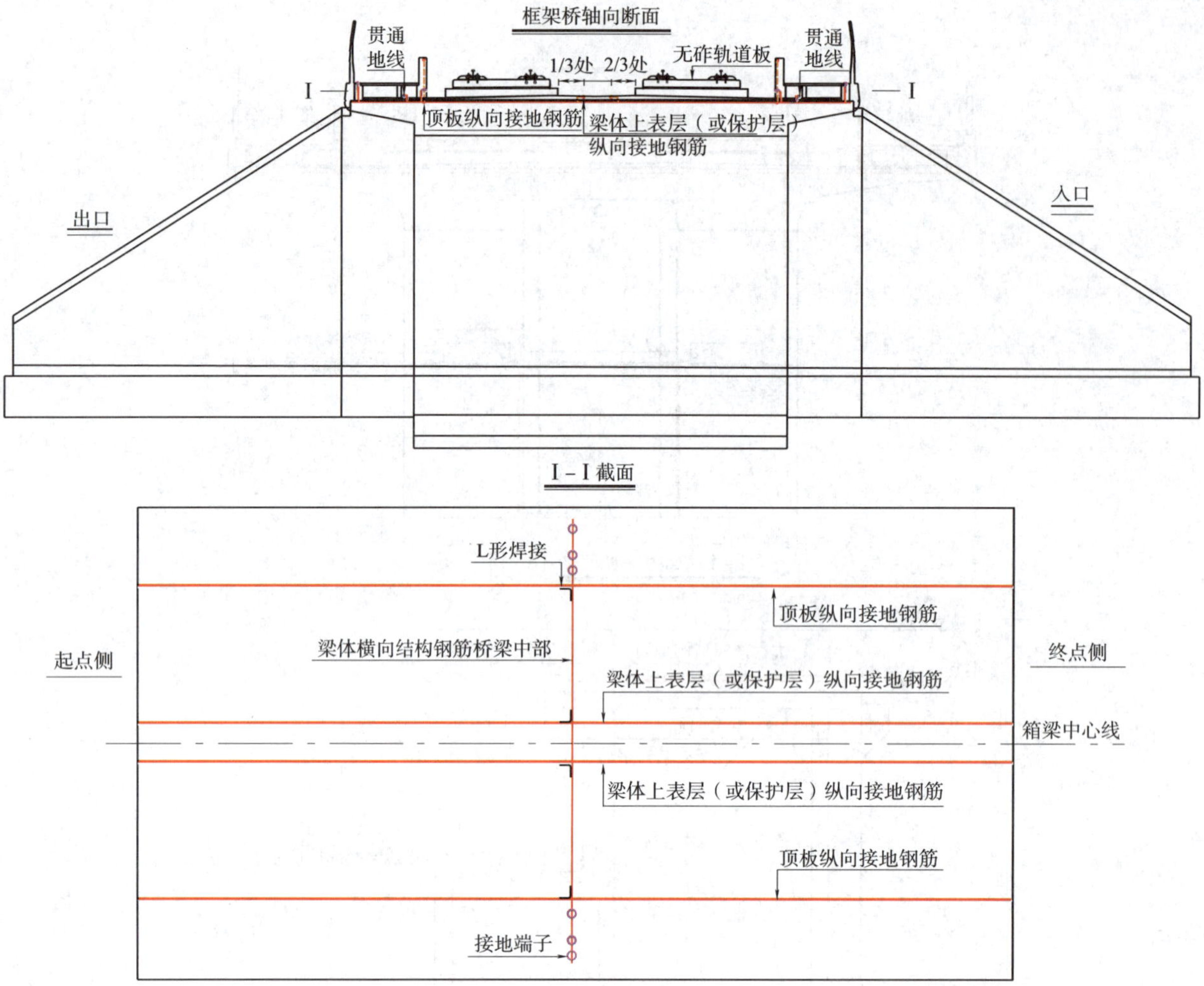

图 3－27　框架桥综合接地方案图

利用竖向的结构钢筋作为接地钢筋使用，用于顶面接地装置及边墙内接地钢筋与路基预留接地端子的连接。在竖向接地钢筋上端连接接地端子，下端距离电缆槽盖板面下 200 mm 处预留接地端子。

(4)以跨铁路桥接地为例，跨线桥起点侧接地钢筋断面图及梁体接地钢筋平面布置图如图 3－28 所示。

六、桥梁地段相关设备设施接地设计

桥梁地段附属金属构件在接触网区时，应就近与综合接地系统预留的接地端子相连接，如金属护栏等。

(1)桥梁地段通信、信号等轨旁设备就近与综合接地系统预留的接地端子连接。

(2)声屏障接地：由导电材料制成的声屏障及支架应在其结构内预留接地端子，就近与桥梁综合接地系统预留的接地端子单点 T 形连接。目前桥梁地段声屏障类型一般有整体式预制混凝土声屏障和插板式声屏障。

①整体式预制混凝土声屏障接地装置：混凝土声屏障单元板顶部设置纵向接地钢筋，贯通整个单元板；在竖墙内设置贯通整跨梁的纵向接地钢筋，在每跨梁声屏障的起点侧（与梁体起点侧接地端子相对应）预制一个接地端子，并与竖墙内纵向接地钢筋焊接；每个单元板上部纵向接地钢筋通过混凝土结构内的非预应力结构钢筋与竖墙内的纵向接地钢筋焊接。接地方案如图 3－29 所示。

②插板式声屏障接地装置：在声屏障竖墙内设置贯通的纵向接地钢筋，并与每个声屏障金属立柱的锚栓柱焊接；在每跨梁的起点侧（对应桥梁体起点侧预留接地端子处）的竖墙内预制接地端子，并与竖墙内纵向接地钢筋焊接；对于导电材料制成的声屏障单元板，需根据单元板的具体结构形式进行设计。接地方案如图 3－30 所示。

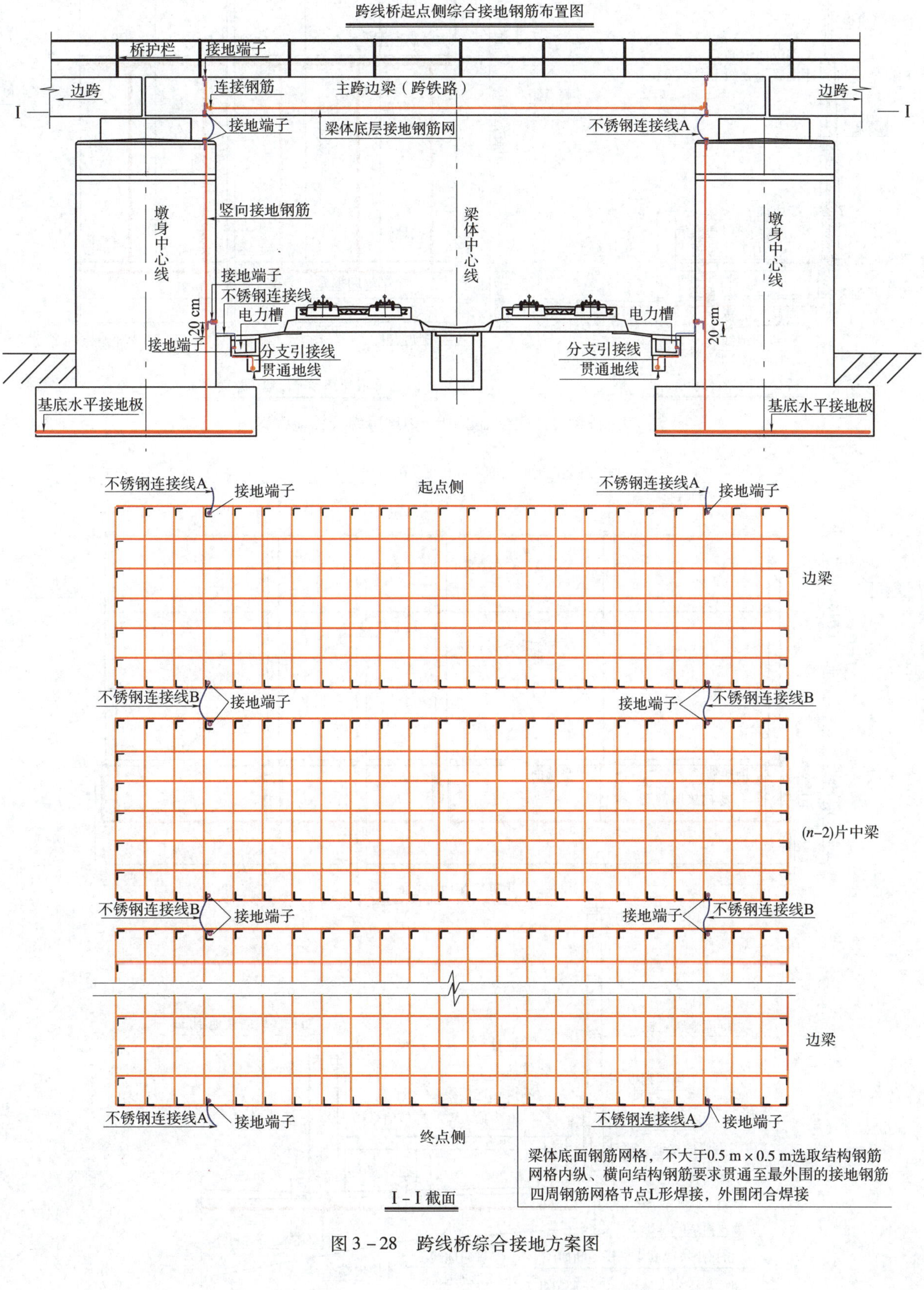

图 3－28 跨线桥综合接地方案图

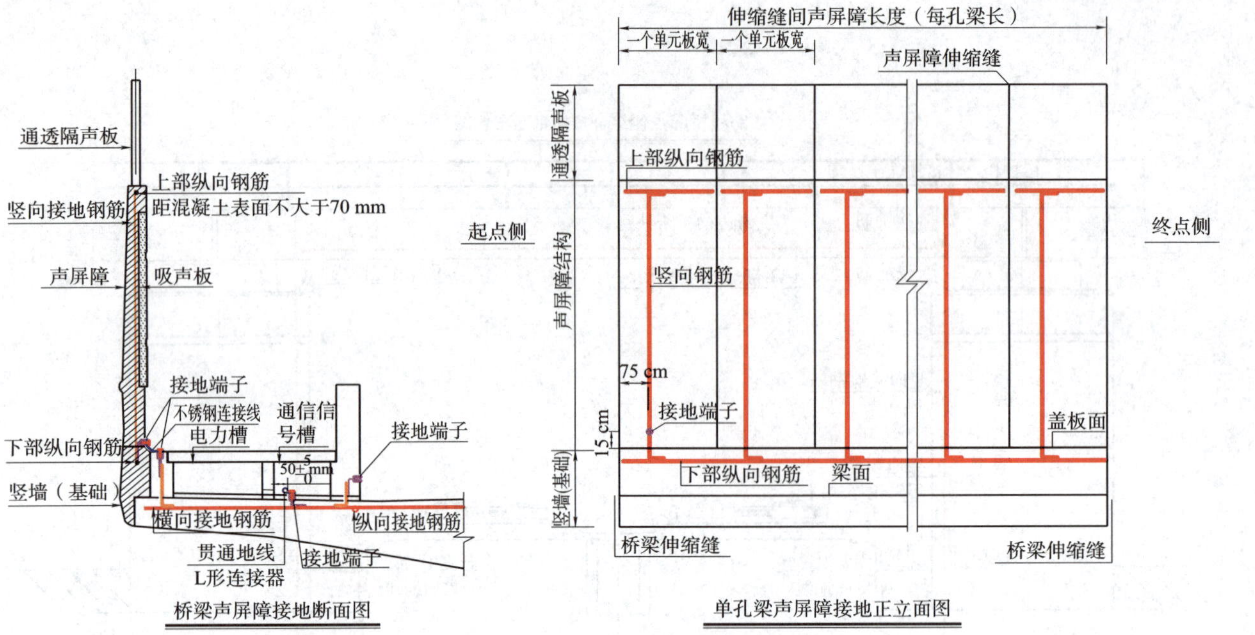

图 3－29 桥梁整体式预制混凝土声屏障综合接地方案图

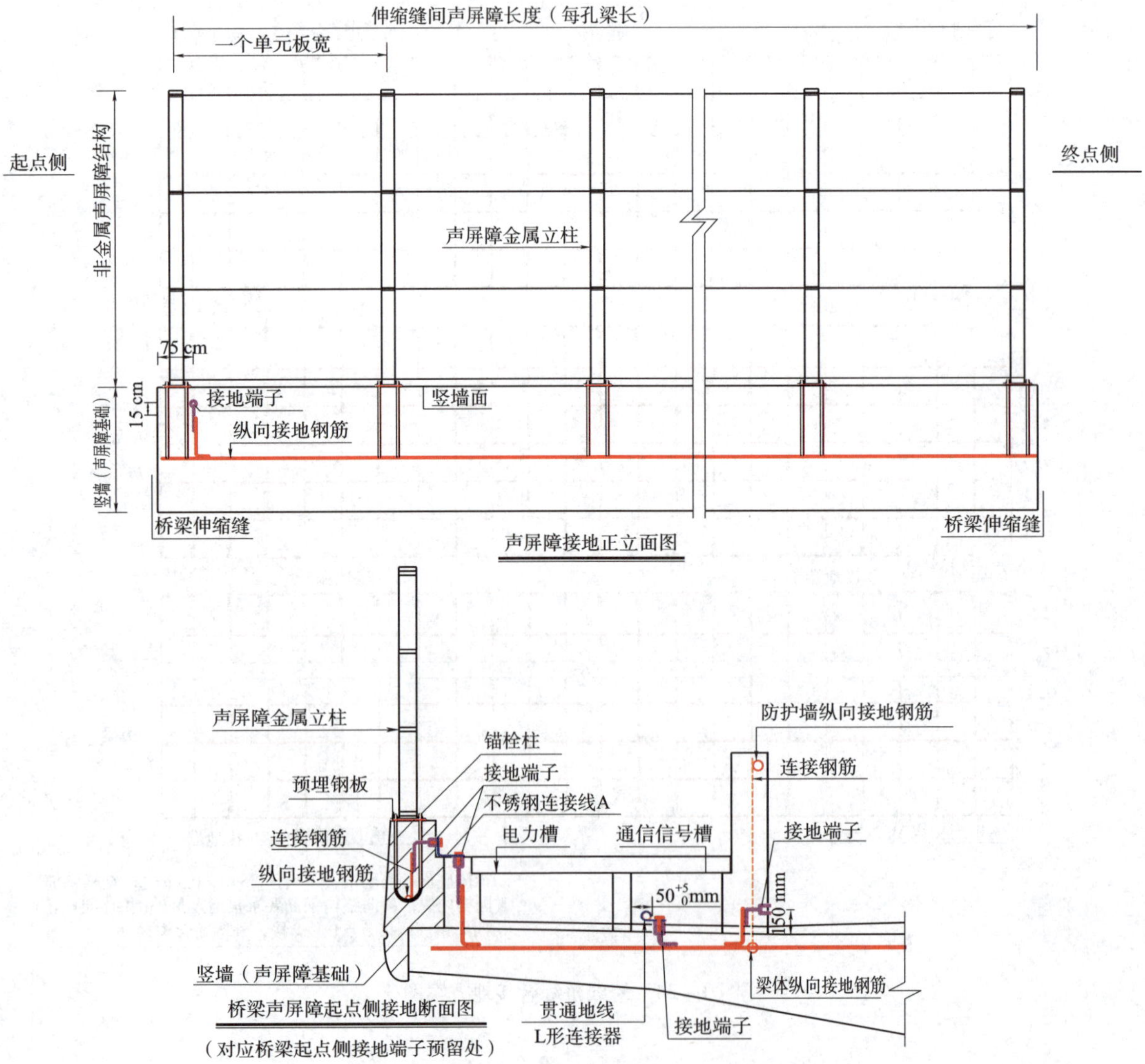

图 3－30 桥梁插板式声屏障综合接地方案图

第四节　隧道综合接地系统工程设计

隧道综合接地主要包括隧道接地极和接触网闪络保护接地的设置。下面结合典型隧道工点，着重对初期支护接地极、底板接地极、二次衬砌闪络保护接地、接地端子设置及其之间的等电位连接方案等进行说明。

一、初期支护接地极设计

对于Ⅲ、Ⅳ、Ⅴ级及以上围岩级别的隧道，初期支护接地极设置投影关系如图 3－31 所示。

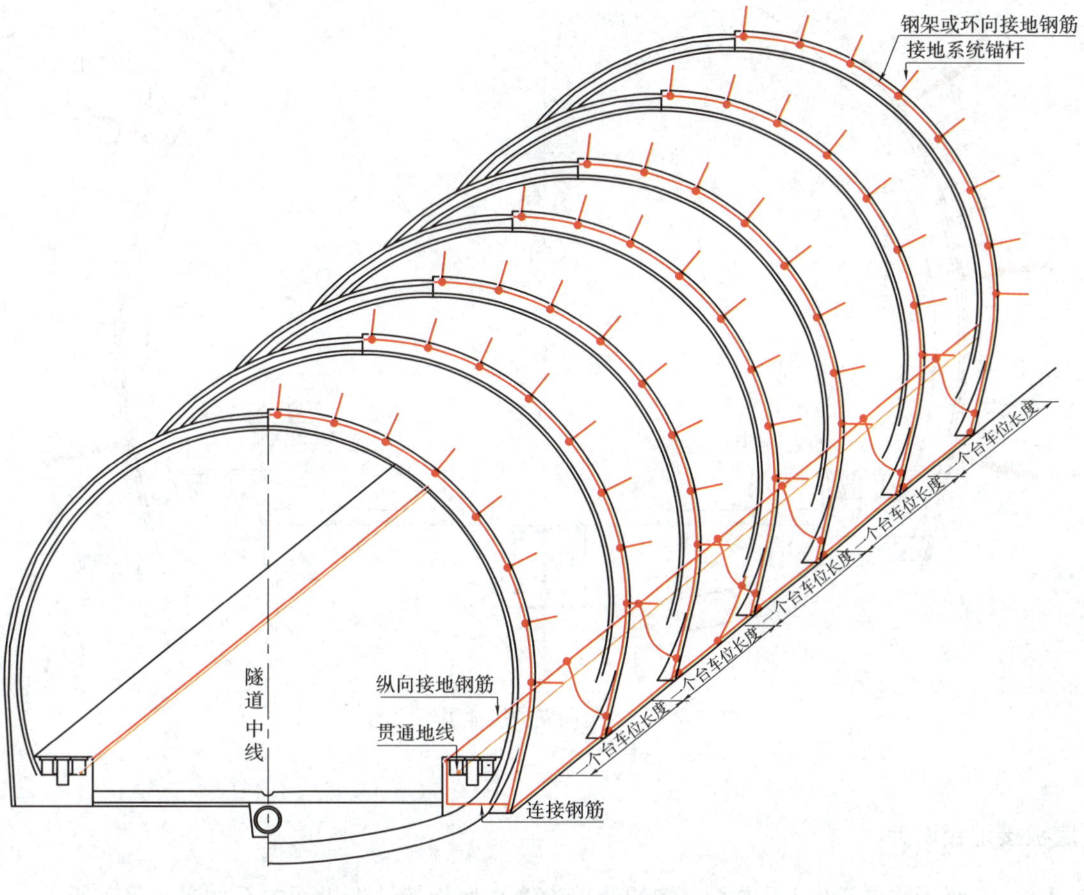

图 3－31　初期支护接地极投影关系图

1. Ⅳ、Ⅴ级围岩隧道

在每一台车位沿线路方向约 1/2 位置设一处由系统锚杆和钢架组成的接地极。

2. Ⅲ级围岩隧道

在每一台车位沿线路方向约 1/2 位置设一处由系统锚杆和环向接地钢筋组成的接地极。

3. 锚杆的选用

各级围岩隧道依锚杆设置情况选取接地锚杆。用于接地的锚杆环向间距为 2 倍锚杆长度。

4. 纵向结构钢筋的选用

利用两侧电缆槽侧壁处最上层的纵向结构钢筋作为纵向接地钢筋，纵向接地钢筋贯通连接长度应不小于 100 m（沉降缝处自然断开，不作要求，不包括短于 100 m 的隧道），并且该纵向接地钢筋的直径只要不小于 12 mm 即可满足接地要求，当结构钢筋直径不足 12 mm 时，可选用 2 根并联使用。

5. 接地钢筋连接

在隧道侧墙角附近用连接钢筋将接地极分别引接至两侧电缆槽侧壁处的纵向接地钢筋进行焊接。

初期支护接地极断面图如图 3－32 所示。

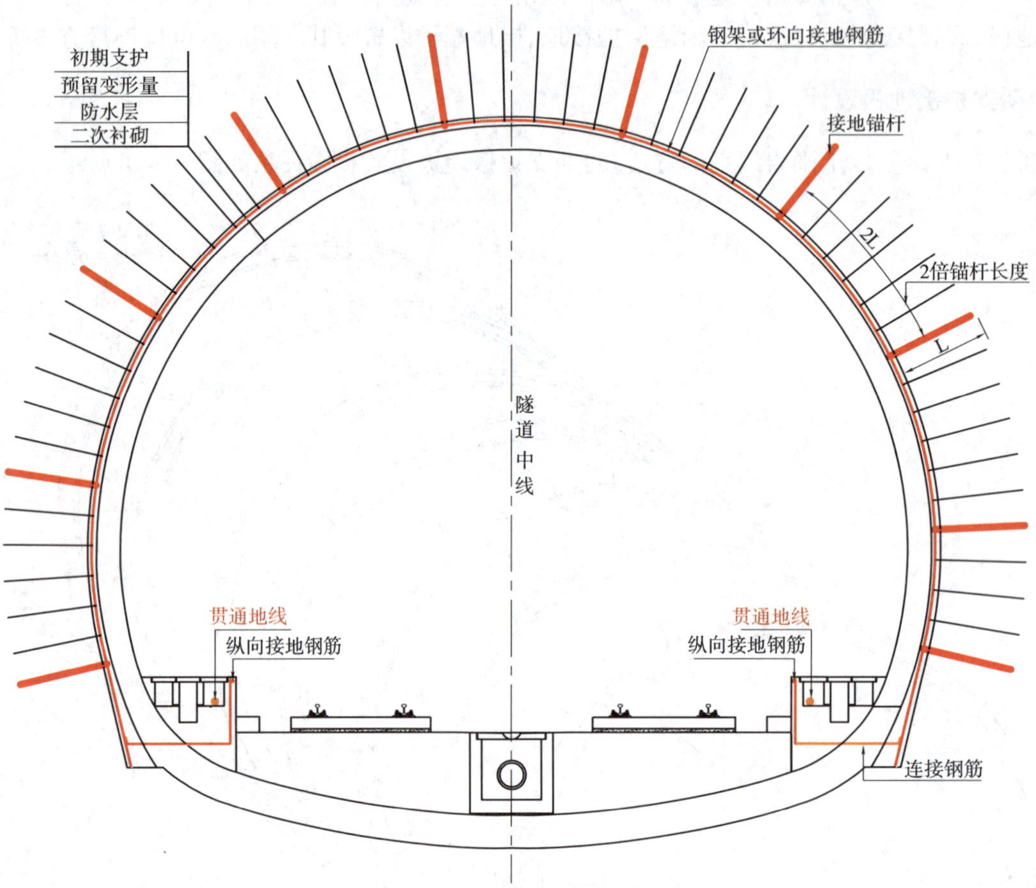

图 3－32 初期支护接地极断面图

二、底板接地极设计

对于Ⅰ级、Ⅱ级围岩隧道(以无中心水沟的隧道为例),底板接地极投影关系如图 3－33 所示。

(1)以台车位为单元和间隔,利用隧道底板的下层结构钢筋作为接地极。水平接地极钢筋网格中部“十”字交叉钢筋上的结点采用“L”形焊接,其他接地钢筋“十”字交叉的钢筋结点可采用点焊或绑扎。

(2)接地极由 1 m 间隔的纵向结构钢筋和台车位约 1/2 处的横向结构钢筋构成,当纵、横向结构钢筋的直径不满足要求时,可将邻近的 2 根纵向(或横向)结构钢筋并联使用且无需改变纵、横向结构钢筋的间距。

(3)用专用连接钢筋将接地极分别与两侧电缆槽侧壁处的纵向接地钢筋连接。以有中心水沟的隧道为例,隧道底板接地极断面图如图 3－34 所示。

三、接触网闪络保护接地

隧道二次衬砌在接触网区范围内时,接触网闪络保护接地设置方案如图 3－35 所示,图示中给出了初期支护(仅示意钢架或环向接地钢筋)、二次衬砌接地钢筋的投影关系。下面就二次衬砌有结构钢筋和无结构钢筋的保护接地设计分别说明。

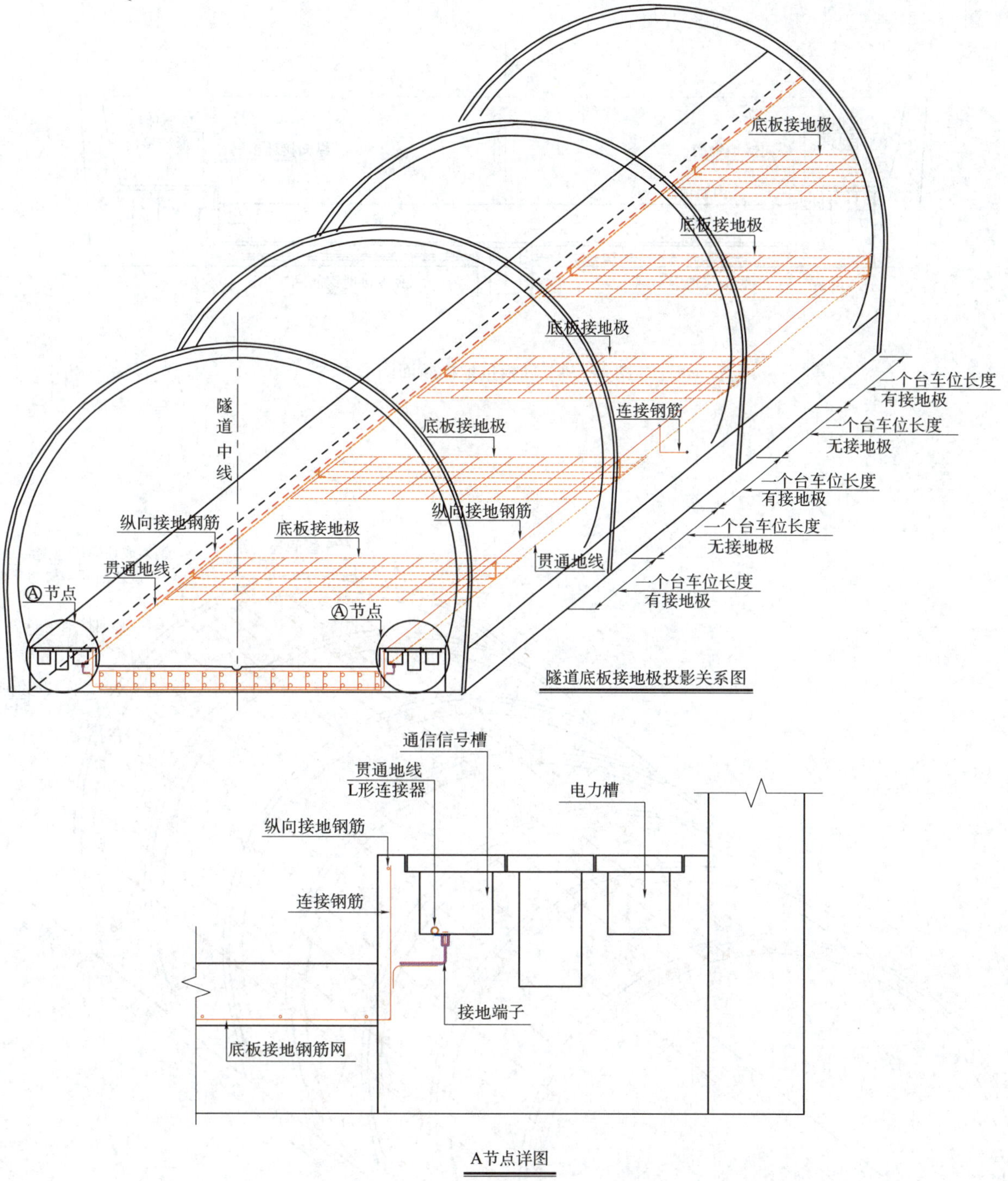

图 3－33 底板接地极投影关系图

1. 二次衬砌有结构钢筋

接触网闪络保护接地设置方案断面图如图 3－36 所示。

(1)应利用二次衬砌的内层纵、环向结构钢筋作为接地钢筋。

(2)上、下行线路中心线在拱顶的投影线两侧，以 0.5 m 为间隔，各选 3 根纵向结构钢筋作为接地钢筋；上述投影线两侧各 1.5 m 外的其他位置，以 1 m 为间隔，选择纵向结构钢筋作为接地钢筋；上述接地钢筋与接触网滑槽必须连接。

(3)在每个作业段之间，二次衬砌内的纵向接地钢筋可不贯通连接。

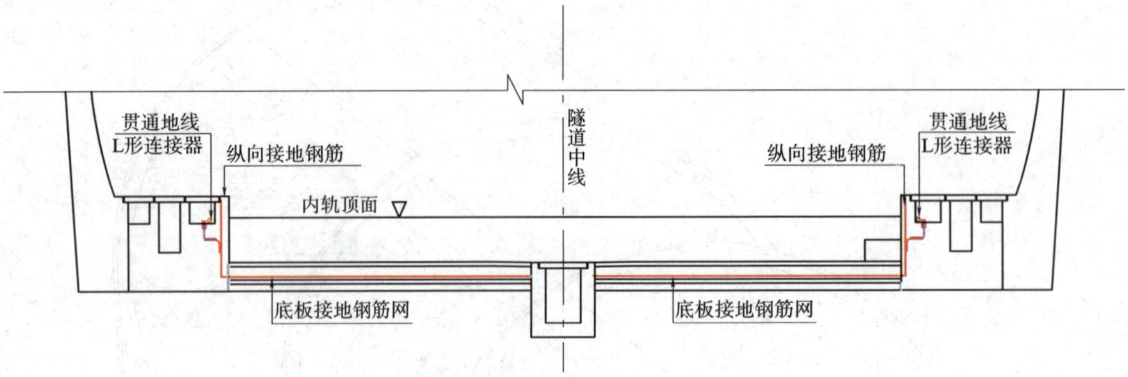

图 3－34　底板接地极断面图

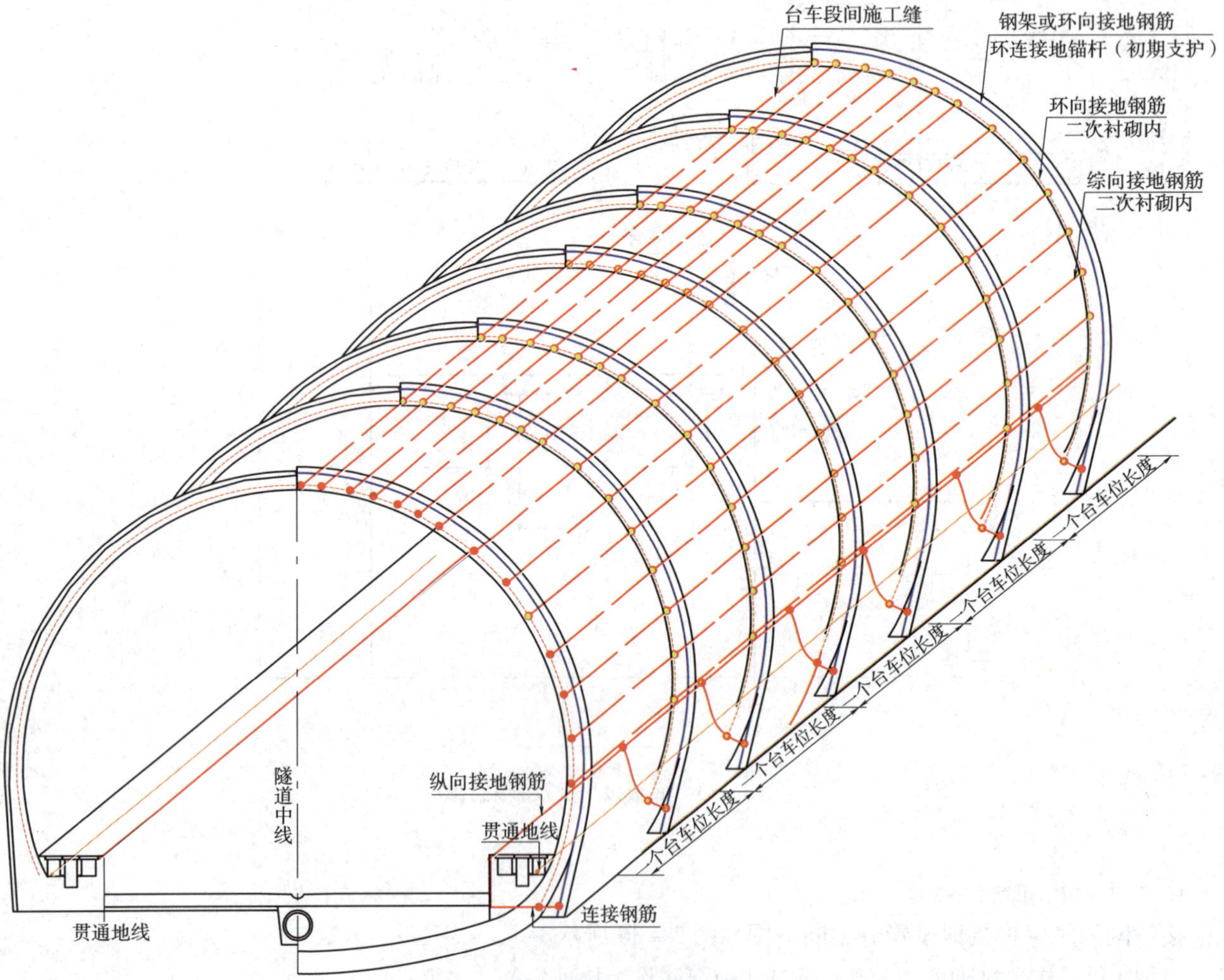

图 3－35　隧道接触网闪络保护接地方案图

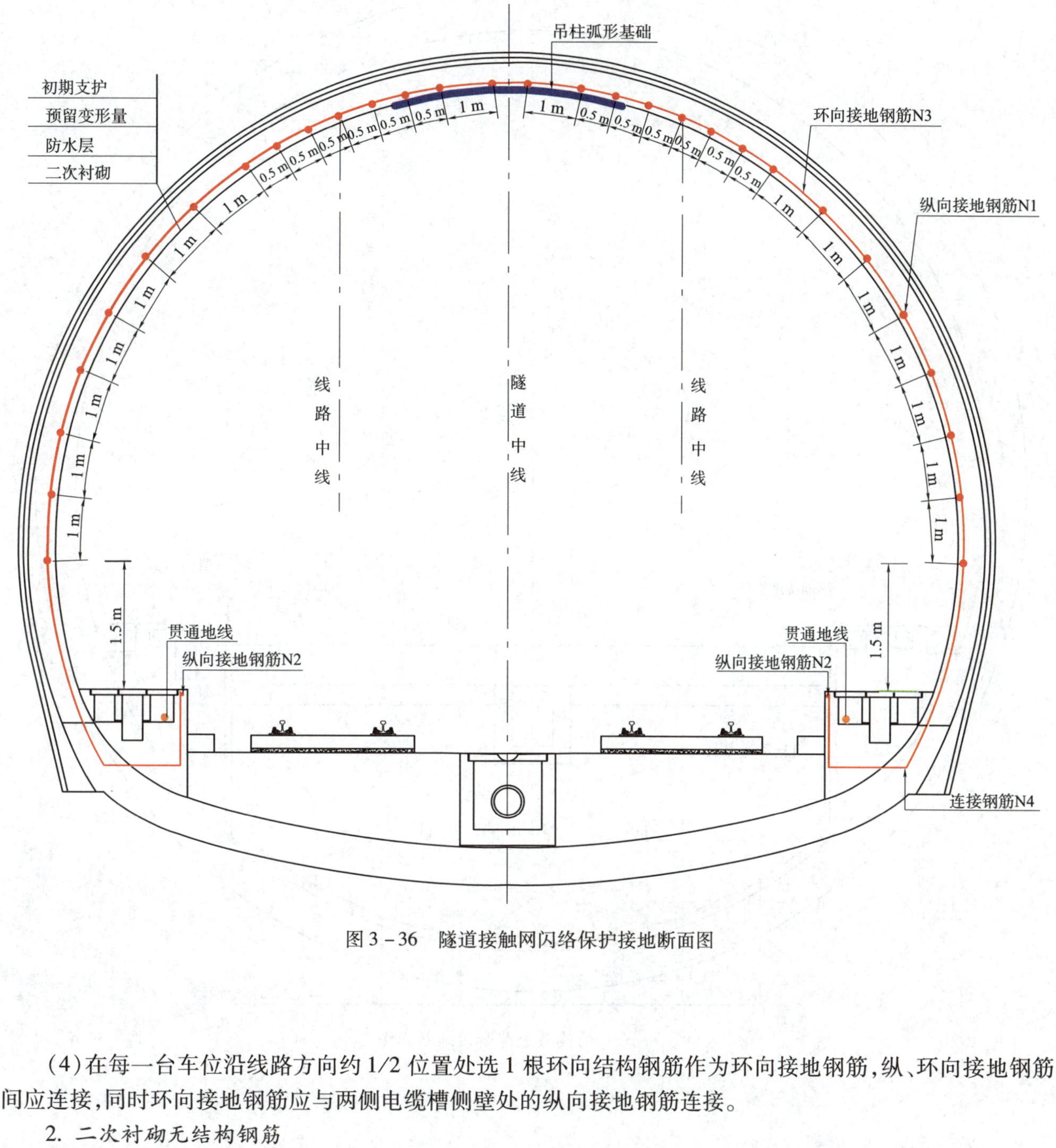

图 3-36 隧道接触网闪络保护接地断面图

(4)在每一台车位沿线路方向约 1/2 位置处选 1 根环向结构钢筋作为环向接地钢筋，纵、环向接地钢筋间应连接，同时环向接地钢筋应与两侧电缆槽侧壁处的纵向接地钢筋连接。

2. *二次衬砌无结构钢筋*

二次衬砌无结构钢筋时，仅设置环向接地钢筋与接触网滑槽连接，并且环向接地钢筋应与两侧电缆槽侧壁处的纵向接地钢筋连接。

四、盾构隧道接地极设计

在盾构隧道内，上、下行线路下方隧道底部填充层外层各设 3 根纵向接地钢筋作为接地极，每个作业段将其环连一次至两侧电缆槽外缘纵向接地钢筋。底部纵向接地钢筋可以全隧道贯通，也可以分块隔断，依隧道结构而定。盾构隧道接地极方案断面图如图 3-37 所示。

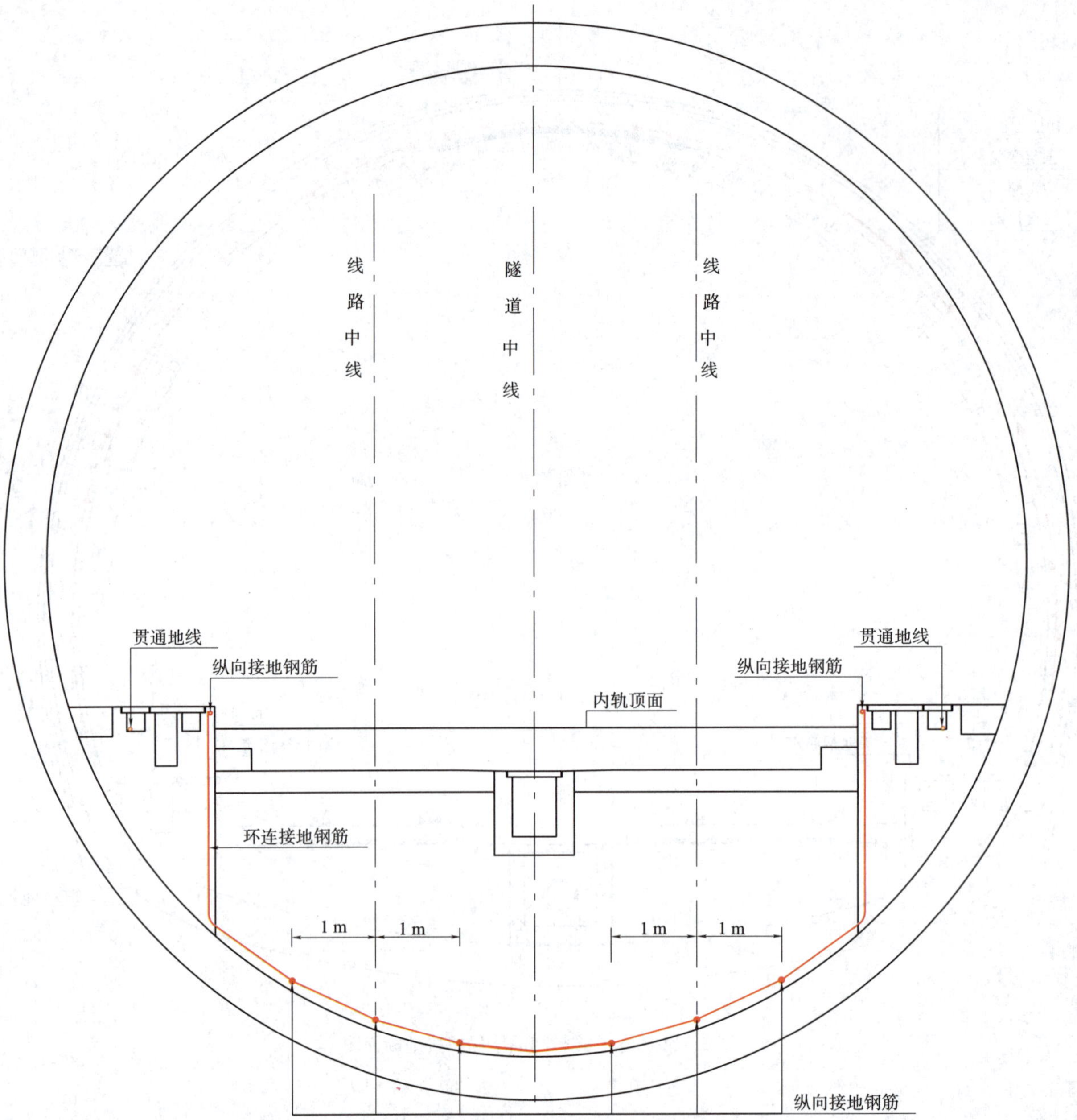

图 3－37 盾构隧道综合接地断面图

五、接地端子设置

(1)隧道内接地装置均采用桥隧型接地端子。

(2)从隧道进口 2 m 处开始,在两侧通信信号电缆槽底部,每间隔 100 m 设置一个接地端子,小于 100 m 的隧道在中部设一处。接地端子供隧道接地装置与贯通地线的连接。

(3)从隧道进口 2 m 处开始,在两侧通信信号电缆槽靠线路外侧壁上,每间隔 50 m 设置一个接地端子,小于 50 m 的隧道在中部设一处。接地端子供轨旁设备、设施接地。电缆槽接地端子设置断面如图 3－38 所示。

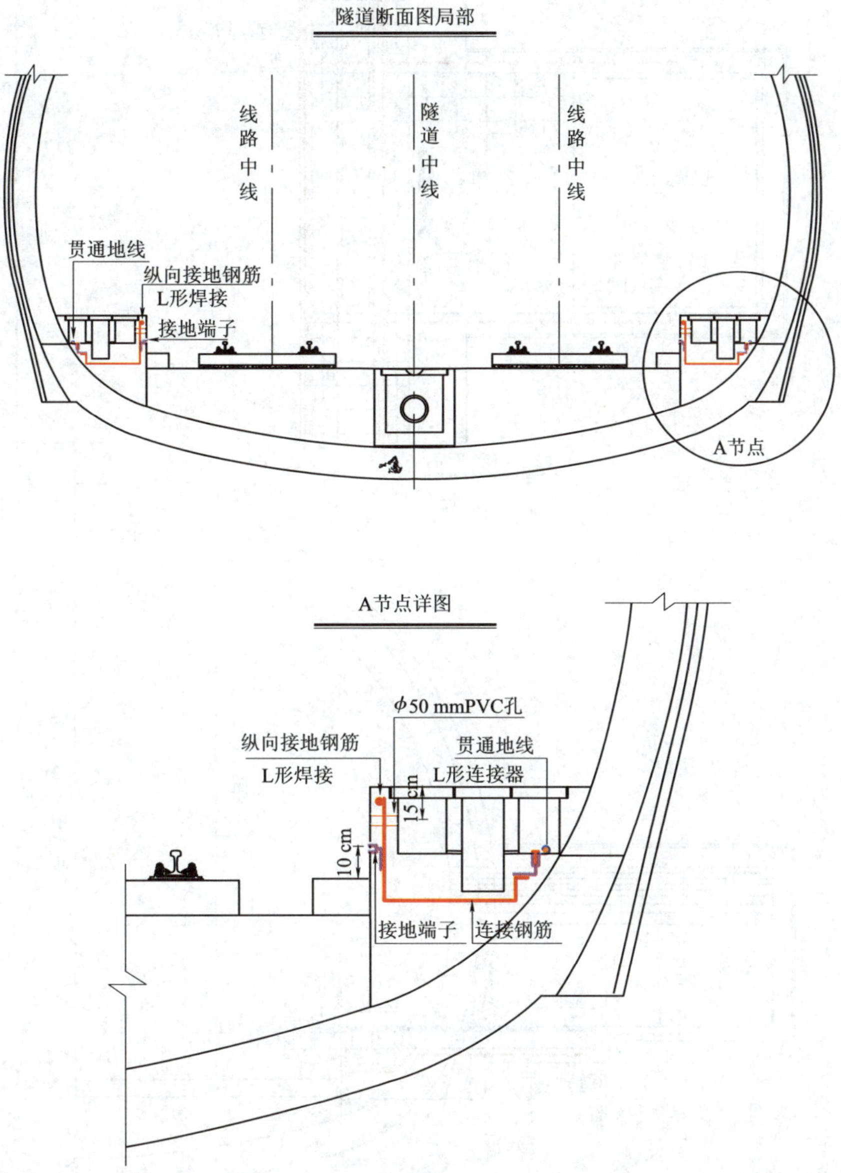

图3-38　隧道电缆槽接地端子设置断面图

(4)在每个专用洞室、变压器洞室两侧壁下部设置接地端子,供洞室内设备、设施接地。隧道综合洞室内接地端子设置断面如图3-39所示。

(5)上述所有的接地端子均通过连接钢筋与电缆槽外缘的纵向接地钢筋连接。

(6)当接触网槽道基础采用预埋方式时,需将基础与二次衬砌内的环向或纵向接地钢筋焊接;当基础采用后植入安装方式时,需在安装基础的位置预埋接地端子,并与二次衬砌内的环向或纵向接地钢筋焊接。

六、隧道内相关设备设施接地设计

在隧道内,无砟轨道接地装置、信号轨旁设备及综合洞室内的通信、电力等系统设施就近与综合接地系统预留的接地端子连接。

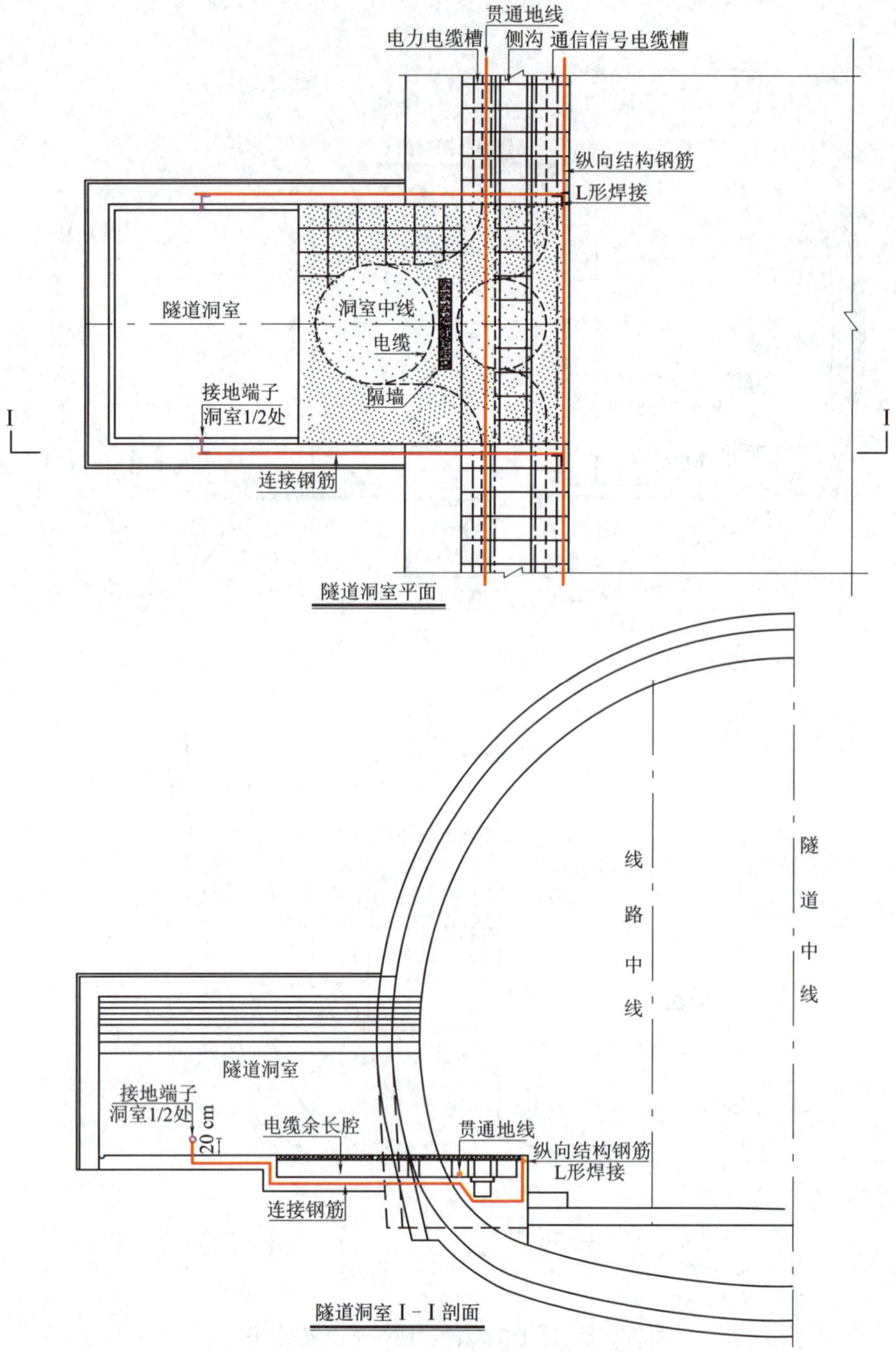

图 3－39　隧道洞室接地端子设置方案图

第五节　路基地段综合接地系统工程设计

路基地段综合接地工程包括贯通地线及分支引接线敷设、接触网基础接地体接入、接地端子预埋及其之间的等电位连接。下面结合典型路基工点，对不同类型路基的综合接地方案进行说明。

一、路堤、土质及软质岩路堑地段贯通地线及分支引接线设计

1. 贯通地线敷设位置

一般应将贯通地线埋设于路基通信信号电缆槽下，距基床底层顶面 －30 ~ －40 cm 处。路堤、土质及软质岩路堑地段综合接地方案如图 3－40 所示。

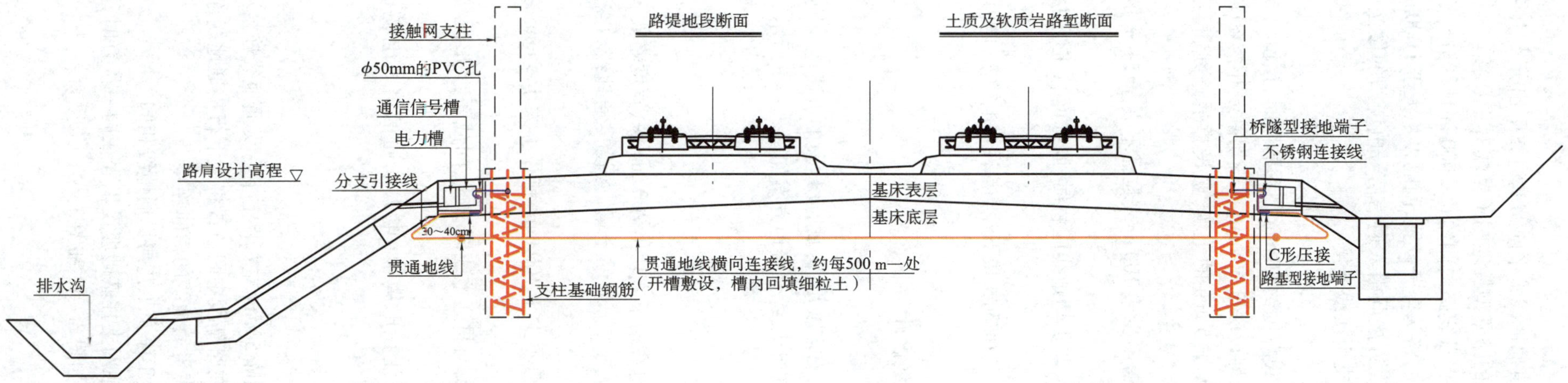

图 3－40　路堤、土质及软质岩路堑地段综合接地示意图

2. 分支引接线敷设位置

(1)对应每个接触网支柱基础位置,自贯通地线水平向路基边坡引出分支引接线,沿边坡斜上至路肩适当位置再水平敷设,并与灌注在电缆槽侧壁的路基型接地端子尾端C形压接。

(2)为方便电力电缆外皮等的接地需要,沿线路两侧约每1 000 m预留分支引接线和路基型接地端子;小于1 000 m的路基段不考虑,大于1 000 m的路基等分设置,间隔以不大于1 000 m为原则;接地端子与接触网支柱间距应不小于20 m。分支引接线敷设方法同引入通信信号电缆槽的做法。该分支引接线宜设在接触网支柱处,以便与接触网支柱基础处的分支引接线连接。

3. 主要埋设工序和工艺原则

(1)路基填筑并压实至高于贯通地线埋设深度约60 mm高程的同时,预留出60 mm深、宽度略大于贯通地线直径的"小槽";或路基先超填贯通地线埋设深度60 mm,再行切割或开挖60 mm深小槽方式。

(2)先向"小槽"内回填40 mm粒径不大于5 mm的土壤,敷设贯通地线,再次回填40 mm粒径不大于5 mm的土壤后,进行人工夯实。

(3)人工夯实后,必须在"小槽"上方覆盖不少于100 mm、粒径不大于5 mm的土壤,才能进行正常的路基填筑和机械压实作业。

(4)分支引接线在同一地点按1根设计,与贯通地线同材质、同截面、T形压接,采用与贯通地线相同的工序和工艺埋设。

(5)施作边坡防护前,将分支引接线埋设于边坡防护层下并与灌注在电缆槽(电力或通信信号电缆槽)中的接地端子引接线连接。

二、石质路堑地段贯通地线及分支引接线设计

1. 贯通地线敷设位置

由于石质路堑的基床表层下0.2 m的岩石需换填,因此,此地段的贯通地线埋设于路肩电缆槽底部向下约 -200 mm的沟中并回填细粒土。石质路堑地段综合接地方案如图3-41所示。

2. 分支引接线敷设位置

同路堤、土质及软质岩路堑地段的要求。

3. 主要埋设工序和工艺原则

(1)路肩上通信信号电缆槽施做前,在电缆槽下方切出200 mm深、宽度略大于贯通地线直径的"小槽"。

(2)先向"小槽"内回填40 mm粒径不大于5 mm的土壤,敷设贯通地线,再次回填40 mm粒径不大于5 mm的土壤后,进行人工夯实。

(3)人工夯实后,必须在"小槽"上方覆盖不少于100 mm、粒径不大于5 mm的土壤,再进行正常的路基回填和压实作业。

(4)分支引接线在同一地点按1根设计,与贯通地线同材质、同截面、T形压接,采用与贯通地线相同的工序和工艺埋设。

(5)施作电缆槽前,将分支引接线与灌注在电缆槽(电力或通信信号电缆槽)中的接地端子引接线连接。

三、贯通地线横向等电位连接

(1)长度超过1 000 m的路基地段,每间隔500 m左右将上下行贯通地线连接一次。

(2)长度为500~1 000 m的路基地段,在路基段中间位置将上下行贯通地线连接一次。

(3)长度小于500 m的路基地段,不考虑贯通地线的横向连接。

(4)横向连接线的规格、埋设深度、埋设工序及工艺与贯通地线相同。

(5)在工程实施时,若横向连接线与接触网支柱基础埋设里程在同一位置时,可适当移动横向连接线敷设位置,避开支柱基础。贯通地线横向连接如图3-40和图3-41所示。

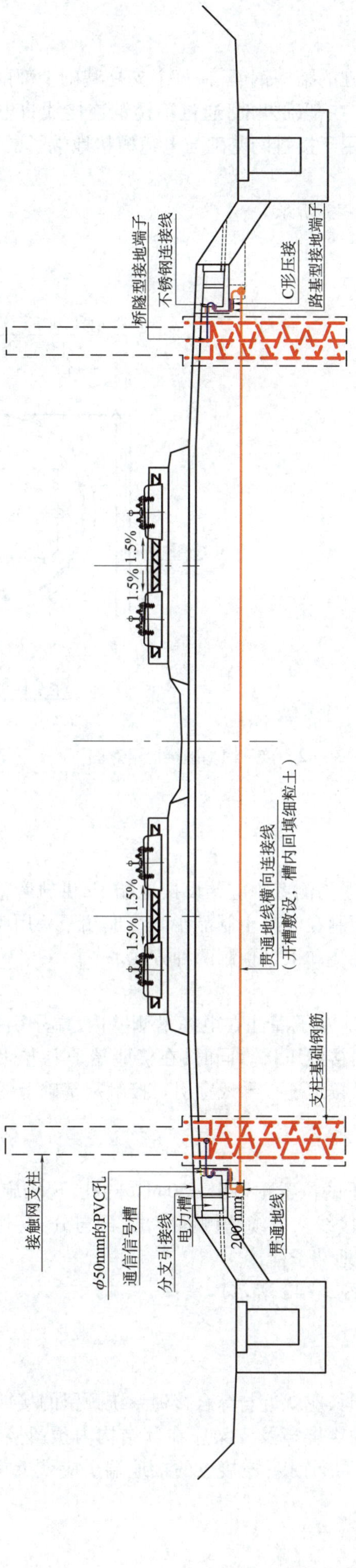

图 3-41 硬质岩路堑地段综合接地示意图

四、接地体设置

路基地段接地体利用接触网支柱基础的结构钢筋,在每个支柱基础上部的起点侧面预制1个桥隧型接地端子,并与支柱基础内的钢筋网焊接。在基础外部,通过不锈钢连接线将电缆槽内的接地端子与支柱基础上的接地端子等电位连接。接地端子用于接触网基础与电缆槽接地端子的连接,也可供无砟轨道板及其他轨旁设施就近连接使用。

接触网基础接地极设置详图如图3－42所示。

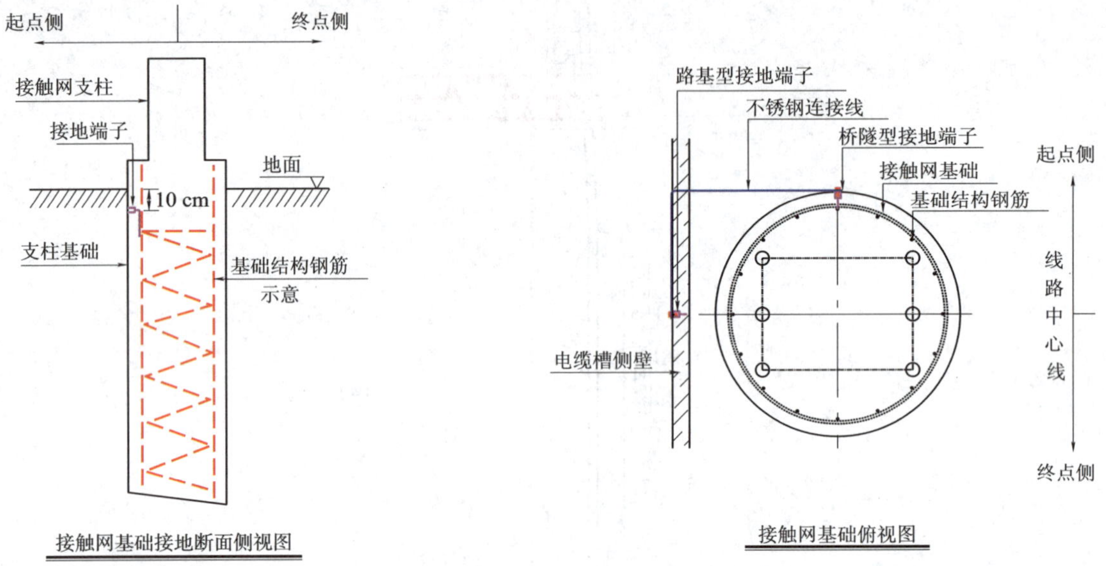

图3－42　接触网基础接地示意图

五、电缆槽接地端子设置

在对应敷设分支引接线位置处的电缆槽侧壁中应预设接地端子,供轨旁信号等设备就近接地使用。接地端子与贯通地线分支引接线连接,并预制在混凝土制品中。接地端子采用路基型接地端子。根据目前现场施工的情况来看,电缆槽施做主要有现浇和工厂预制两种方式。

1. 现浇电缆槽接地端子预制

在现场浇筑电缆槽时,应直接将接地端子灌注在电缆槽侧壁内,端子引接线可与结构钢筋绑扎固定。端子引接线从侧壁下方穿出,并与分支引接线压接。同时,在接地端子上方,距离电缆槽盖板15 cm处的电缆槽侧壁上需预留ϕ50 mm的PVC孔,供接地连接导线穿引与接触网基础上的接地端子连接,施工后需对其进行封堵。

2. 工厂预制电缆槽接地端子预制

在电缆槽预制时,可在设置接地端子的位置预留出ϕ50 mm的孔,现场施做时,再将接地端子放在预留孔内,并采用膨胀水泥砂浆灌缝;端子引接线从电缆槽侧面穿出,再与分支引接线压接,同时分支引接线的一端(压接线鼻子)与接触网基础上的接地端子栓接。

3. 电缆槽接地端子设置示意图(如图3－43所示)

六、路基地段声屏障接地

路基地段附属金属构件在接触网区时,应就近与综合接地系统预留的接地端子相连接,如声屏障等。

声屏障接地原则:由导电材料制成的声屏障及支架应在其结构内预留接地端子,就近与路基电缆槽或接触网基础预留的接地端子就近单点"T"形连接;连接点的接地端子应就近预制在对应接触网支柱基础位

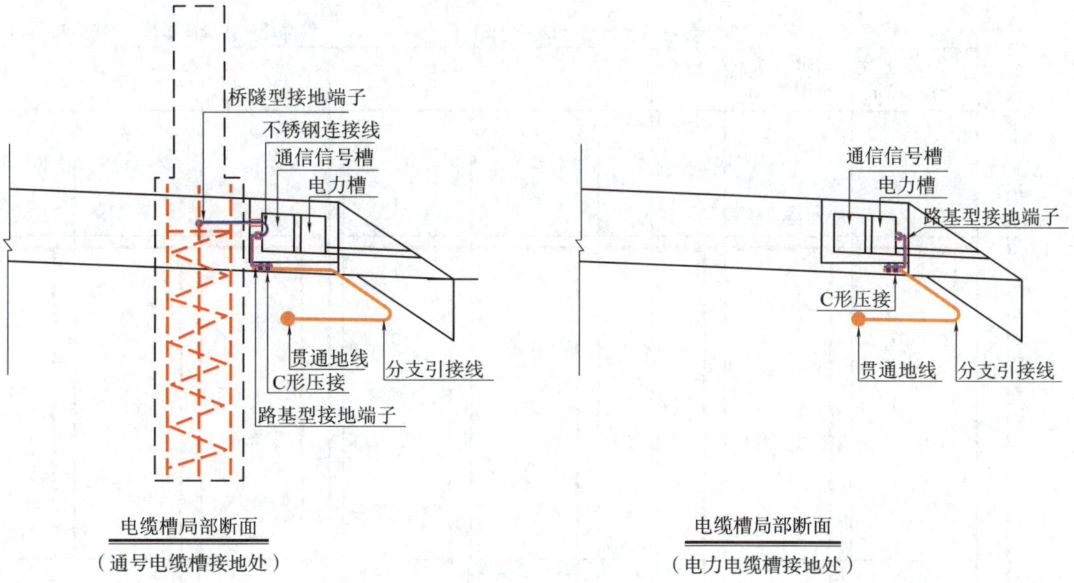

图 3－43　路基电缆槽接地端子设置示意图

置处，以便于在最短距离内与接触网基础接地端子连接。

1. 整体式预置混凝土声屏障接地

（1）钢筋混凝土声屏障单元板顶部设置纵向接地钢筋，接地钢筋外缘距混凝土表面不大于 70 mm。

（2）以声屏障每 20 m 设置一个基础伸缩缝为例，在声屏障基础伸缩缝处预留接地端子，并与基础内的纵向接地钢筋连接。基础内的接地钢筋通过结构钢筋与上部的纵向接地钢筋连接。

（3）声屏障接地方案图：路基混凝土声屏障横断面如图 3－44 所示，纵断面如图 3－45 所示。

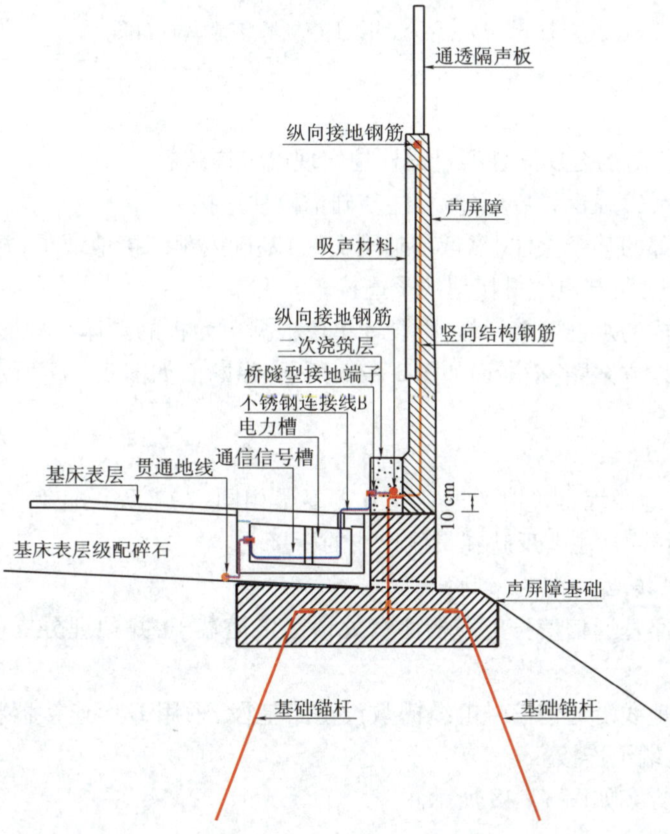

图 3－44　路基混凝土声屏障横断面图

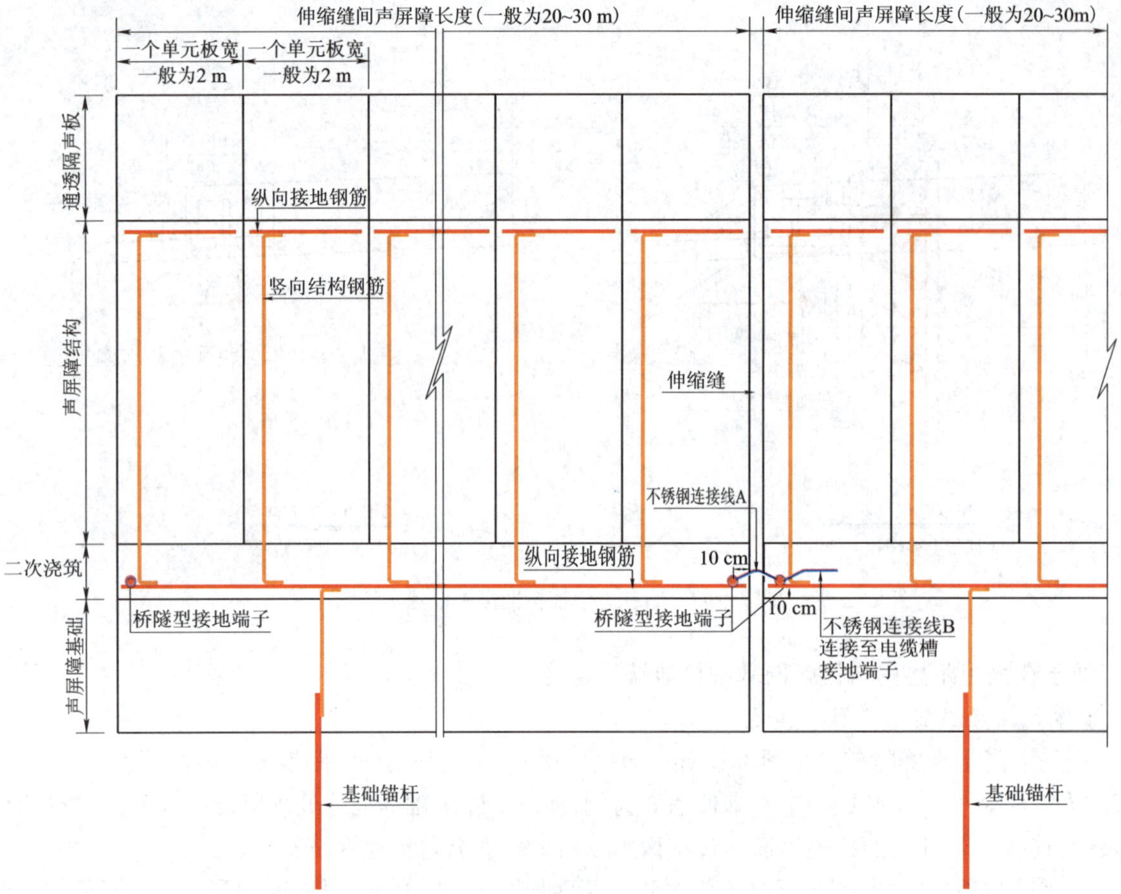

图3-45 路基混凝土声屏障接地纵断面图

2. 插板式声屏障接地

(1)每100 m声屏障段落的金属立柱通过锚栓柱实现电气连接;

(2)贯通敷设一根热镀锌扁钢,将声屏障立柱基础锚栓柱连接;

(3)在百米段落的中部的某个立柱(靠近基础网支柱)基础内预制接地端子,并与锚栓柱焊接;声屏障接地端子通过不锈钢连接线与路基电缆槽接地端子连接。

(4)对于导电材料制成的声屏障单元板,由设计单位根据单元板的具体结构形式进行设计。

(5)插板式声屏障接地方案图:横断面如图3-46所示,纵断面如图3-47所示。

七、过渡段综合接地

由于路基、桥梁、隧道地段综合接地工程实施方案不尽相同,在工程设计和实施中必须考虑路桥、路隧过渡段综合接地系统的衔接,这主要反映在贯通地线的衔接上。

1. 路基与桥梁过渡段接地

(1)在邻近过渡段的路基通信信号电缆槽侧壁处预留接地端子,并预埋分支引接线将接地端子与贯通地线连接。

(2)桥梁地段的贯通地线沿通信信号电缆槽敷设至路基段,采用L形连接器将贯通地线与路基段通信信号电缆槽内预留的接地端子连接。

(3)路桥过渡段接地方案如图3-48所示。

2. 路基与隧道过渡段接地

(1)在邻近过渡段的路基通信信号电缆槽侧壁处预留接地端子,并预埋分支引接线将接地端子与贯通

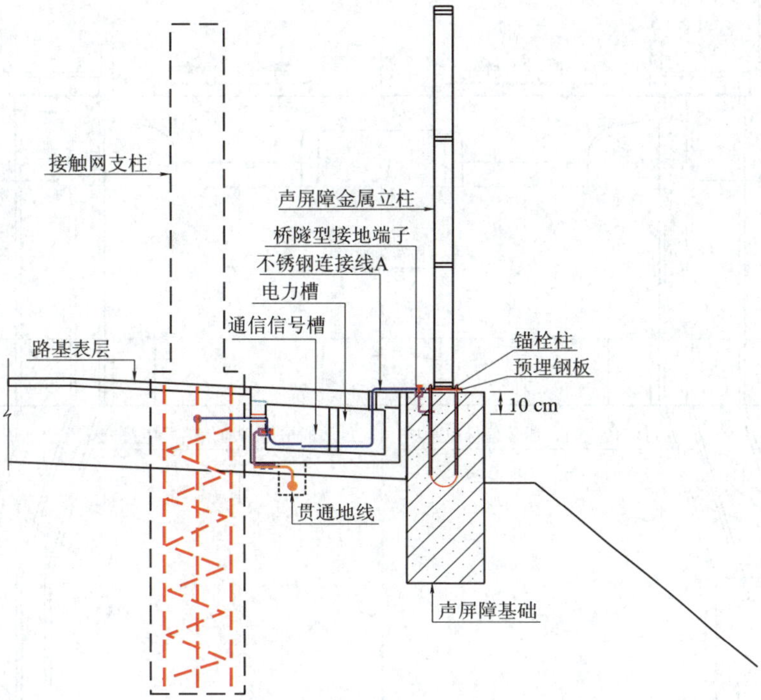

图 3－46　路基插板式声屏障接地横断面图

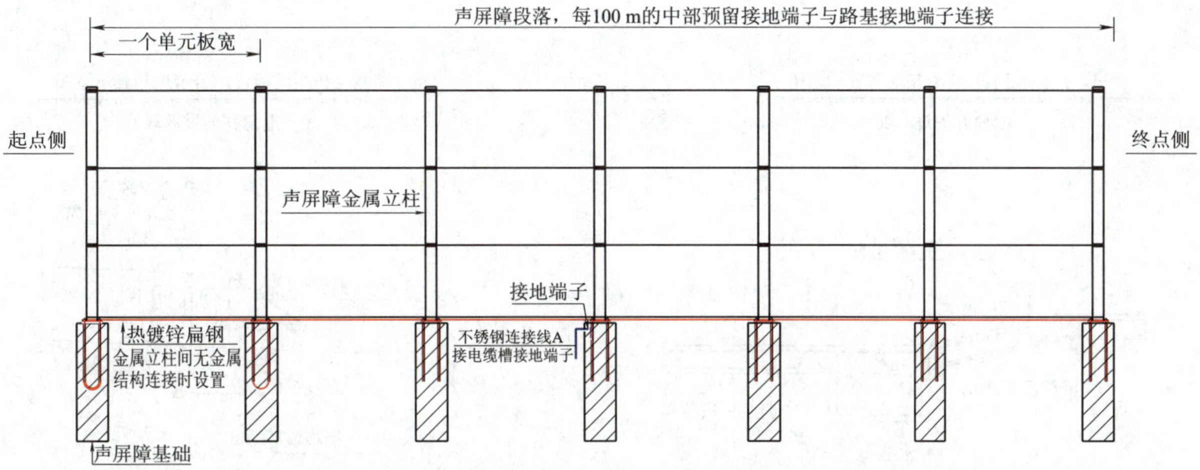

图 3－47　路基插板式声屏障接地纵断面图

地线连接。

(2)隧道地段的贯通地线沿通信信号电缆槽敷设至路基段,采用 L 形连接器将贯通地线与路基段通信信号电缆槽预留的接地端子连接。

(3)路隧过渡段接地方案与路桥过渡段做法基本相同,参见图 3－49 所示。

八、其　他

(1)涵洞地段的贯通地线在通信信号电缆槽安装前,将其敷设在电缆槽靠线路侧面的下部位置。

(2)贯通地线纵向通过路基地段的电缆井(不含过渡段电缆井)时,应从手孔下约 20 cm 通过,在手孔施做时,应避免机械对贯通地线的损伤。

(3)跨线建筑物靠电缆槽处需埋设一根分支引接线,材质同贯通地线,以便于跨线建筑物接地装置就近接入综合接地系统。

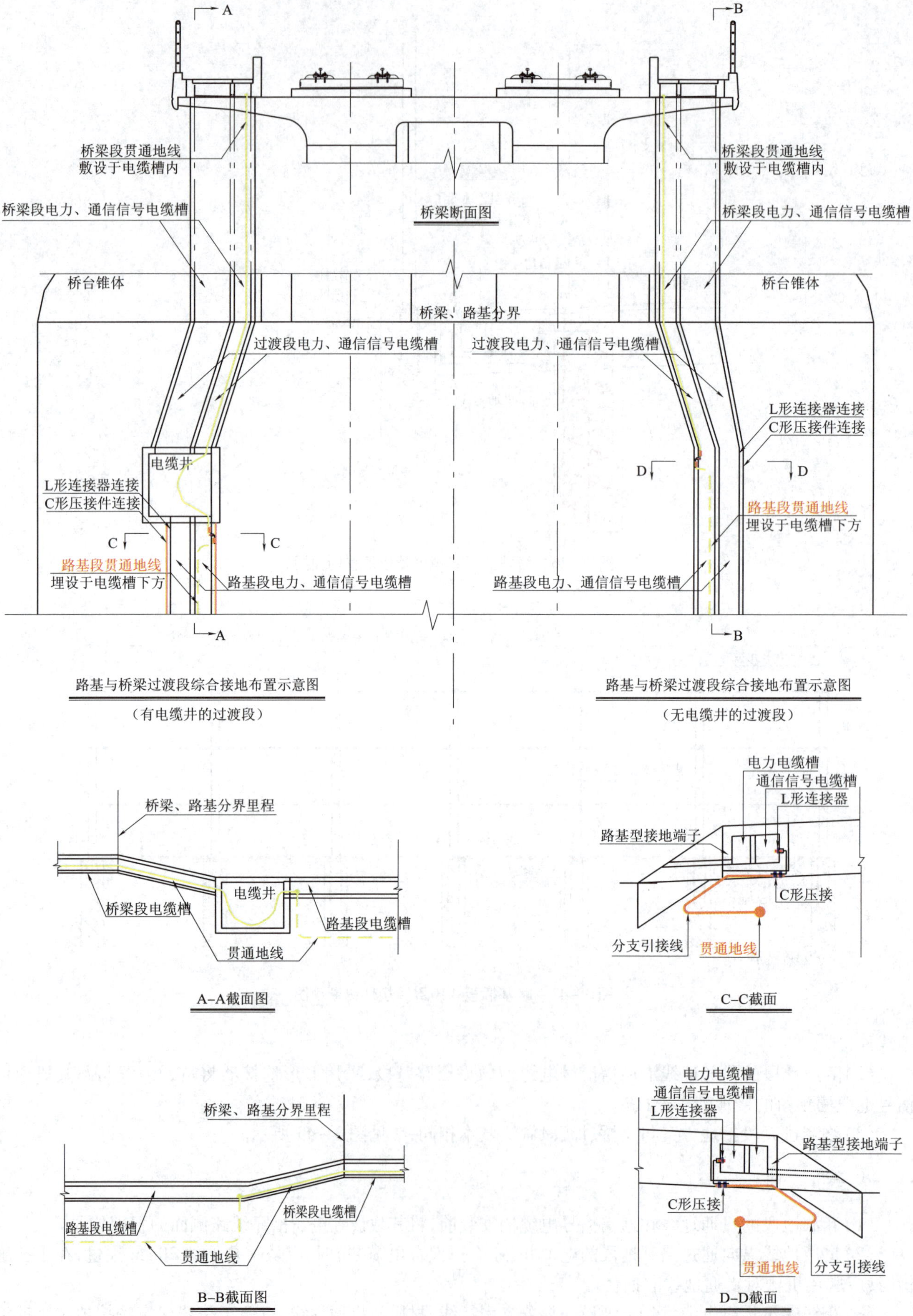

图 3－48 路桥过渡段综合接地布置图

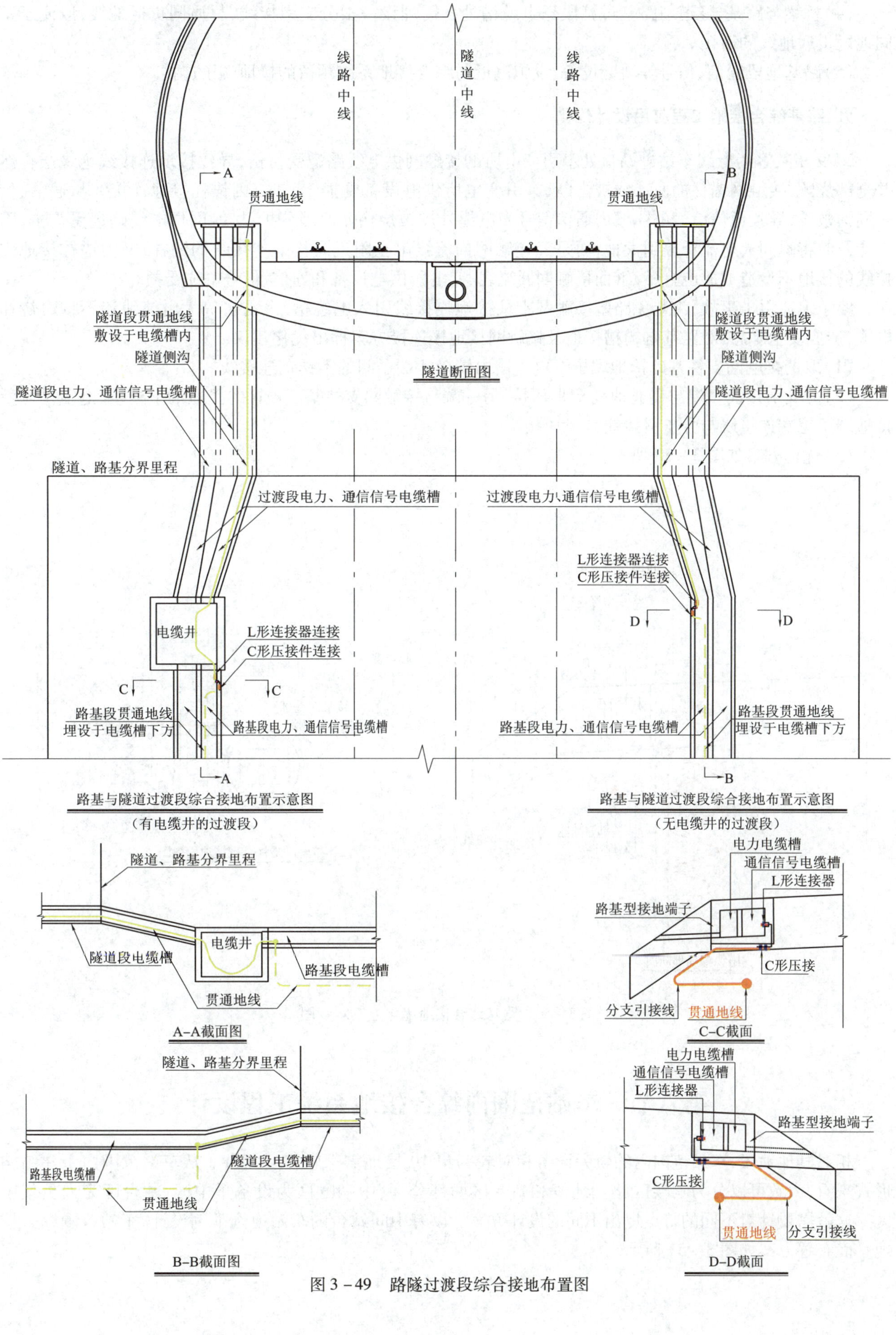

图 3－49　路隧过渡段综合接地布置图

(4)桥梁与路基、隧道与路基过渡段靠电缆槽处各需埋设一根分支引接线,材质同贯通地线,以便于不同地段贯通地线的衔接。

(5)路基地段通信、信号等轨旁设备、设施就近与综合接地系统预留的接地端子连接。

九、路基综合接地工程应用设计优化

2009 年某客运专线车站进站口处牵引变电所的接触网供电线路遭受雷击,导致接地连接线绝缘层自然并全部烧毁,接触网锚柱的回流线被击断,牵引变电所供电设备受损。同时,因锚柱接地连接线与通信、信号同沟敷设,导致通信信号电缆槽内通信信号光电缆外皮被烧伤。原因分析:接触网供电线路遭受雷击,因未能及时将瞬间大电流释放到大地,而是经接触网回流线串至附近有接地连接线的锚柱,又因锚柱接地连接线的接地不良造成放电自燃,继而接触网回流线、变电所供电设备和通信、信号电缆受损。

鉴于上述雷击事故,为避免路基接触网支柱接地连接线引入电缆槽,因雷击等大电流泄流不畅时烧坏电缆,造成安全隐患,对路基电缆槽接地及接触网接地极连接方案提出优化建议:

(1)取消接触网支柱基础接地端子至电缆槽内壁接地端子间的不锈钢连接线。

(2)分支引接线一端与贯通地线 C 形压接,另一端与接触网支柱基础预置的接地端子栓接,电缆槽侧壁接地端子尾端连接线与分支引接线 C 形压接。

(3)优化方案如图 3－50 所示。

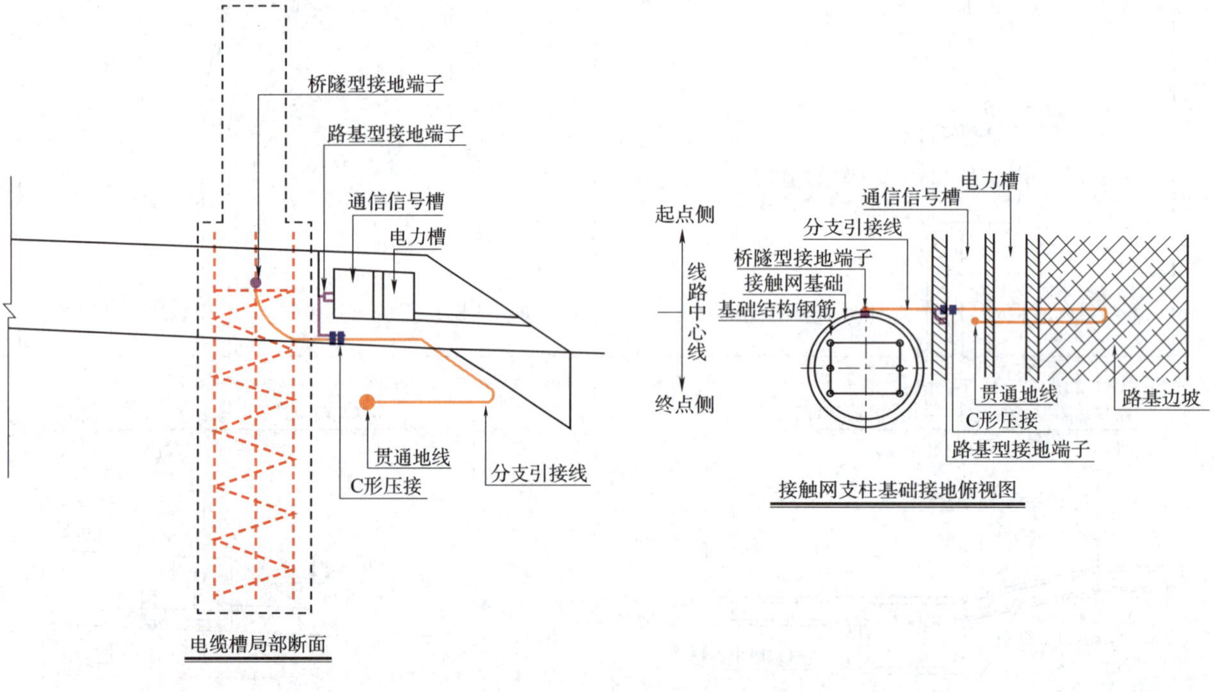

图 3－50 路基综合接地优化方案示意图

第六节 车站范围内综合接地系统工程设计

相对其他地段,车站范围内的轨旁设备相对较为集中,接地需求较多且复杂。从车站范围内土建结构形式来看,大致可以分为咽喉区路基地段和站台区两部分,其中咽喉区为设备集中区,站台区为人员集中区。这就需要针对不同的特点提出不同的设计方案。以有中间站台的车站为例举例设计,车站范围综合接地平面布置方案如图 3－51 所示。

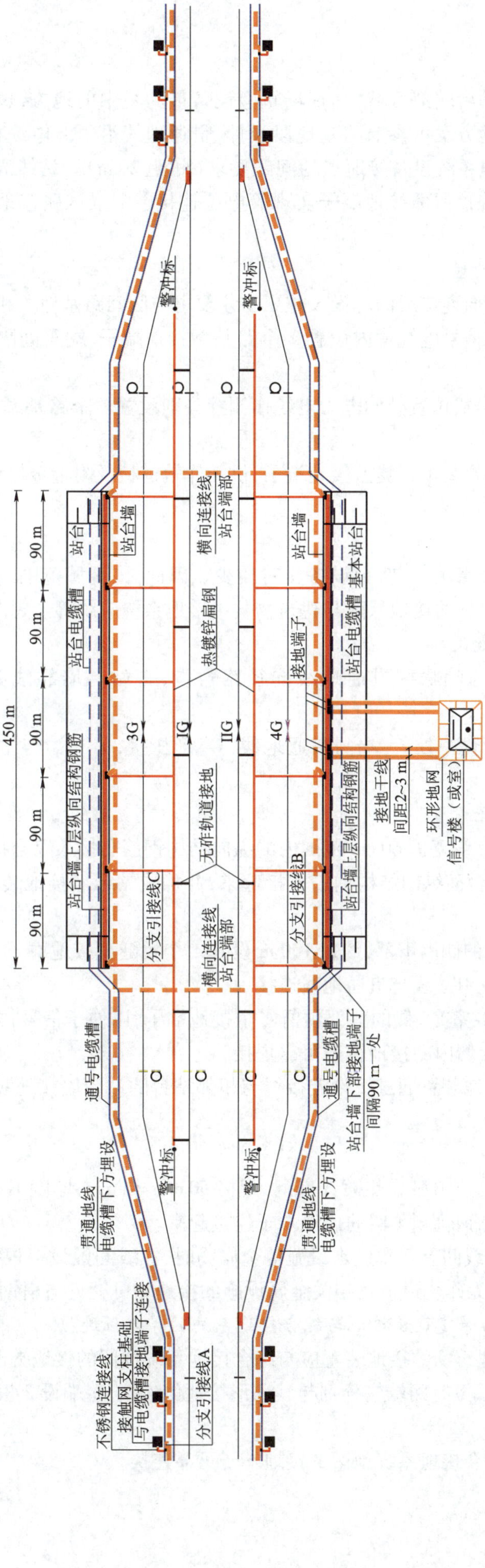

图 3-51　车站范围综合接地平面布置示意图

一、咽喉区路基地段接地设计

1. 接地需求

咽喉区路基地段指从进站至站台端部区域，是现场轨旁设备最为集中的地方，也是现场设备维护人员主要的活动区。该地段的综合接地方案可参照路基地段设计，贯通地线沿干线电缆槽贯通咽喉区敷设，接地端子应按需设置，并注意强、弱电系统设备接地点的间距要求（间距 20 m）。站线局部设备密集区的接地可采用引分支地线与综合接地系统预留的接地端子实现等电位连接。咽喉区路基地段综合接地断面布置参见路基地段设计方案图。

2. 贯通地线埋设及接地端子设置

（1）贯通地线、分支引接线、横向连接线的埋设及施工工艺要求与区间路基地段相同。

（2）每个接触网支柱处的通信信号电缆槽内设置 2 个路基型接地端子，端子间隔 0.5 m，供与接触网支柱基础连接及轨旁设备、设施接地。

（3）车站咽喉区进站、出站信号机位置处的电力电缆槽侧壁分别设置 1 个路基型接地端子，供电力设施接地。

（4）每个接触网支柱基础上预置 2 个桥隧型接地端子，供无砟轨道板及附近金属设施就近接地。

二、站台区综合接地设计

车站站台区是旅客和工作人员密集区，轨旁设备相对较少。因此，该区域范围内主要是解决人身安全为主要目的的接地问题。设备及设施的接地保障与建筑物共用接地系统应统筹考虑。

1. 贯通地线及分支引接线的敷设

（1）站台范围内的贯通地线与咽喉区贯通地线同径路敷设，自站台墙靠线路侧纵向贯穿整个站台区。

（2）分支引接线约每 100 m 设置一处，一端与贯通地线“C”形压接，另一端与站台墙预留的接地端子栓接。

2. 站台墙接地钢筋及接地端子设置

（1）在站台墙内，站台面上层靠线路侧 60 cm 范围内的纵向结构钢筋需接入综合接地系统。通过站台墙内的部分横向、竖向结构钢筋将站台面纵向结构钢筋连接起来，并构成站台墙接地装置，约每 100 m 接入综合接地系统一次。

（2）在每个站台墙靠钢轨一侧的侧墙下部，约每 100 m 设置 1 个桥隧型接地端子，并与站台墙接地装置相连接，端子孔朝向线路，采用分支引接线与贯通地线连接。

（3）在基本站台墙靠信号楼（或室）一侧的上部预留 4 个接地端子，以便于信号楼（或室）的环形地网接入综合接地系统。接地端子与站台墙内的接地钢筋可靠焊接。

（4）中间站台两侧站台墙的接地装置通过接地连接线与相邻站台的站台墙接地装置在站台两端实现等电位连接。

3. 接触网基础接地

（1）侧线铺轨前，在线间碎石层下方敷设热镀锌扁钢（规格 50 mm × 4 mm，厚度不小于 4 mm，下同），将接触网基础上的接地端子与站台墙靠钢轨侧预留的接地端子连接起来。

（2）当正线为无砟轨道区段或线间有客车上水设施等金属物时，在线间敷设一根热镀锌扁钢，将线间接触网基础的接地端子等电位连接，无砟轨道板及相关金属设施的接地均可就近与扁钢连接。

4. 信号楼（或综合站房，下同）等建筑物接地与综合接地系统的等电位连接

（1）距铁路 20 m 范围内铁路建筑物的接地装置应与综合接地系统预留的接地端子可靠连接。

（2）综合接地系统在信号楼上、下行两端应分别与其环形接地体连接，每端设 2 根连接线，2 根连接线的间隔为 2 ~ 3 m。

（3）其他建筑物的地网应与综合接地系统预留的接地端子可靠连接。

(4)与建筑物地网连接的接地干线,可用铜排或热镀锌扁钢埋地敷设,铜排的截面积不小于50 mm^2,热镀锌扁钢的截面积不小于200 mm^2。厚度均不小于4 mm。

5. 其他接地

站台范围内旅客可接触的建筑物及金属构件等应采取等待电位或分设接地等措施。条件具备时,可与综合接地系统预留的接地端子可靠连接,具体连接可参考信号楼环形接地体与综合接地系统的连接方式。

6. 站台墙接地举例

(1)不带边沟站台墙接地

不带边沟站台墙综合接地主要包括接地装置(即结构内接地钢筋)、接地端子、贯通地线及等电位连接。图3－52中的Ⅰ－Ⅰ截面、Ⅱ－Ⅱ截面、Ⅲ－Ⅲ截面及关键节点详图如图3－53所示。

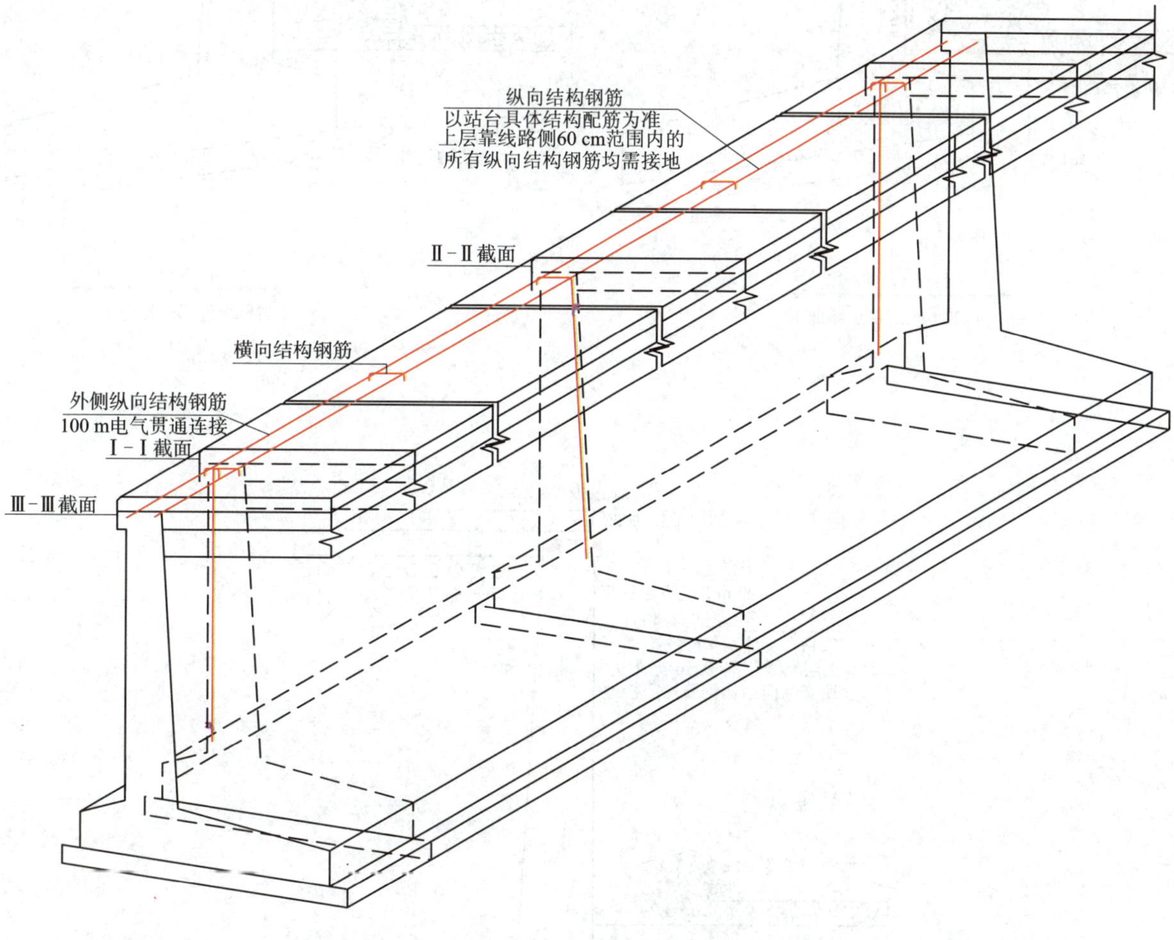

图3－52　不带边沟站台墙综合接地投影关系图

(2)带边沟站台墙接地

带边沟站台墙综合接地主要包括接地装置(即结构内接地钢筋)、接地端子、贯通地线及等电位连接。站台墙接地投影关系与不带边沟站台墙接地相同。其他结构形式站台墙可参照设计。

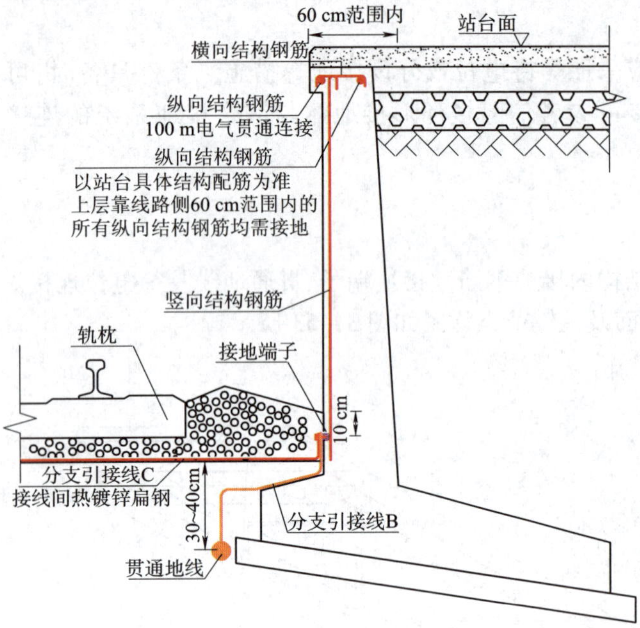

I－I 截面

（与贯通地线连接点断面）

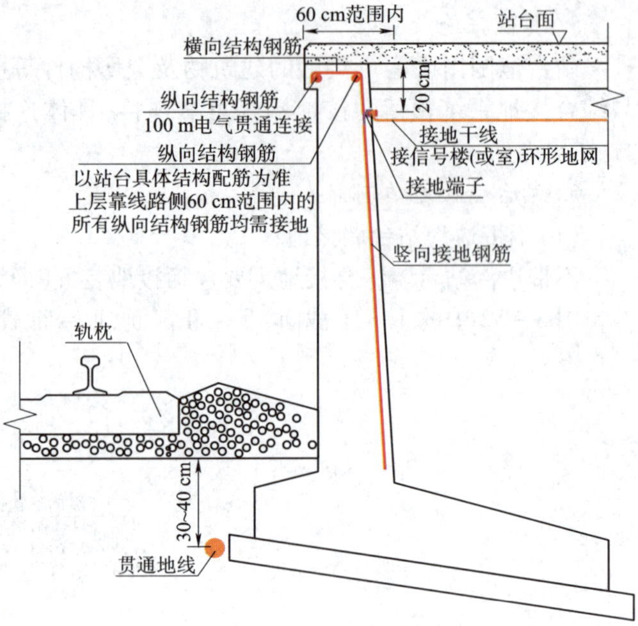

Ⅱ－Ⅱ截面

（与环形地网连接点断面）

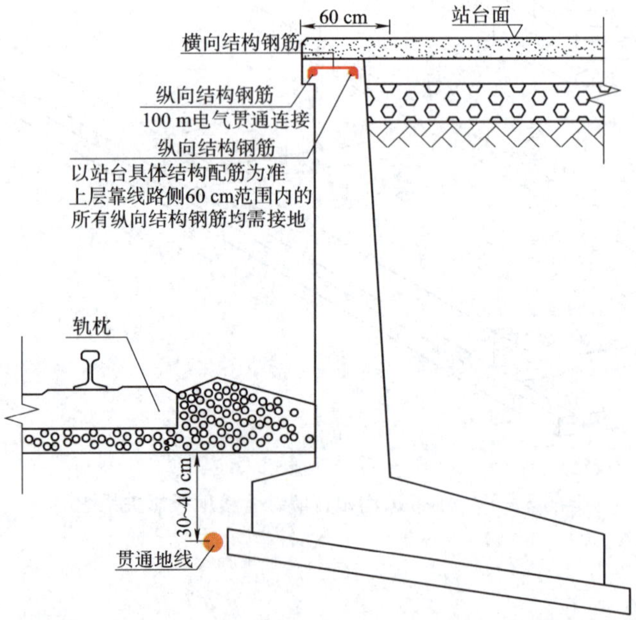

Ⅲ－Ⅲ截面

（无接地端子处断面）

图 3－53　不带边沟站台墙断面及关键节点详图

第七节　无砟轨道接地工程设计

无砟轨道处于接触网区范围内,为防止接触网断线带来的危险,无砟轨道应采取保护措施。因此,应在无砟轨道内设置接地钢筋,并将其以“T”形连接方式接入综合接地系统,使接触网断线时能够迅速形成回路,以确保牵引变电所快速短路跳闸,接触网断电。

一、接地钢筋设置

结合轨道内部结构钢筋的布筋,在无砟轨道道床适当位置设纵向接地钢筋,对板式无砟轨道一般不少于3根,即轨道板两侧和中部各1根;并在每块无砟轨道一端的上层设置横向接地钢筋,将纵向接地钢筋可靠连接;接地钢筋截面应满足接触网最大短路电流的要求,其外缘距混凝土表面不大于100 mm。接地钢筋在每个轨道段落内不应形成回路。无砟轨道内的纵、横向接地钢筋均可利用满足上述条件的结构钢筋。

二、接地端子设置

无砟轨道的每个单元两端均须设置接地端子,并与其内部的纵向或横向接地钢筋可靠焊接。端子均采用桥隧型接地端子,端子孔朝向线路外侧,端子孔面与道床侧面的混凝土面齐平。

三、接入综合接地系统

无砟轨道综合接地以100 m长为一个接入段落,每段内的无砟轨道各单元之间先通过接地连接线将其等电位连接,之后在这100 m段落的中部适当位置,通过预留的接地端子与桥梁、隧道、路基等工程预留的接地端单点“T”形连接。施工时,轨道板“T”形连接的接地端子应与桥梁、隧道、路基等工程预留的接地端子位置相对应,以避免其间的接地连接线过长。

四、典型无砟轨道接地方案

1. 双块式无砟轨道

(1)段落长度小于100 m的双块式无砟轨道

每百米无砟轨道区段内的各个单元板之间通过连接线连接,形成100 m长的等电位连接体。在工程中一般用于桥梁地段,接地平面布置图如图3－55所示。

(2)段落长度大于100 m的双块式无砟轨道

对于长度大于100 m的连续双块式无砟轨道区段,纵向接地钢筋按每100 m断开1次处理,形成100 m长的无砟轨道段落,该范围内各单元之间通过连接线实现等电位连接。在工程中一般用于隧道、路基地段,接地平面布置图如图3－54、图3－56所示。

双块式无砟轨道接地断面图如图3－57所示。

2. 板式无砟轨道

目前的板式无砟轨道包括平板式、框架板式、纵联板式等。无砟轨道接地设计应结合各种板式类型轨道结构及接地的原则,完成接地装置的设置。路基、桥梁、隧道地段平板式无砟轨道接地平面布置图如图3－58、图3－59、图3－60所示。框架板式、纵联板式无砟轨道接地接地平面布置如图3－61、3－62所示。

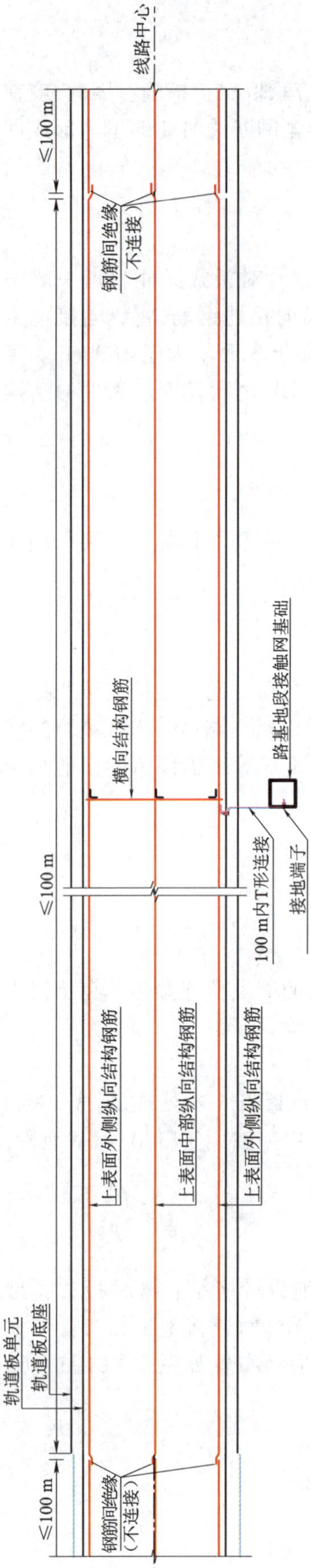

图 3－54　双块式无砟轨道接地平面布置图（路基地段）

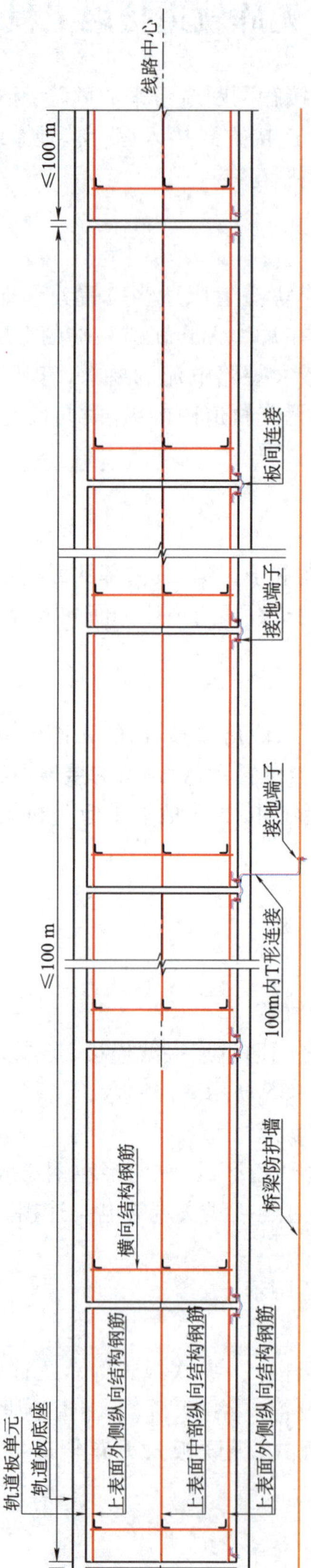

图 3－55　双块式无砟轨道接地平面布置图（桥梁地段）

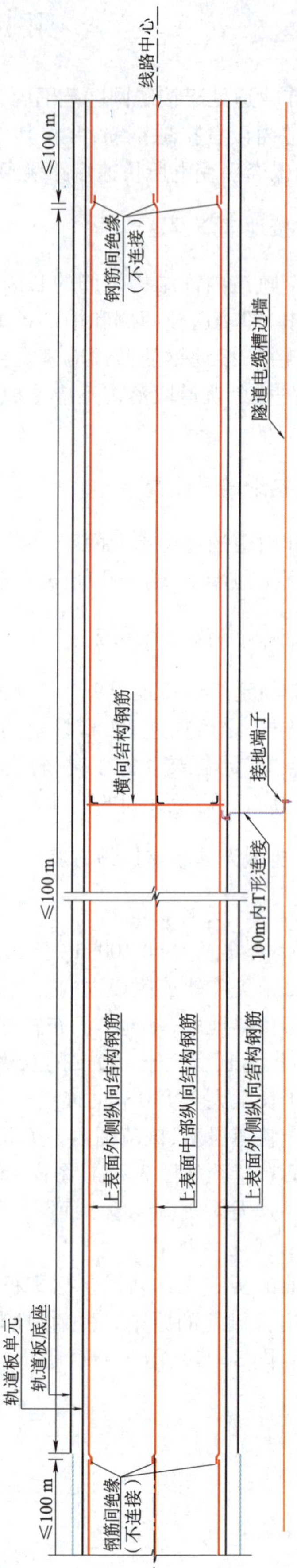

图 3－56　双块式无砟轨道接地平面布置图（隧道地段）

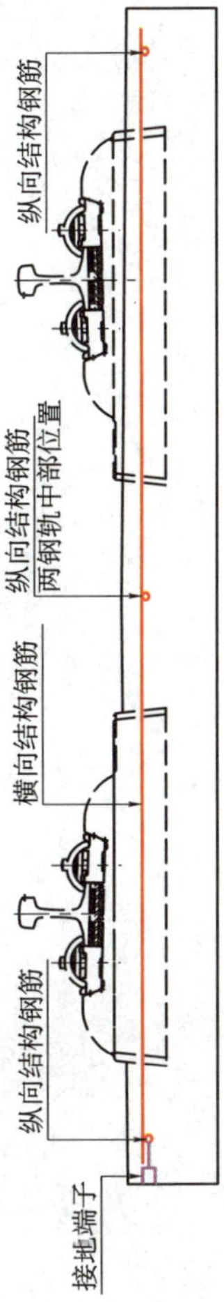

图 3－57　双块式无砟轨道接地断面图

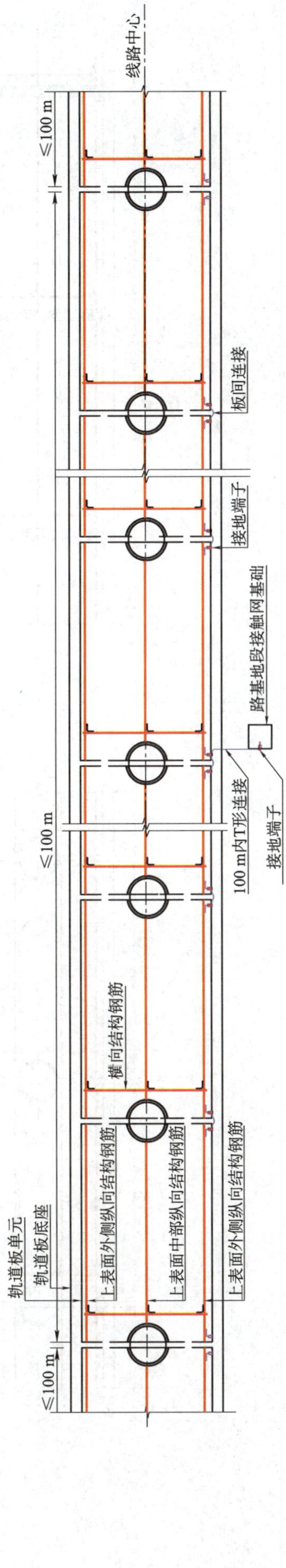

图 3－58　平板式无砟轨道接地平面布置图（路基地段）

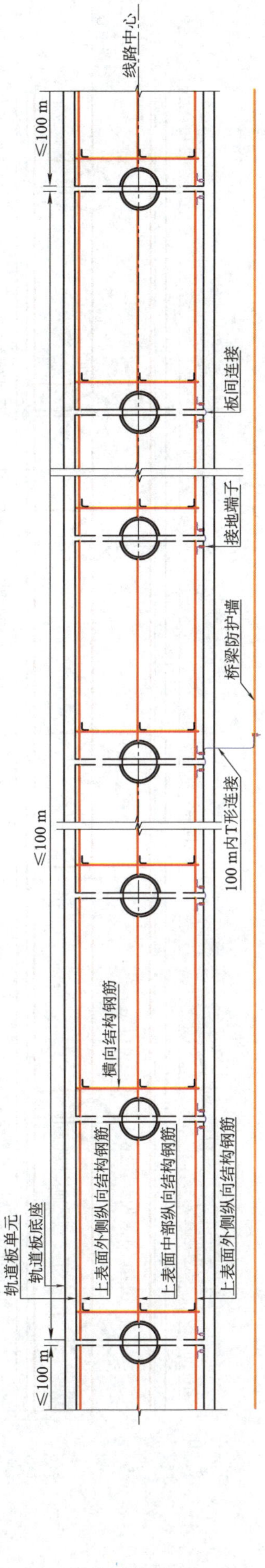

图 3－59　平板式无砟轨道接地平面布置图（桥梁地段）

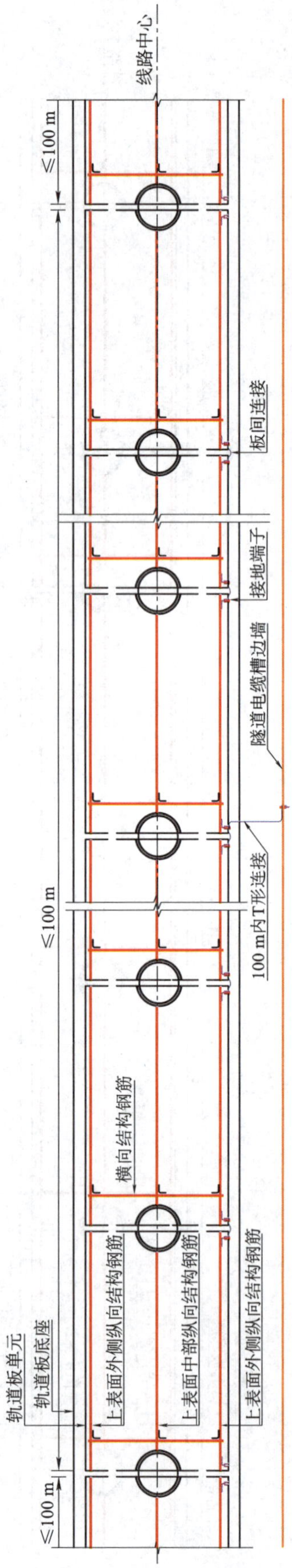

图 3-60 平板式无砟轨道接地平面布置图（隧道地段）

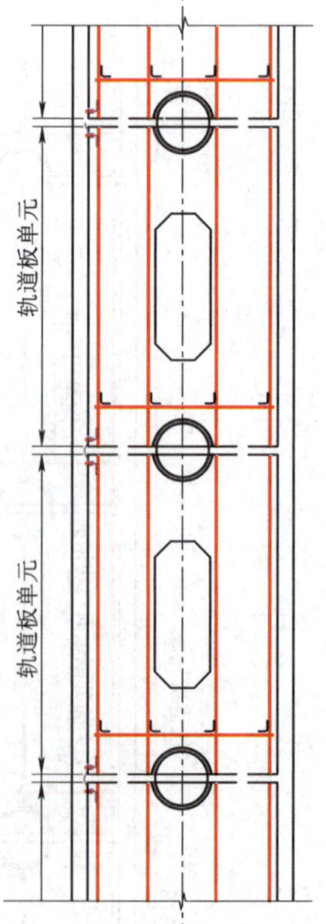

图 3-61 框架板式无砟轨道接地平面布置图

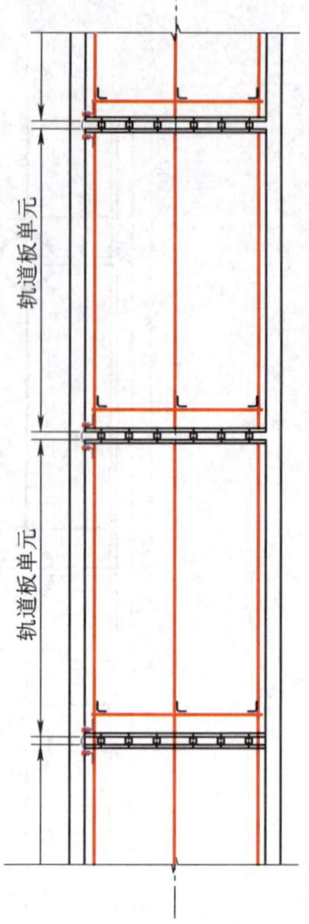

图 3-62 纵联板式无砟轨道接地平面布置图

第八节　专业分工及互提资料

铁路综合接地系统提供了沿线建筑物、构筑物的防雷接地、强弱电设备的工作接地、保护接地、防过电压接地、防静电接地、屏蔽接地等等，几乎涵盖了铁路沿线一定范围内所有的系统设备接地和防雷接地。所涉及到的专业包括信号、通信、信息、电气化、电力、机械、桥梁、隧道、轨道、站场、路基、环工、给排水、房建等。因此，各专业之间必须有一个明确的设计分工，才能保证专业间的接口衔接，确保系统工程的高质量建设。

根据铁道部有关要求，由信号专业负责综合接地系统平台总体设计，其他相关专密切业配合完成各细部设计。因此与综合接地系统平台相关的工程数量纳入综合接地系统中，在信号工程内计列、实施。涉及到站前土建工程需事先预留的接地端子、接地钢筋选择、焊接、接地极施做等部分工程内容，因施工部门的不同和站前工程与站后工程工期上的前后差异，需要站前土建工程事先完成，相关的工程数量将在站前各土建工程中计列、实施。

一、专业分工及主要工程数量计算原则

1. 项目总体

根据综合接地系统总体设计原则，协调与综合接地系统设计有关的各相关专业间的设计接口，并监督检查各设计环节落实情况。

2. 信号专业

(1)信号专业在路基、轨道、桥梁、隧道、电气化、电力、房建等相关专业的配合下，牵头完成综合接地总体设计原则，为搭建综合接地系统平台奠定基础。

(2)负责提出路基地段(含车站咽喉区路基地段)贯通地线、分支引接线、接地端子设置及其等电位连接设计要求，并完成典型工点示意图的设计，提交路基、站场设计专业。

(3)负责提出桥梁、隧道地段电缆槽内贯通地线、接地端子设置及其等电位连接设计要求，提出桥梁、隧道地段接地装置的设计要求，并完成典型工点示意图的设计，提交桥梁、隧道设计专业。

(4)负责提出车站范围内站台等设施的接地装置、接地端子设置及其等电位连接设计要求，并完成典型工点示意图的设计，提交站台等相关设计专业。

(5)负责完成综合接地系统接地电阻测试要求、方法，贯通地线、分支引接线的施工及验收注意事项的设计说明，并提出接地效果达不到要求时的补救措施预案。

(6)信号主要工程数量计算原则详见表3－3信号专业工程数量统计表。

表3－3　信号专业工程数量统计表

序号	工程项目	工程数量统计
1	贯通地线	全线贯通地线，长度＝正线线路长度×2(双线)×1.03(地线自然弯曲度)
2	横向连接线	路基地段贯通地线横向连接，按500 m统计1处，每处按15 m贯通地线计算数量
3	分支引接线	路基段“T”形分支引接线，对应接触网杆塔基础位置(间隔约50 m)上下行线各设1处，每处计6 m贯通地线计算数量
4	“C”形压接件	贯通地线接续用，每正线公里双线统计16个“C”形压接件；贯通地线横向连接用，上下行线各1处，每处2个“C”形压接件；分支引接线处，每处4个“C”形压接件
5	“L”形连接器(桥梁)	桥梁地段用，桥梁总长度折合成常用的32 m梁的数量，按每片32 m梁按2个“L”形连接器(含一个不锈钢防盗螺栓，以下同)计算数量
6	“L”形连接器(隧道)	隧道地段用，每100 m隧道按2个“L”形连接器计算数量
7	接地性能测试	每公里5处，每处1个工日。测试仪器仪表不再单独计列

3. 路基专业

(1)根据综合接地系统的要求,负责完成区间路基地段贯通地线、分支引接线敷设前的路基“小槽”开槽、回填防护等设计。

(2)负责区间路基地段电缆槽内接地端子的预埋设计。

(3)负责完成路基桩板结构的接地设计,包括接地装置、接地端子及等电位连接等。

(4)主要工程数量计算原则详见表3－4路基专业工程数量统计表。

表3－4 路基专业工程数量统计表

序号	工 程 项 目	工程数量统计
1	开槽、回填防护	统计开槽、回填防护工料机数量,配合区间路基地段贯通地线、分支引接线预埋
2	接地端子预埋	信号电缆槽内,每50 m路基上下行线路各统计1个接地端子 电力电缆槽内,每1 000 m路基上下行线路各统计1个接地端子 路肩桩板结构,每10 m一块桩板上下行线路各统计1个接地端子
3	接地连接导线	路肩桩板结构,每100 m桩板统计2根2 m长的连接线 路肩桩板结构,每10 m一块桩板统计1根0.4 m长的连接线

4. 桥梁专业

(1)根据综合接地系统的要求,负责完成梁体、桥墩及桥墩基础下部的接地装置设计。

(2)负责桥梁体、桥墩等不同部位的接地端子的预埋设计,以及桥梁体与桥墩预埋接地端子间的等电位连接设计。

(3)主要工程数量计算原则详见表3－5桥梁专业工程数量统计表。

表3－5 桥梁专业工程数量统计表

序号	工程项目	工程数量统计
1	接地端子预埋	按每个桥墩(含桥台)11个桥隧型接地端子统计
2	接地连接导线	每个桥墩(含桥台)按2根长度为2m的连接线计列
3	接地钢筋	因综合接地增加的专用接地钢筋,不含用于接地的结构钢筋

5. 隧道专业

(1)根据综合接地系统的要求,负责完成隧道内接地装置的设计。

(2)负责预埋隧道设备洞室内接地端子、电缆槽处接地端子及与接地装置间的等电位连接设计。

(3)按接触网专业要求,负责完成接触网滑道基础的接地设计。

(4)主要工程数量计算原则详见表3－6隧道专业工程数量统计表。

表3－6 隧道专业工程数量统计表

序号	工程项目	工程数量统计
1	接地端子预埋	在隧道电缆槽底部,上下行线路每100 m各设1个桥隧型接地端子 在隧道电缆槽外侧壁,上下行线路每50 m各设1个桥隧型接地端子 在每个隧道洞室(含专用及综合洞室)设2个桥隧型接地端子 接触网基础采用后植入方式时,每100 m统计1个桥隧型接地端子
2	接地钢筋	因综合接地增加的专用接地钢筋,不含用于接地的结构钢筋

6. 轨道专业

(1)根据综合接地系统的要求,负责完成无砟轨道内接地装置的设计。

(2)负责完成轨道板之间连接用接地端子及连接线(含与贯通地线的连接线)的设计。

(3)主要工程数量计算原则详见表3-7轨道专业工程数量统计表。

表3-7 轨道专业工程数量统计表

序号	工程项目	工程数量统计
1	接地端子预埋	每5 m一块无砟轨道板统计2个桥隧型接地端子 段落长度超过100 m的无砟轨道板,每百米统计2个桥隧型接地端子 每台转辙设备处统计1个桥隧型接地端子
2	接地连接导线	每百米无砟轨道上下行线路各统计1根2 m长的连接线 每5 m一块无砟轨道板统计1根0.4 m长的连接线

7. 站场专业

(1)根据综合接地系统的要求,负责完成车站范围内路基地段贯通地线、分支引接线敷设前的路基开槽、回填、防护设计。

(2)负责车站咽喉区路基地段电缆槽内接地端子的预埋设计。

(3)主要工程数量计算原则详见表3-8站场专业工程数量统计表。

表3-8 站场专业工程数量统计表

序号	工程项目	工程数量统计
1	开槽、回填防护	统计开槽、回填防护工料机数量,配合车站咽喉区路基地段贯通地线、分支引接线预埋
2	接地端子预埋	每50 m路基上下行线路各统计2个路基型接地端子

8. 站台设计专业

(1)根据综合接地系统的要求,负责完成车站站台接地装置及站台金属构件(雨棚、支柱)等设施的接地设计。

(2)负责完成车站站台接地端子设置及与接地装置间的等电位连接设计。

(3)主要工程数量计算原则详见表3-9站台设计专业工程数量统计表。

表3-9 站台设计专业工程数量统计表

序号	工程项目	工程数量统计
1	接地端子预埋	站台墙(敷设有贯通地线,一般每个车站2个)接地,每个站台墙统计桥隧型接地端子5个 其他站台墙(无贯通地线敷设)接地,每个站台墙统计桥隧型接地端子3个
2	接地钢筋	因综合接地增加的专用接地钢筋,不含用于接地的结构钢筋

9. 环工专业

(1)负责完成需要接入综合接地系统的桥梁、路基地段声屏障基础内接地装置及接地端子的预埋设计,就近接入贯通地线接地端子。

(2)负责完成声屏障接地端子及与接地装置的等电位连接设计。

(3)负责声屏障接地装置与桥梁、路基等工程预留的接地端子的等电位连接设计。

(4)主要工程数量计算原则详见表3-10环工专业工程数量统计表。

表3-10 环工专业工程数量统计表

序号	工程项目	工程数量统计
1	接地端子预埋	桥梁地段声屏障,每片梁按2个桥隧型接地端子计算 路基地段声屏障,每100 m按10个桥隧型接地端子计算
2	接地连接导线	桥梁地段声屏障,每片梁按1根1 m长的连接线计算 路基地段声屏障,每100 m按1根1 m长的连接线计列,不足100 m按1根计算
3	接地钢筋	因综合接地增加的钢筋,不含用于接地的结构钢筋

10. 电气化专业

(1)负责接触网支柱基础钢筋引出的接地端子及其与路基电缆槽接地端子的等电位连接设计。

(2)根据专业需要,提出隧道接触网槽道基础的接地设计方案,提交隧道专业。

(3)负责完成接触网最大短路电流、贯通地线的截面计算,提供给信号专业。

(4)对轨道、桥梁、隧道、站台设计专业提出距接触网带电体5m范围内的金属结构物(含跨线桥、桥梁护栏、声屏障、路肩隔离栅栏等)的接地设计要求。

(5)主要工程数量计算原则详见表3-11电气化专业工程数量统计表。

表3-11 电气化专业工程数量统计表

序号	工程项目	工程数量统计
1	接地端子预埋	路基地段(含区间及车站),对应每个接触网支柱基础(不含拉线基础)按1个桥隧型接地端子计算
2	接地连接导线	连接线(200 mm^2 或 120 mm^2,含2个不锈钢防盗螺栓、线鼻等,以下同),每个路基段(不含站台区域)的接触网支柱基础1根,长度2 m
3	热镀锌扁钢	站台区域范围内的接触网支柱接地用,每个站台热镀锌扁钢约150 m,规格50 mm×4 mm

11. 其他相关专业

除上述已明确的设计分工原则外,其余有关接地设计的分工可参照既有接地设计要求实施。

沿线需接地防护的其他相关专业设施,如电力专业变电所(或箱式变电所)、通信专业无线基站铁塔、给排水专业在站场内的上水栓、消防栓等,均由各自专业负责按要求完成接地装置设计之后,根据综合接地系统的要求,可就近接入综合贯通地线,实现等电位连接。接地装置及就近接入综合接地系统的工程数量由各相关专业统计,并计入各自专业本章概算,统一施工,不再纳入综合接地系统工程。

二、互提资料要求

按照上述专业分工,接下来需要明确的是专业间的接口要求,也就是我们通常说的互提资料,即由上序专业提出接口需求,再由下序专业接收资料并完成接口设计,这是工程设计中至关重要的一个环节。在设计中,专业间必须加强协调,互相配合,共同做好衔接工作。需要特别指出的是,为了保证综合接地土建施工图的正确性,综合接地施工图应实行会签制度,在按照要求完成施工图时,由相关专业确认后会签。

1. 资料互提关系

对于综合接地系统工程在不同设计阶段需要完成的资料互提可参照表3-12进行设计。表中提出了预可行性研究、可行性研究、初步设计、施工设计(以下简称预可研、可研、初设、施设)四个阶段的专业间资料互提关系及主要资料项目,但并不体现作业流程。如超越设计阶段或因建设部门特殊要求需要其他资料时,应由项目总体协调或专业间协商解决。

2. 互提资料主要内容

按照上述各专业间互提资料关系的要求,以施工设计阶段为例,对互提资料主要内容如下。

(1)系统设计原则资料

该资料由信号专业提出,轨道、路基、桥梁、隧道、站场、接触网、变电、车辆、给水、通信、信息、电力、结构、环工专业及项目总体接收。本资料的主要作用是明确综合接地系统的结构和接入范围,以便各相关专业做好本专业的接口设计。系统设计原则参照《铁路综合接地系统》通用参考图[通号(2009)9301]。

(2)综合接地典型工点示意图资料

该资料由信号专业提出,轨道、路基、桥梁、隧道、站场、接触网、结构、环工专业及项目总体接收。典型工点示意图参照《铁路综合接地系统》通用参考图[通号(2009)9301]。如有特殊工点时需进行专业配合后确定。

(3)路基地段接触网支柱基础数量资料

该资料由接触网专业提出,路基、站场、信号专业接收。本资料的主要作用是便于路基电缆槽接地端子及贯通地线分支引接线的工程数量统计。

表 3－12　综合接地设计专业间互提资料简表

序号	互提资料项目内容	设计阶段	轨道	路基	桥涵	隧道	站场	接触网	变电所	车辆	给水	通信	信息化	信号	电力	结构	环工	施预	总体
1	综合接地系统总体设计原则【注 3】	预可研	△	△	△	△	△	△	△	△	△	△	△	○	△	△	△		△
		可　研	△	△	△	△	△	△	△	△	△	△	△	○	△	△	△		△
		初　设	△	△	△	△	△	△	△	△	△	△	△	○	△	△	△		△
		施　设	△	△	△	△	△	△	△	△	△	△	△	○	△	△	△		△
2	综合接地实施方案及工程数量统计原则【注 4】	预可研																	
		可　研	△	△	△	△	△	△						○		△	△		
		初　设	△	△	△	△	△	△						○		△	△		
		施　设																	
3	综合接地典型工点示意图【注 5】	预可研																	
		可　研																	
		初　设																	
		施　设	△	△	△	△	△	△						○		△	△		
4	接触网最大牵引电流、最大短路电流【注 6】	预可研						○						△					
		可　研						○						△					
		初　设						○						△					
		施　设																	
5	路基地段接触网支柱里程表【注 7】	预可研																	
		可　研																	
		初　设																	
		施　设		△			△	○						△					
6	路基段落表（含起始里程、长度）【注 8】	预可研																	
		可　研		○										△					
		初　设		○										△					
		施　设		○										△					

续上表

序号	互提资料项目内容	设计阶段	轨道	路基	桥涵	隧道	站场	接触网	变电所	车辆	给水	通信	信息化	信号	电力	结构	环工	工经	总体
7	桥梁表（含起始里程、长度、孔跨数量等）【注9】	预可研																	
		可　研		○										△					
		初　设		○										△					
		施　设		○										△					
8	隧道表（含起始里程、长度等）【注10】	预可研																	
		可　研		○										△					
		初　设		○										△					
		施　设		○										△					
9	综合接地系统工程数量及投资【注11】	预可研	○	○	○	○	○	○	○	○	○	○	○	○	○	○	○	△	
		可　研	○	○	○	○	○	○	○	○	○	○	○	○	○	○	○	△	
		初　设	○	○	○	○	○	○	○	○	○	○	○	○	○	○	○	△	
		施　设	○	○	○	○	○	○	○	○	○	○	○	○	○	○	○	△	

注：1. ○表示各设计阶段各专业提供的资料；△表示各设计阶段各专业接收的资料。
2. 各相关专业设备、设施的接地装置设计资料互提内容仍按照既有接地设计要求实施，本表中不反映该部分内容。
3. 设计原则：主要包括系统构成、贯通地线敷设位置和走向、桥隧路等相关工程接口预留原则及接入系统的范围。
4. 实施方案：主要包括桥隧路等不同地段综合接地技术实施方案及各专业工程数量计列原则和要求等。
5. 典型工点图：主要包括桥隧路等不同地段综合接地典型工点的实施方案图，并附主要工程量统计原则。
6. 接触网最大短路电流：用于确定接地钢筋截面及贯通地线截面。
7. 接触网基础数量：用于核算路基分支引接线的工程数量。
8. 路基表：用于核算贯通地线横向连接线、分支引接线的工程数量。
9. 桥梁表：用于核算桥上电缆槽内“L”形连接器的数量。
10. 隧道表：用于核算隧道电缆槽内“L”形连接器的数量。
11. 工程量及投资：按照专业分工及工程数量统计原则，各专业分别计列相关工程量及投资，提交工经专业。

(4)路基段落表资料

该资料由路基专业提出,信号专业接收。本资料的主要作用是便于贯通地线横向连接线的工程数量统计。互提资料范本应列表给出路基段的长度及起始里程。

(5)桥梁表资料

该资料由桥涵专业提出,信号专业接收。本资料的主要作用是便于桥梁地段贯通地线敷设及接地连接的工程数量统计。互提资料范本应列表给出本线所有桥梁的起始里程、长度、孔跨数量等。

(6)隧道表资料

该资料由隧道专业提出,信号专业接收。本资料的主要作用是便于隧道内贯通地线敷设及接地连接的工程数量统计。互提资料范本应列表给出本线所有隧道的起始里程、长度等。

第四章　综合接地系统测试验证

2007 年 1 月至 2008 年 12 月间，在我国首条无砟轨道铁路遂渝线试验段、第一条 200 ~ 250 km/h 有砟轨道铁路合宁线和第一条 300 ~ 350 km/h 无砟轨道铁路京津城际轨道交通工程中，开展了针对不同工程特点、不同地域新建铁路综合接地系统的大规模现场测试工作，针对综合接地系统对设备保护的效果进行了测试验证，并取得了大量第一手资料和成果。

第一节　测试验证目的

客运专线综合接地系统的主要作用是降低牵引供电回流对客运专线信号、通信等各专业设备的不利影响，降低钢轨电位、接触电势对旅客的人身安全威胁。电气化铁道正常牵引负荷主要取决于列车速度、追踪密度和牵引质量，牵引负荷可以根据每条线路的具体设计情况来计算。目前高速铁路中，特别是 AT 供电模式下设有贯通地线的铁路牵引回流的分布缺乏实测数据，只能进行模拟仿真计算，因此牵引供电回流接地系统的仿真技术是进行客运专线综合接地系统研究的关键技术。

在实际工程中，影响客运专线牵引供电回流接地系统仿真计算的影响因素很多，如沿线水文、地质、路基结构、道床结构等均对仿真计算中的电气参数有相当大的影响。必须结合中国的实际情况，针对客运专线 ZPW-2000 系列轨道电路和无砟轨道的应用，通过测试验证建立中国客运专线的钢轨结构电气参数，结合理论计算模型研究建立自己的模拟仿真程序，对中国客运专线采用综合接地系统的可行性、总体方案、客运专线综合接地系统工程实施方案及设计标准进行大量的理论研究及现场试验，提出适应我国安全规范和兼容信号、电气化要求的接地体系。

通过测试验证将使我国初步掌握综合接地系统的运行性能参数，为消化吸收国外先进技术，并在此基础上实现自主创新提供现场数据。

第二节　无砟轨道试验段综合接地系统测试

2007 年 1 月，在我国首条无砟轨道试验段遂渝线开展了国内首次针对综合接地系统的大规模现场测试工作。

一、现场测试情况

遂渝线无砟轨道试验段采用板式、双块式等类型的无砟轨道，扣件采用 WJ-7 型分开式弹条扣件，牵引网为带回流线的直接供电方式。试验段内的桥、隧、路基地段及车站范围内均铺设有 70 mm^2 的综合贯通地线（图 4 - 1 试验段内综合贯通地线敷设示意图），将铁路沿线的牵引供电回流系统、电力供电系统、信号系统、通信及其他电子信息系统等的接地连成一体。试验段内的桥梁、隧道未做特殊的接地处理；路基地段贯通地线单侧敷设，桥梁、隧道地段贯通地线两侧敷设。

本次实车试验采用 CRH_2 型动车组和 25 t 轴重货车，试验期间均为单机运行。

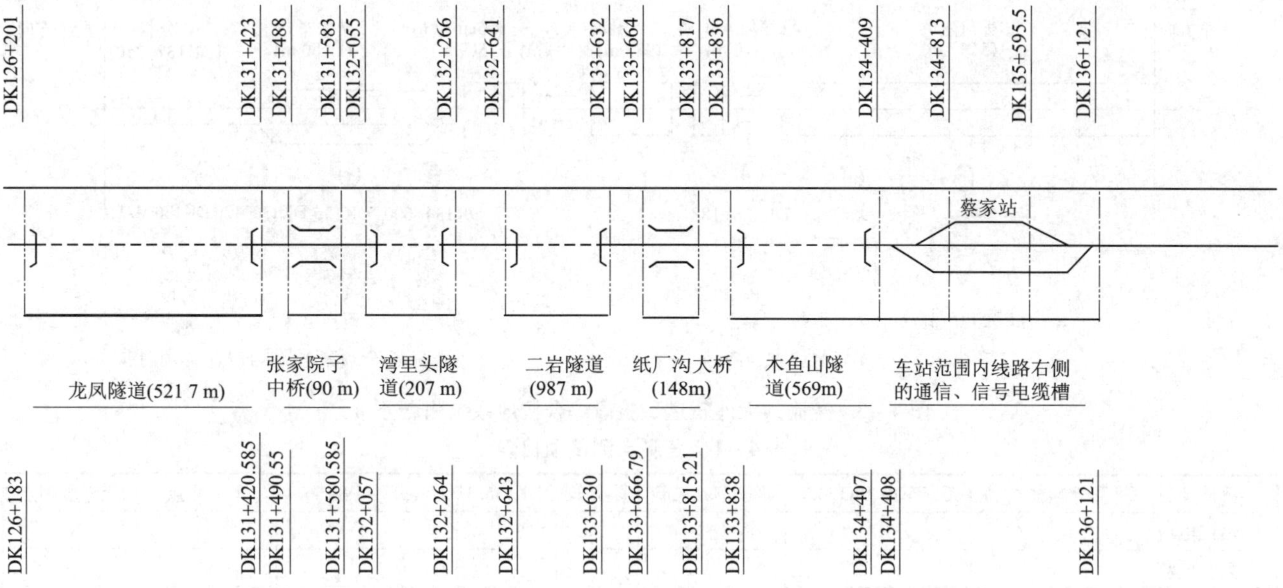

说明：1.——代表70 mm²裸铜缆(型号TDB-70 mm²)。

2.—··—代表横向连接线。地网之间的横向连接线采用与贯通地线同规格的环保型防腐蚀铜线。

图 4－1 试验段内综合贯通地线敷设示意图

二、测试内容及方法

为了达到本次综合接地系统试验的目的，试验实施分为两个部分：第一部分为动态数据测试，第二部分为静态参数测试。动态数据采用沿途布点的方式，在几个固定点安置数据采集装置或录波设备，采集动车组或货车通过时有关电气参数的变化情况。静态参数测试主要是获取一些重要的静态参数，从而分析不同情况下的变化，并通过与动态数据相结合，推导出一些基本的变化规律，为以后定性分析以及设计仿真程序打下基础。

在敷设有综合地线的电气化铁道区段，列车牵引电流的回流路径主要有钢轨、回流线、综合地线与大地，动态测试中对比了钢轨回流、钢轨＋综合地线回流、钢轨＋回流线回流、钢轨＋综合地线＋回流线回流四种不同运行方式下的钢轨电位等动态参数，4 种状态工作原理见图 4－2。

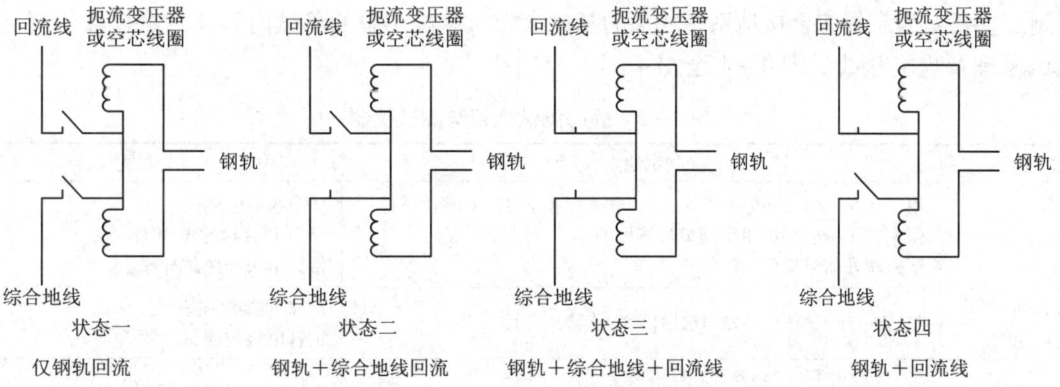

图 4－2 牵引回流系统 4 种工作状态

1. 动态测试

列车运行期间的动态测试沿线布点见图 4－3，各测点测试项目见表 4－1。

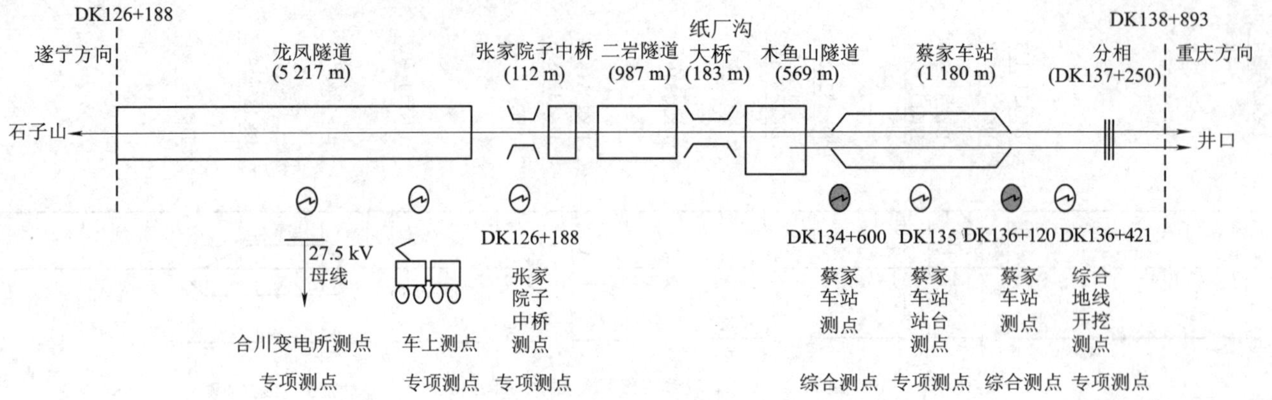

图 4－3 遂渝线无砟轨道试验段综合接地系统测点分布

表 4－1 各测点测试项目表

测试项目	张家院子中桥	蔡家车站 DK134.6	蔡家车站站台	蔡家车站 DK136.1	地线开挖 DK136.4	车上测点	变电所测点
馈线电流							√
列车电流						√	
钢轨电位	√	√	√	√			
钢轨电流	√	√		√			
地线电位	√	√		√	√		
地线电流	√				√		
去地线电流		√		√			
回流线电位		√		√			
回流线电流		√		√			
吸上线电流		√		√			
支柱电位	√		√				
护栏电位	√		√				
轨道板纵连电流			√				

动态测试中在几个测点安装数据采集系统，主要包括基于 GPS 的录波装置、USB 接口综合测试仪、数字存储示波器等。被测电流信号的获得通过在线路上安装电流互感器、钳型电流传感器实现。被测电压信号直接用测试导线引自被测导体（起初某些测点采用了高压分压器，后由于电压幅值小而直接引入数采系统），参考地通过在远离线路的农田打临时接地极获得，一般距线路 50 m 以上。

2. 静态测试

静态测试主要是为掌握综合接地系统相关的基础参数。本次实验的测试内容及测试仪器情况见表 4－2。主要的测试原理及现场接线见图 4－4 至图 4－10。

表 4－2 静态测试项目与测试仪器

测试项目	测试地点	测试仪器
土壤电阻率	蔡家车站 DK135＋030～DK135＋70 人工碎石土（AB 组填料） 张家院子中桥至湾里头隧道过渡段旁 蔡家车站信号楼旁	DZD-6 型电法仪 GEO Plus 接地电阻测试仪 钢钎电极与测试导线
综合地线 接地电阻	S2（DK138＋895）～S75（DK131＋709）接地母排	ZC-8 型接地摇表 钢钎电极与测试导线
支柱基础 接地电阻	张家院子中桥：024#等径圆杆混凝土支柱 026#H 型钢支柱 蔡家车站：028#－035#ϕ40 等径圆杆	GEO Plus 接地电阻测试仪 钢钎电极与测试导线
钢轨 漏泄电阻	蔡家车站：Ⅱ股道无砟轨道 4 股道有砟轨道	单相柴油发电机 15 kVA 单相隔离变压器 15 kVA 自耦调压器 数据采集系统

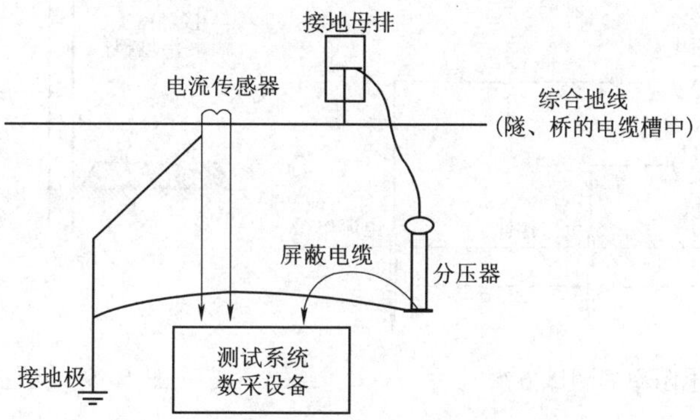

图 4－4　综合地线电位与电流测试原理

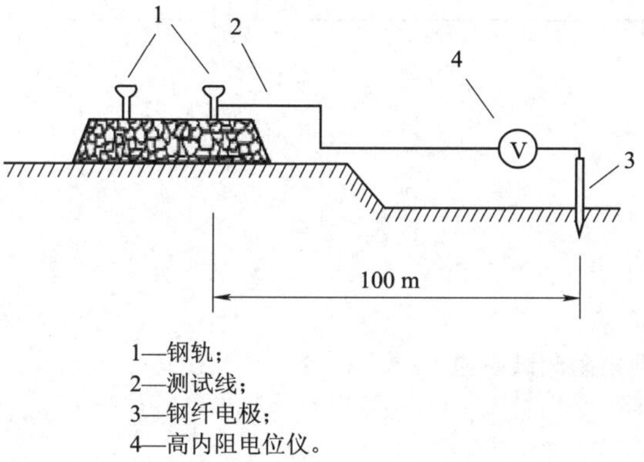

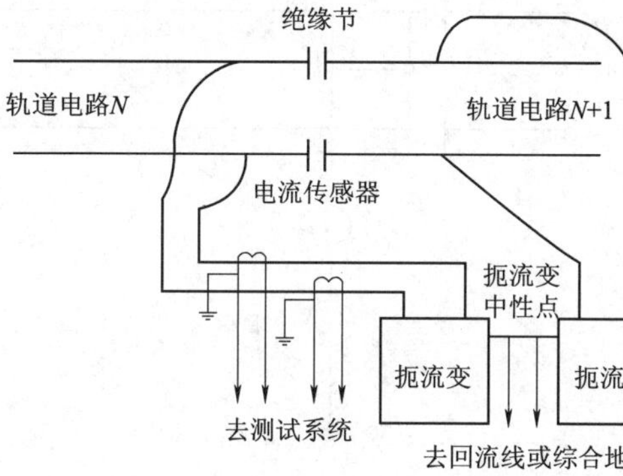

图 4－5　钢轨电位与电流测试原理

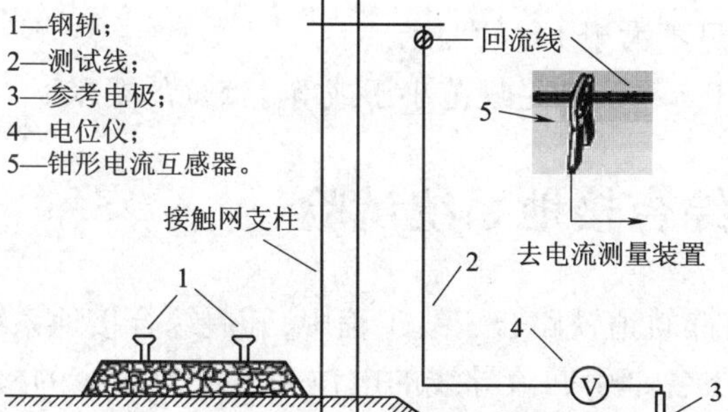

图 4－6　回流线电位与电流测试原理

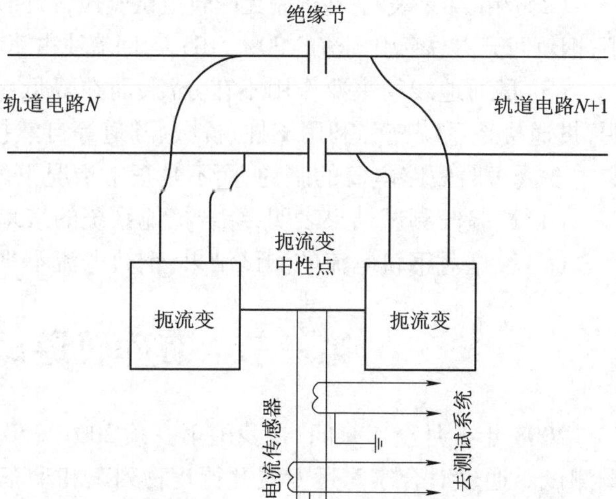

图 4－7　去地线电流与吸上线电流测试原理

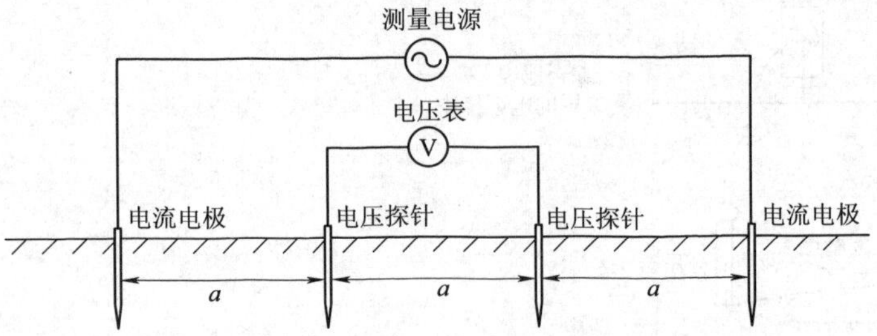

图 4－8　土壤电阻率的测试方法

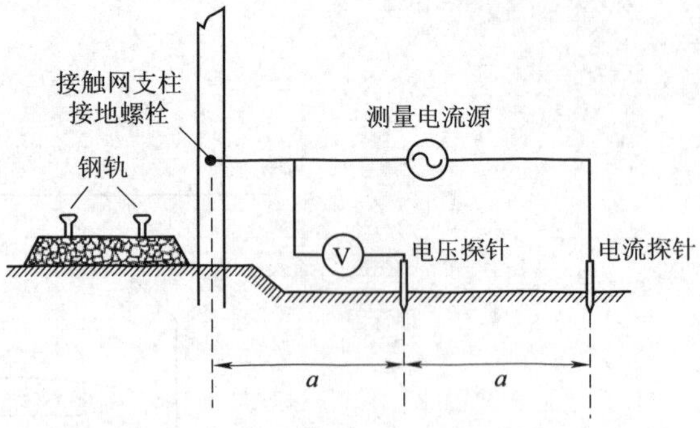

图 4－9　支柱基础接地电阻的测试原理

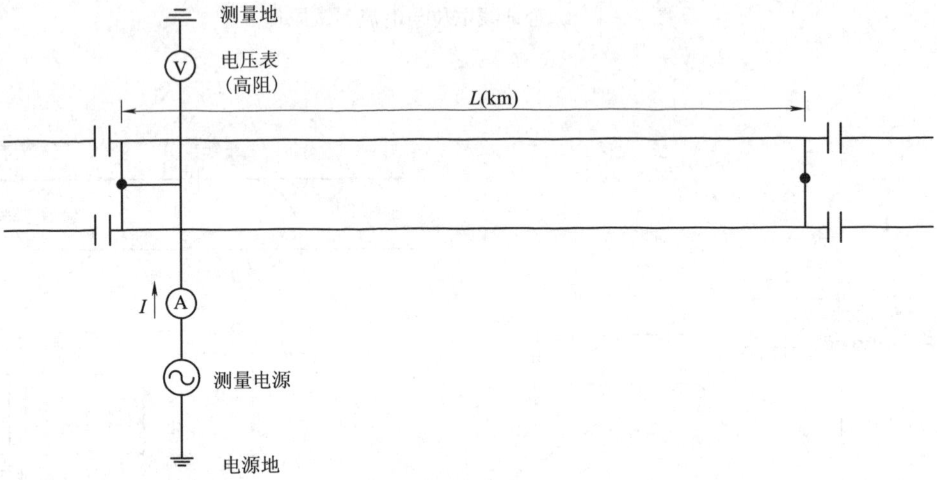

图 4－10　钢轨漏泄电阻测试原理

三、主要结论

(1)遂渝无砟轨道试验段的测试结果表明,综合接地系统对降低钢轨电位,提高人身和设备安全性具有明显效果。从保证人身和设备安全,提高客运专线各系统电磁兼容性角度,客运专线采用综合接地系统是必要的。

(2)测试结果表明,在遂渝无砟轨道试验段,带回流线的直接供电方式,采用截面 70 mm^2 的贯通地线的条件下,钢轨回流占总牵引回流的 30% ~35% ,回流线占 20% ~25% ,贯通地线电流占 15% ~20% ,其余为地回流。

(3)贯通地线的主要作用不在分流,而在降低牵引回流网络的综合对地漏泄电阻。测试与仿真结果表明,贯通接地系统充分利用支柱、桥墩、隧道等自然接地体对降低钢轨电位效果显著。贯通地线的截面选择应主要受短时短路电流的制约,而不是正常情况下的牵引电流。

(4)试验段测试结果表明,综合接地系统的接地电阻满足不大于 1Ω 的要求。

(5)根据对钢轨电流的测试结果,钢轨电流不平衡度为 0. 75% ,满足规范小于或等于 5% 的要求。

第三节　有砟轨道试验段综合接地系统试验

2008 年 1 月至 4 月间,在我国第一条 200 ~250 km/h 有砟轨道铁路合宁线工程中,开展综合接地系统现场测试。通过对合宁客运专线开行货物列车和动车组条件下各牵引回流导线的电位和电流等内容的检测,从降低钢轨电位,提高牵引供电系统的安全性和改善对通信信号系统的影响方面对合宁客运专线综合接地系统技术指标进行评价。

一、试验段基本情况

合宁线合肥站(不含)至永宁镇站(含)正线采用综合接地系统。牵引供电制式为 AT 供电。合宁正线线路两侧桥、隧、路基地段及车站范围内均铺设有1根截面35 mm^2的贯通地线，将铁路沿线的牵引供电回流系统、电力供电系统、信号系统、通信及其他电子信息系统、建筑物、道床、站台、桥梁、隧道、声屏障等的接地连成一体。由于土建工程和综合接地工程工期不同，在已施工的部分桥梁单设接地极，未施工的部分桥梁利用基础中的结构钢筋作为接地极。隧道地段以其部分非预应力结构钢筋作为接地体。路基地段贯通地线埋设在电缆槽下方，桥梁、隧道地段贯通地线敷设在电缆槽内。

接触网PW线接地及隧道内悬挂接地纳入综合接地系统，通过吸上线在每个闭塞分区的轨道电路扼流变压器中点与贯通地线相接。

牵引变电所、分区所、AT所、开闭所接地装置以水平长孔接地网为主，在设备集中接地附近及接地网外沿敷设垂直接地体。接地网采用铜材质。

牵引变电所接地网的接地电阻按不大于0.5Ω设计，并校验接触电势和跨步电势，若不满足要求的应按高土壤电阻率考虑并采取相应措施；AT所、分区所及开闭所的接地电阻应满足规范要求。接触网PW线每隔1200～1500 m通过完全横向连接的扼流线圈中性点与贯通地线连接一次。为充分降低支柱电位，在两个完全横向连接之间每隔300～500 m保护线与贯通地线连接一次。

二、测试内容

合宁线综合接地系统试验测试内容与遂渝线试验段基本相同，合宁线4种不同回流状态的测试未再重复进行，而是在遂渝线试验段测试的基础上，增加测试钢轨+回流线+贯通地线都正常情况下的牵引回流和轨道电位等内容的测试。从合宁线的测试结果与遂渝线对比分析可以看出：

1. 测点布置及其等值网络

根据合宁线牵引供电方案、牵引变电所、AT所和信号设备的布置特点和提速区段位置，选择具有代表性的地点进行检测。所有测点选择在黄庵牵引变电所合肥方向供电臂范围内。各测点位置和公里标见图4－11，所选区间的等值网络如图4－12所示。

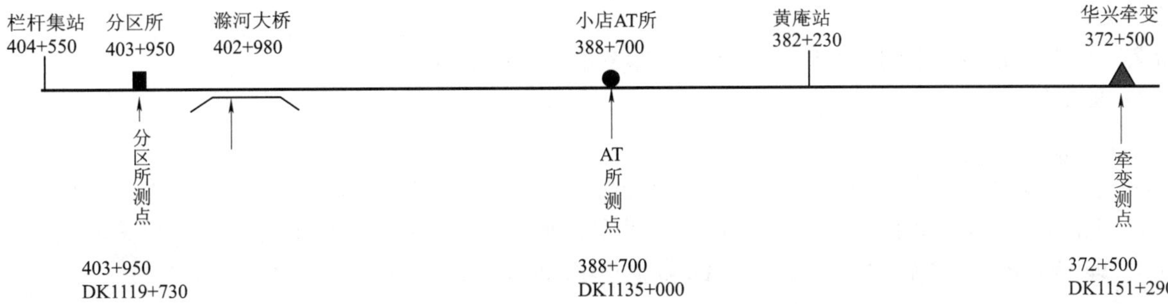

图4－11　测点分布

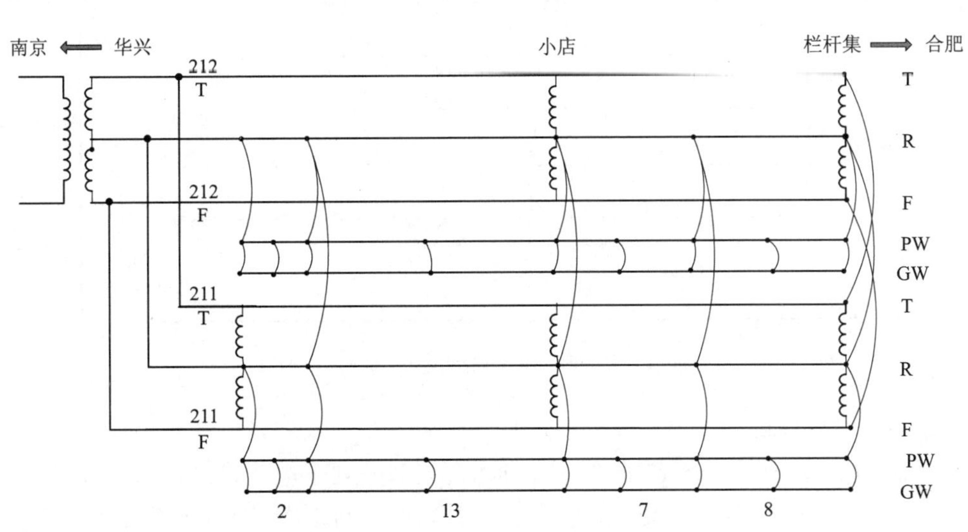

图4－12　华兴—栏杆集供电臂等值网络

2. 牵引回流电流分配测试

AT 供电系统电流在各回流导线中的分配与列车位置关系密切，当列车处于首个 AT 段以远时，由于 AT 的吸上效应和长回路效应，绝大多数牵引电流将通过 F 线流回变电所，在变电所出口处的接地回流网络中测得的牵引回流很小，实测结果小于列车总电流的 10%。当列车在首个 AT 段时，以列车电流 280 A，向首端回流约 240 A 为例，各电流典型分配见表 4－3。

表 4－3　合宁线电流分配表

项　目	同线钢轨电流	异线钢轨电流	地线电流	保护线电流	地中电流
电流/百分比	150 A/62.5%	30 A/12.5%	15 A/6.25%	30 A/12.5%	15 A/6.25%

根据遂渝线和合宁线的测试结果对比可以看出，在遂渝线直供模式下贯通地线电流约占总回流的 20%；在合宁线 AT 模式下贯通地线电流约占总回流的 7%，AT 模式下的钢轨回流比直供模式大。

3. 钢轨电位测试

根据测试结果，在两处完全横向连接处（变电所出口和小店 AT 所）测得的钢轨电位数值约 20 V/kA。测得的区间最大钢轨电位约为 60 V/kA。

4. 不平衡电流测试

实测两根钢轨不平衡电流最大比例为 4%（两钢轨电流之差/平均电流）。

三、数据分析及结论

1. 评判标准

（1）钢轨电位

根据 EN 50122－1 铁路应用－固定设施第 1 部分：电气安全与接地的保护性、规则：钢轨电位正常、长期情况（>300 s）小于 120 V；故障情况（0.1 s）小于 1 684 V。

（2）不平衡电流

根据 ZPW－2000 轨道电路技术规程，轨道电路不平衡度小于 10%。

2. 数据分析

（1）钢轨电位检测结果分析

钢轨电位受到列车电流和列车位置的影响，从测试数据可以看到，列车经过测试点时的最大钢轨电位为 36.8 V，图 4－13 为动车组上行运行，250 km/h 时测点处钢轨电位变化曲线，以上检测数据满足 EN 50122－1 规定，即钢轨电位在正常、长期情况（>300 s）下小于 120 V。

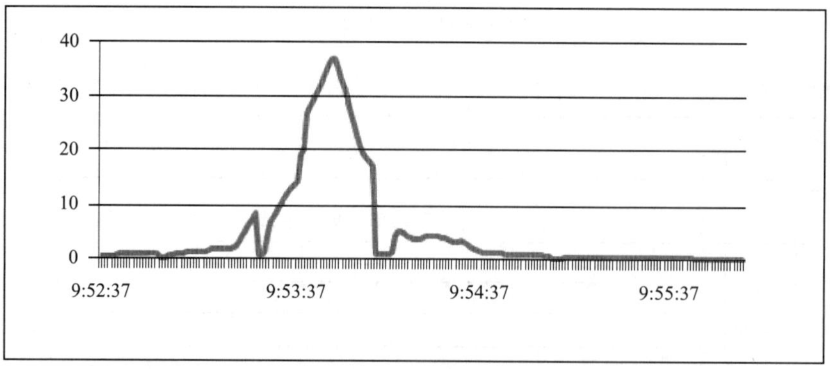

图 4－13　钢轨电位

（2）牵引回流分布结果分析

由图 4－14 可以看到，当列车处于首个 AT 段以远时，大部分列车电流将通过正馈线返回变电所，钢轨回流占总回流的比例小于 10%，当列车经过 AT 所之后，其轨回流与距离呈线性比例上升。在经过变电所测点时，所内轨回流达到最大值，各部分回流的分配比例如下（见表 4－4）：

表 4－4　回流分配比例

	测试内容	电流值	百分比
上行	上行回流线电流(A)	7.719	5%
	下行钢轨电流(A)	13.105	8%
	上行钢轨电流(A)	55.024	35%
	地线电流(A)	22.799	14%

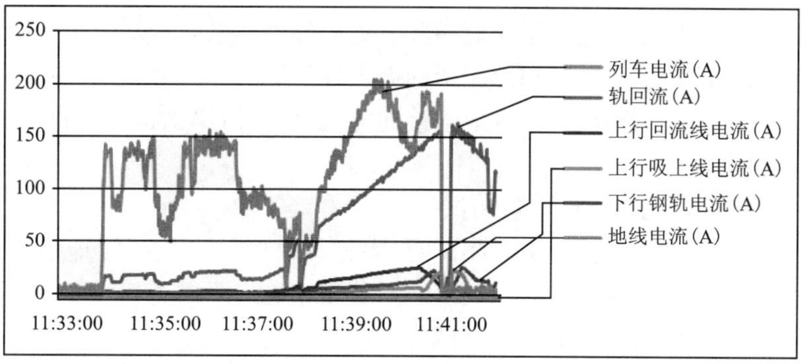

图 4－14　牵引回流分布

(3)钢轨电流不平衡度结果分析

在列车通过测试区段时测量两根铁轨的电流值,电流不平衡度的公式如下:

$$\eta = \frac{I_A - I_B}{I_A + I_B} \times 100\%$$

式中:I_A、I_B 为铁轨的牵引电流;η 为不平衡系数。

通过一月份的货车通过测点附近时的数据计算可知,钢轨不平衡度均不大于 4% 。

3. 结　　论

从合宁线综合接地测试的结果分析可以知道,钢轨电位和轨旁设施电位较低,满足 EN 50122－1 规定的正常、长期情况(>300s)下小于 120 V 的要求;钢轨不平衡度小于 4% ,满足《ZPW-2000 系列无绝缘轨道电路技术条件(暂行)》(科技运函〔2003〕124 号)不平衡系数小于 10% 的要求。能够较好地改善铁路附近的电磁环境,保障了铁路沿线相关专业设施不受干扰。

第四节　时速 350 km 无砟轨道综合接地系统测试

2008 年 6 月间,在我国第一条 300～350 km/h 无砟轨道铁路京津城际轨道交通工程中,开展铁路综合接地系统的现场测试工作。

一、试验段基本情况

京津城际正线采用综合接地系统。牵引供电制式为 AT 供电。线路两侧桥、隧、路基地段及车站范围内均铺设有 1 根 70 mm^2 的贯通地线,将铁路沿线的牵引供电回流系统、电力供电系统、信号系统、通信及其他电子信息系统、建筑物、道床、站台、桥梁、隧道、声屏障等的接地连成一体。桥梁利用基础中的结构钢筋作为接地极;隧道地段以其部分非预应力结构钢筋作为接地极;路基地段利用接触网支柱基础作为接地极。路基地段贯通地线埋设在电缆槽下方,桥梁、隧道地段贯通地线敷设在电缆槽内。

二、测试内容及方法

本次综合接地测试是国内首次针对采用 ZPW-2000A 轨道电路、无砟轨道和 AT 供电方式的 350 km/h 客运专线综合接地系统进行的现场测试。通过测试获得了综合接地系统的重要实测数据和性能参数。通过对高速动车组正常运行条件下和故障状态下轨道电位、牵引回流等内容的测试与分析,对京津城际铁路综合接地系统的实施方案、技术性能与指标等进行检验,对综合接地系统降低信号、通信等设备受牵引回流的不利影响,降低钢轨电位和接触电势对人员安全威胁的作用进行了评估。

综合接地检测包括静态检测、动态检测和短路检测三部分内容。静态检测进行了综合地线接地电阻、桥梁结构接地电阻、大地导电率和结构接续性测试。动态检测进行了 5 个测点 56 次过车的测试,最高速度 385 km/h。短路检测进行了 2 次 3 个短路点的钢轨电位和综合地线电流的测试。

1. 静态参数测试

静态测试主要是为了获取一些重要的静态参数，了解系统静态技术指标，包括隐蔽工程的质量指标，从而对综合接地系统的静态性能指标做出评估。

本次静态试验包括综合地线接地电阻测试、桥梁结构接地电阻测试、大地导电率测试、结构接续性测试等4项内容。

(1)综合地线接地电阻测试

采用三极法进行测试。测试时，为了确保探针安装在接地电极和辅助接地电极的电势梯度范围之外，接地电极和接地探针之间以及接地探针相互之间距离为20 m。

(2)桥梁结构接地电阻测试

采用三极法进行测试。接地电极为桥梁与桥墩连接钢带。

(3)大地导电率测试

采用四极法进行测试。测试采用四个长度相同的接地探针成一均匀直线安置在土壤中并且相互之间距离相同，均为20 m。

(4)结构接续性测试

测试仪表连接见图4－15。

通过闭合开关，记录毫伏表电压值和安培表电流值进行测试，用电压值除以电流值可得两桥墩之间接续性电阻值。

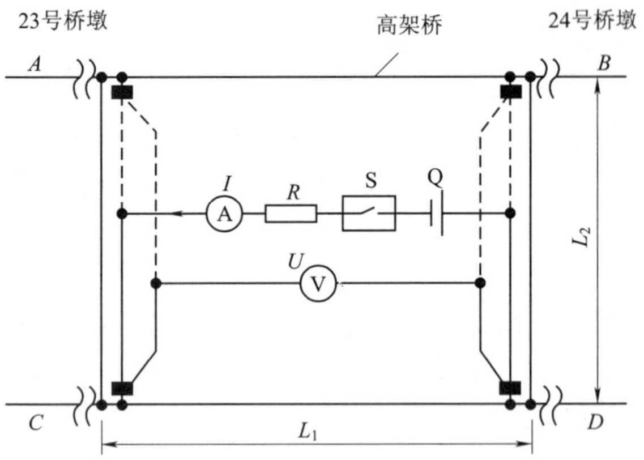

图4－15 接续性测试仪表连接图

V—毫伏表；A—安培表；R—最大电流电阻($I\approx14$ A)；S—开关；Q—汽车蓄电池(12 V)。

2. 动态参数测试

动态参数测试通过对高速动车组正常运行状态下轨道电位、牵引回流分配比例等相关内容的测试，获取京津城际铁路正常运行时综合接地系统的动态数据。根据动态测试数据，对综合接地系统降低钢轨电位，均衡钢轨电位电压，保障人身安全，为全线各子系统提供稳定地电位，保证信号、通信等设备可靠工作的作用进行检验和评估。本次动态测试内容包括钢轨电位、轨旁设施感应电位、牵引回流和轨道不平衡电流4项内容。

根据京津城际铁路牵引供电方案，变电所、自耦所和信号设备的布置特点，以及车站所在位置，所有综合接地测点均选择在亦庄牵引变电所天津方向一个供电臂范围内。该供电臂包含亦庄和永乐两个车站、凉水河特大桥，同时包含最高速度段，是一个完整的牵引供电回路，具备选择各种类型代表性的综合接地测点的条件。

本次测试选择综合测点2处、桥梁测点1处、牵引变电所、AT所和分区所测点各1处，共6个测点。综合测点选择亦庄站天津侧咽喉信号机和永乐站北京侧咽喉信号机处，桥梁测点选择在永乐站综合测点北京方向1.13 km凉水河特大桥上。测点布置见图4－16。

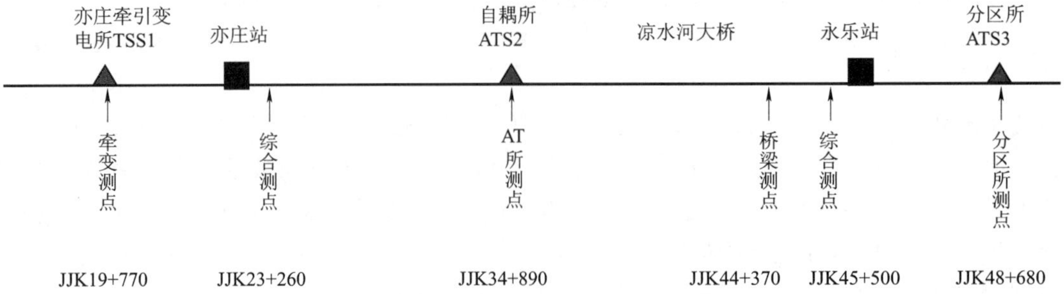

图4－16 京津城际铁路综合接地测点布置图

各测点具体测试内容见表4－5和表4－6。

表 4-5 区间测点测试内容

测点		亦庄综合测点		永乐综合测点		桥梁测点	
测试参量		电位	电流	电位	电流	电位	电流
探头安装位置	(1)钢轨电位	$U\times2$		$U\times2$		$U\times2$	
	(2)钢轨电流		$I\times2$		$I\times2$		
	(3)不平衡电流		I_1+I_2		I_1+I_2		
	(4)综合地电位	$U\times2$		$U\times2$		$U\times2$	
	(5)综合地电流		$I\times2$		$I\times2$		$I\times2$
	(6)保护线电流		$I\times2$		$I\times2$		
	(7)支柱电位						
	(8)护栏电位	U		U			
探头数量	上行	2	4	2	4	2	1
	下行	3	4	3	4	2	1
测点选择		站东侧绝缘节处		站西侧绝缘节处		闭塞分区中点	

表 4-6 变电所、AT 所、分区所测试内容

测　　点			亦庄变电所测点		AT 所测点		分区所 ATS3 测点	
测试参量			电位	电流	电位	电流	电位	电流
传感器安装位置	机房内	(1)T 线电流		$I\times2$				
		(2)F 线电流		$I\times2$				
		(3)轨回流						
		(4)地回流				$I\times2$		$I\times2$
	机房外	(5)钢轨电位	$U\times2$					
		(6)综合地电流		$I\times2$				
		(7)保护线电流		$I\times2$				
		(8)两轨电流		$I\times2$				

3. 综合接地短路测试

综合接地短路测试是利用接触网短路测试的条件,在接触网短路的同时,进行钢轨电位测试,从而得出接触网故障条件下钢轨电位的数据,检验钢轨电位是否符合标准中故障条件下瞬时电位限值。在有测试条件的短路点,还同时测出短路点附近综合地线中的电流,为综合地线的功能评价和截面积设计的合理性提供实测数据。测试内容包括短路点附近上下行钢轨电位;短路点附近综合地线中电流(有条件的测点)。

三、数据分析及结论

1. 静态测试

测试数据表明,京津城际铁路综合地线接地电阻和桥梁结构接地电阻测试点接地电阻小于 1 Ω,满足设计要求;京津城际铁路大地电阻率较低,在粘土层电阻率典型范围内;接续性测试点接续电阻实测值小于计算值,满足设计要求。

2. 动态测试

(1)牵引回流

京津城际铁路钢轨回流占 59% ~66% ,保护线回流占 21% ~33% ,综合地线回流占 8% ~14% 。保护线回流和综合地线回流所占比例略高(合宁线保护线回流占 18.6% ,综合地线回流占 8%)。

(2)钢轨及轨旁设施电位

同样的轨流,京津城际铁路钢轨电位要低得多。合宁线轨流与钢轨电位之比为 2∶1 ~3∶1,即 100 A 轨流有 50 ~ 33 V 的钢轨电位;而京津城际铁路轨流与钢轨电位之比为 8:1 ~ 10:1 ,即 100 A 轨流仅有 12.5 ~ 10 V 的钢轨电位,将近为合宁线的 1/3 ~ 1/4。即使是钢轨电位较高的点,地线电压和护栏电压仍很低,说明护栏接地及地线本身设计水平和施工质量较好。

牵引回流引起的钢轨电位影响的线路长度仅为运行列车所在的一个区间(该区间两端为完全横联点)的长度。

京津城际铁路钢轨电位和轨旁设施电位较低,满足 EN 50122-1 规定的正常、长期情况(>300 s)下小于 120 V 的要求,不会影响人员安全。

(3)贯通地线

京津城际铁路贯通地线有较强的泻流能力,流过同等的电流,其上电压仅是合宁线贯通地线电压的一半。从而可为连接其上的各类信号和通信等设备提供稳定可靠、各点近似等值的大地电位。

(4)钢轨不平衡电流

根据亦庄和永乐测点动车组运行期间下行线两根轨条回流数据,计算得出亦庄测点不平衡度平均为 2.43% ,最大为 6.7% ; 永乐测点不平衡度平均为 1.18% ,最大为 3.0% ,均满足小于 10% 的要求。

3. 短路测试

京津城际铁路 3 次短路测试钢轨电位测试结果表明:在短路点距牵引变电所分别为 40 km、77 km 和 97 km的情况下,距短路点 45 m,持续时间小于 100 ms 的钢轨电位实测最大 600 V,未超过标准中规定的 1 680 V,符合铁道部《铁路防雷、电磁兼容及接地工程技术暂行规定》(铁建设〔2007〕39 号)中故障情况下轨道电位容许值的要求。

综合接地系统检测表明,京津城际铁路综合接地系统满足铁道部《铁路防雷、电磁兼容及接地工程技术暂行规定》中正常和故障情况下轨道电位容许值的要求,符合设计要求。

4. 结　　论

(1)贯通地线有较强的泄流能力,可为连接其上的各类信号和通信等设备提供可靠的低阻、等电位接地连接;线路完全横连点具有较好的均流、均压作用。

(2)对静态、动态和短路三种状态下的综合接地系统参数的测试表明,贯通地线接地电阻、桥梁结构接地电阻,接续电阻均满足设计要求。

(3)钢轨电位和轨旁设施电位较低,满足 EN 50122-1 规定的正常、长期情况(>300 s)下小于 120 V 的要求。

(4)距变电所不同距离的短路试验实测数据表明,接触网短路状态下,距短路点 45 m、持续时间小于 100 ms 的钢轨电位最大值为 600 V,符合铁道部《铁路防雷、电磁兼容及接地工程技术暂行规定》(铁建设〔2007〕39 号)中轨道电位容许值的要求。

(5)钢轨不平衡电流满足《ZPW-2000 系列无绝缘轨道电路技术条件(暂行)》(科技运函〔2003〕124 号)不平衡系数小于 10% 的要求。

第五章　铁路信号设备雷电综合防护系统设计

第一节　雷电防护基本概念

随着铁路建设的快速发展，在工程建设项目中大量运用计算机等电子设备，由于这些系统和设备耐过压能力有限，雷电高电压以及雷电电磁脉冲侵入所产生的电磁效应、热效应都会对系统和设备造成干扰或永久性损坏。为确保铁路行车安全，确保信号技术装备的可靠性，对车站信号设备采取雷电综合防护措施可以将雷电对电子设备造成的灾害降低到最低限度，减少被保护的信号系统设备遭受雷击损害的风险，因此越来越凸显出防雷系统对信号设备保护的重要性。

一、雷电防护基本概念

1. 雷电现象

雷电是雷云之间或雷云对地面放电的一种自然现象。在雷雨季节里，地面上的水分子受热变成水蒸气，并随热空气上升，在空气中与冷空气相遇，使上升气流中的水蒸气凝成水滴或冰晶，形成积云。云中的水滴受强烈气流的摩擦产生电荷，微小的水滴往往带负电，微小水滴容易被气流带走形成带负电的云；较大的水滴留下来形成带正电的云，由于静电感应，接近地面的带电云层会在大地表面感应出与云块电荷极性相反的电荷，当电场强度达到一定的阀值时，即发生雷云与大地之间的放电；在两块异性电荷的雷云之间，当电场强度达到一定的阀值时，便发生云层之间的放电。放电时伴随着强烈的电光和声音，这就是雷电现象。

大多数的雷电放电都是在雷云与雷云之间进行的，只有少数是对地进行的，相对雷云之间放电而言，雷云对地的放电对地面物体具有更大的危害性。

雷云对地放电过程可分为三个阶段，即先导放电阶段、主放电阶段、余辉阶段。

(1)先导放电阶段

带电雷云在地面上空形成后，由于静电感应的作用，雷云电荷在地面上感应出异性的电荷，两者之间构成了一个巨大的空间电容器。雷云中或是在雷云对地之间，电场强度各处不一样。当雷云中任何一电荷聚集中心处的电场强度达到 25 ~ 30 kV/cm 时，空气开始游离，成为导电性的通道，叫做雷电先导。雷电先导进展到离地面大约在 100 ~ 300 m 高度时，地面受感应而聚集的异性电荷更加集中，特别是易于聚集在较凸起或较高的地面凸出物上，于是形成了迎面先导，向空中的雷电先导快速接近。在先导的头部实际上是由许多流注组成的游离区，先导放电就是依靠其头部的流注放电来维持的。

(2)主放电阶段

当雷电先导和迎面先导接触时，地面的异性电荷经过迎面先导通道与雷电先导通道中的电荷发生强烈中和，瞬间产生极大的电流并发出光和声，这就是雷电的主放电阶段。主放电阶段存在时间极短，一般约 50 ~ 100 μs，电流可高达数十万安培。

(3)余辉阶段

主放电阶段结束后，雷云中的残余电荷继续经放电通道泄放，称为余辉阶段。余辉电流一般为 100 ~ 1 000 A，持续时间一般为 0.03 ~ 0.15 s。

由于雷云中可能同时存在几个电荷聚集中心，所以第一个电荷聚集中心完成对地的放电后，紧接着第二个、第三个电荷聚集中心也可能沿着第一次放电通道再次中和放电。因此雷电放电经常出现多重性，常见的为 2 ~ 3 次，最多可达 20 次，每次的放电间隔时间从几百微秒到几百毫秒不等，相应的放电电流要比第一次小得多，一般不超过 30 kA，并且逐次减少。

2. 雷电分类

根据雷电侵入建筑物或建筑物内的电气电子设备的方式，雷电的种类可分为直击雷、雷电电磁脉冲感应、雷电波侵入及球雷四种。

(1)直击雷

当雷云较低时，周围又没有带异性电荷的云层，而地面上凸出的树木或建筑物等感应出异性电荷，雷云就会通过这些物体与大地之间直接放电，这种直接击在建筑物或其他物体并通过它流入大地的雷击，称为直击雷。

由于遭受直接雷击，被击物体产生很高的电位，而引起过电压，流过的雷电流可达几十千安培甚至几百千安培，对室外设备、架空线及建筑物产生极大的破坏作用。建筑物内的电气电子设备一般不会遭到直击雷。

(2)雷电电磁脉冲感应

雷电电磁脉冲感应，过去通常称为感应雷或雷电感应，它是由于雷电的强大电场和磁场变化产生的静电感应和电磁感应引起。它能造成金属部件之间产生电火花放电。静电感应的特点是，当雷云出现在导体的上空时，由于感应作用，使导体上感应带有与雷云异性的电荷，雷云放电时，在导体上的感应电荷得不到释放，致使导体与地面之间形成很高的电位差。电磁感应的特点是，由于雷电流的幅值和陡度迅速变化，在它周围的空间里，会产生强大的变化的电磁场，在其中的导体感应产生极大的电热动，若有回路，则产生很大的感应电流，而产生危害。当建筑物遭受直击雷或建筑物附近遭受直击雷时，都可在建筑物内的金属上感应出过电压和过电流。

(3)雷电波侵入

雷电直接击中与建筑物连接的金属导体或与建筑物连接的金属导体附近时，由于雷电电磁脉冲的感应效应，可在金属导体产生过电压、过电流，这一过电压和过电流沿着金属导体传到建筑物内后，会危及人身安全或损坏设备。雷过电压和过电流的这种侵入方式叫做雷电波侵入。

(4)球雷

通常认为球雷是一个炽热的等离子体，温度极高，一般呈紫色或红色，直径在 10 ~ 20 cm 以上。

球雷常沿地面滚动或在空气中飘动，能通过烟囱、门、窗或其他缝隙进入建筑物内部，或无声消失，或剧烈爆炸，能伤害人身和破坏物体引起严重的后果。

3. 雷电特性

雷电具有优先选择打击较高的建筑物或目标向大地放电的特性，这是由于距离与电阻的乘积最小的通路最容易首先放电的缘故。但当各建筑物之间的距离大于它们各自高度的两倍以上时，雷电常常也可能会直接击打在大地上。

从雷电防护的效果来说，具有金属包层和金属顶并且全导电的建筑物是一种理想的建筑结构，对置于其中的电子系统来说，它相当于一个“屏蔽间”的效果。许多钢结构或钢筋混凝土结构的建筑物具有类似的金属包层的理想效果，由于金属包层和金属顶已合理地整体连接，当雷击该建筑物时，雷电流将遍布整个金属表层并泄入大地。实际上，雷电是电磁脉冲，遵循电磁波的传输规律，当其流过金属导体时有集肤效应，因此雷电流沿金属外沿流入地下时，影响传输的主要是径路的电感，而不是电阻。

在钢框架或钢筋混凝土建筑结构中的电流基于集肤效应的原理，都同样会表现出优先流向外层导体的特性，参照 BS 6651:1992 标准中的 15 柱建筑结构中雷电流分布显示，虽然雷击点在建筑物的顶部中央，但大部分并不是流经就近的钢柱入地，而是流经最外层的钢柱入地。由于流经内层三根柱子的电流相对比较小，所以在建筑物内部所产生的磁场也就相应比较小(如图 5 - 1 所示)。

因此，建筑物的外层若有大量的接地导体等防雷装置，就可大大减小雷电所引起的建筑物内部磁场，同时减少雷电流入地时的地电位上升数值，有效地减少建筑物内部电子设备受到瞬态干扰的危险。

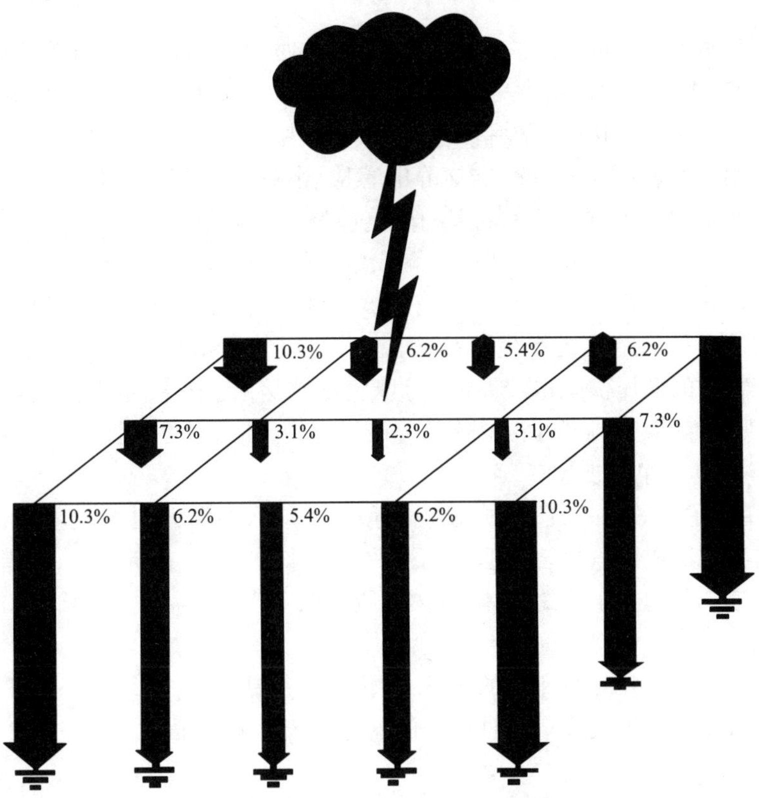

图 5－1 建筑结构中的雷电流分布图

雷击地面目标还有选择性，一般会优先击中地面凸出部位或者土壤电阻率相对小的地面。根据《建筑物防雷设计规范》(GB 50057—1994)，建筑物也有易受雷击的部位，对这些部位，雷电防护要特别重视（圆圈为雷击率最高部位，实线为易受雷击部位，虚线为不易受雷击的屋脊或屋檐）。

(1)平顶屋面或坡度不大于 1/10 的屋面——檐角、女儿墙、屋檐（图 5－2）

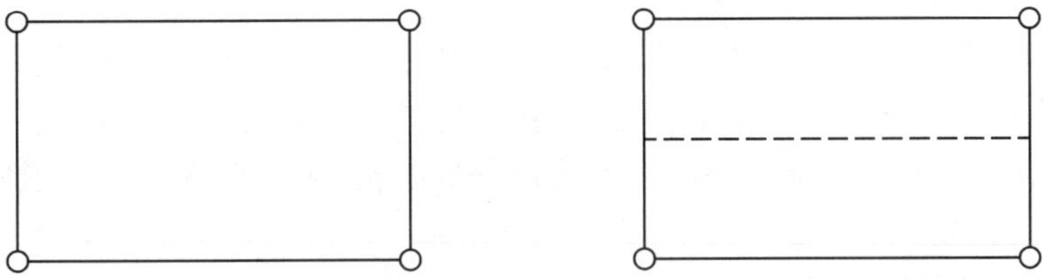

图 5－2 平顶屋面或坡度不大于 1/10 的屋面易遭雷击部位示意图

(2)坡度大于 1/10 且小于 1/2 的屋面——屋角、屋脊、檐角、屋檐（图 5－3）

(3)坡度不小于 1/2 的屋面——屋角、屋脊、檐角（图 5－4）

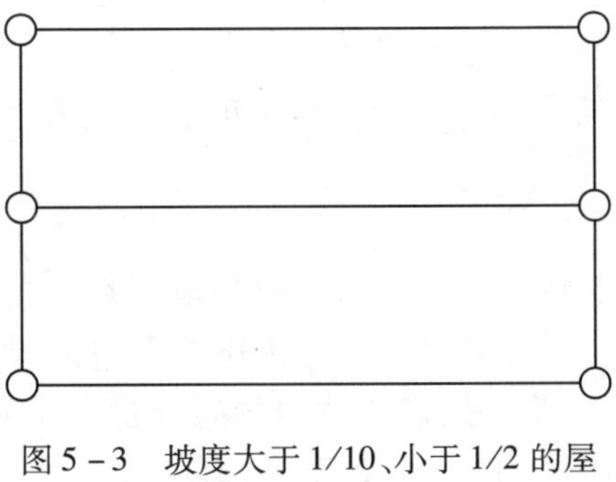

图 5－3 坡度大于 1/10、小于 1/2 的屋面易遭雷击部位示意图

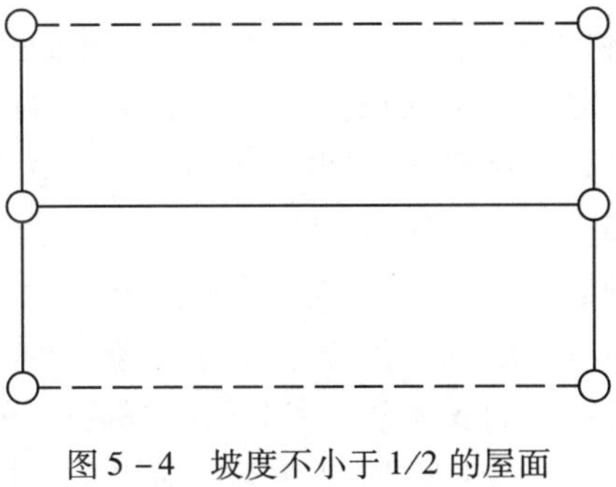

图 5－4 坡度不小于 1/2 的屋面易遭雷击部位示意图

4. 雷电危害

雷云对地放电，能够对地面上的建筑物和设施带来严重危害。从危害的方式来分，雷击的破坏作用表象为雷电的一次效应和二次效应的作用。一次效应是雷电击中目标后直接破坏目标，二次效应是雷电电磁脉冲将设备损坏，也可说是雷电间接破坏设备。直接破坏作用主要表现为雷电引起的热效应、机械效应和冲击波等；间接破坏作用主要表现为雷电产生的静电感应、电磁感应和暂态过电压等。对于雷电的防护来说，充分认识雷电破坏作用的产生机理及其危害的严重性是十分重要的。

(1)雷电的热效应

在雷云对地放电时，强大的雷电流从雷击点注入被击物体，由于雷电流幅值高达数十千安乃至数百千安，其热效应可以在雷击点局部范围内产生很高的温度，足以使雷击点处的金属融化，能将草堆或树枝引燃；当雷电波侵入建筑物内的低压供配电线路时，可以将线路熔断。这些雷电流的巨大能量使被击物体燃烧或金属材料熔化的现象，都属于典型的雷电热效应破坏作用，如果对之防护不当，就会造成灾害。

(2)雷电流的机械效应与冲击波效应

雷击直接破坏作用除了热效应外，还有机械效应和冲击波。在雷云对地放电时，这两种效应与热效应一样，均能对地面被击物体造成严重损害。但从危害的方式来看，两者有所不同，前者是产生电动力和内压力，后者是加热闪电通道周围饱含水分的气体，气体急剧膨胀而产生的冲击波。

① 机械效应

在发生雷电时，雷电的机械效应所产生的破坏作用主要表现为两种形式：一是雷电流流过金属物体时产生的电动力；二是电流注入树木或建筑物时在它们内部所产生的内压力。

② 冲击波效应

在雷云对地放电过程中的主放电阶段，放电通道中既有强烈的空气游离，又有强烈的异性电荷中和，通道中瞬时温度很高，这使得通道周围的空气急剧膨胀，以超声波速度向四周扩散，从而形成冲击波。同时，通道外围附近的冷空气被严重压缩，在冲击波波前到达的地方，空气的密度、气压和温度都会突然增大，产生剧烈振动，这种冲击波与爆炸时所产生的冲击波相类似，可以使其附近的建筑物、人、畜受到破坏或伤害。冲击波向外传播的速度远大于声速，但很快就会衰减，转化为声波，于是人们就能够听到雷鸣声。冲击波的强度与雷击时雷电流的大小有关，其破坏作用与波阵面气压和环境大气有关。

(3)雷电的静电感应与电磁感应

雷电的静电感应和电磁感应作用属于雷电二次效应的间接破坏作用。由静电感应和电磁感应所产生的暂态过电压比以上介绍的直接破坏作用危害范围更大，它能够损坏建筑物内耐过压能力较小的电气设备和电子系统，甚至造成人员伤亡。建筑物内电气电子设备的防雷，主要考虑雷电电磁脉冲的损害，因此在防雷系统设计中，一直受到关注。

①在建筑物顶部金属体的静电感应

当雷云在有金属顶的建筑物上空生成并向下发展形成下行先导时，由于雷云和先导通道中电荷的感应作用，在建筑物顶部的金属体上将出现极性相反的感应电荷，如果建筑物金属屋顶或顶部金属对地绝缘，则在静电感应所引起的高电压作用下，金属对其下方的某些接地物体将会造成火花放电，导致设备和人员的损坏和伤亡，还可能会引发火灾。如果顶部金属体的接地引下线在某个部位断开或接触电阻过大，则在这些部位就将出现高电压，造成局部火花放电，危及建筑物内设备与人员的安全。

显然，要减小雷电静电感应的危害程度，就必须设法减少建筑物顶部金属体上的感应电荷，这就需要金属体具有良好地接地，以尽可能快地将感应电荷泄放入地。

②在架空线路上的静电感应

在各种架空电线路上，同样会因雷云对地放电而产生静电感应电荷。这些感应电荷在主放电发生时，会形成浪涌过电压波，其波速接近于光速，感应过电压波向导线两侧传播，当它沿电线路进入建筑物内时，将会对建筑物内的弱电系统和电气设备造成损坏。这种沿电线路进入建筑物内的感应过电压波常称为雷电侵入波，它是一种典型的雷电暂态过电压，对弱电系统中的电子和微电子设备极具危害性。

③电磁感应

雷电流具有很大的幅值和波头上升陡度,能在所流过的路径周围产生很强的暂态脉冲磁场。根据电磁感应定律,这种快速变化的脉冲磁场交链导体回路时,能在回路中感应出电动势,产生过电压和过电流。

在现代建筑物内,通常布置和铺设着各种电源线、信号线和管道(如供水管、供热管和供气管等)。这些线路和管道常常会在建筑物内的不同空间构成导体回路或回环。当建筑物遭受雷击时,雷电流将沿建筑物防雷装置(钢筋或其他金属结构)中各分支导体流入大地。沿分支导体流动的雷电流将在建筑物内部空间产生暂态脉冲磁场,脉冲磁场交链不同空间位置上的导体回路就会在这些回路中感应出过电压和过电流,它们常会使得感应回路端接的电子设备受到损坏。

雷电流产生的暂态脉冲磁场不仅能在建筑物内的导体回路感应出过电压和过电流,而且也能在建筑物之间的通信线路回路中感应出过电压和过电流。近年来,随着信息处理技术的广泛应用,大量电子设备正普遍地进入各种建筑物内,建筑物之间的信息交换与传递也日趋增强,这就使得雷电脉冲磁场的危害性正变得越来越严重。

雷电流不仅能产生脉冲磁场,而且也能产生脉冲电场,并能以电磁波的形式直接辐射到电子设备中去,使电子设备受到干扰或被损坏。

(4)暂态电位升高

由直接雷击在建筑物防雷装置中各个部位上产生的暂态电位升高现象,对于建筑物内的设备和人员具有严重的危害性。暂态高电位能够产生很大的暂态电位差,造成对设备的间接雷击;它也能够产生过大的跨步电压和接触电压,对人身安全构成威胁。在防雷系统设计中,如何解决暂态电位升高一直是一个倍受重视的问题。

①电位升高与雷击反击

在建筑物遭受雷击时,雷电流流过防雷装置中各分支导体和接地体时,将会在分支导体的电感、电阻和接地电阻上产生压降,使防雷装置中各个部分的对地电位都有不同程度的升高。由于雷电流持续时间很短,这种电位升高现象所持续的时间也很短,所以称为暂态电位升高。

由暂态电位升高使防雷装置中的某些部位与周围金属体之间发生闪击的现象称为雷电反击。在发生反击后,被反击的金属体将带上高电位,它又可能继续对其周围的其他金属体反击,从而可能引发多个金属体之间的一系列连锁反击,导致严重的设备损坏和人员伤亡。在许多情况下,暂态高电位还可以从雷击处通过一定的渠道传递到较远的地方去,在那里再引起反击,损坏设备。

②跨步电压与接触电压

暂态电位升高不仅能对电子系统和电气设备造成危害,而且也能对人身安全构成威胁。在发生雷击时,雷电流流经接地体逐渐散入大地,并在周围土壤中产生不同的压降,使附近地面上不同点之间出现电位差。如果人站在这块具有不均匀电位分布的地面上,则在人的两脚之间就存在着一定的电压,如图 5-5 所示。

在工程上,常将人跨一步的步长取为 0.8 m,并把这一距离两端的电位差称为跨步电压。跨步电压的大小直接关系到地面上行走人员的安全,是防雷与接地系统设计中必须要考虑的一个重要安全指标。它与多种因素有关,如接地体深度、土壤结构、土壤电阻率、雷电流幅值与波头陡度等。在土壤电阻率小的地方,接地体周围的暂态电位分布曲线比较平滑,跨步电压较小;而在土壤电阻率大的地方,电位分布曲线则比较陡峭,跨步电压比较大。由图 5-5 还可以看到,越靠近雷击点或接地体的地方,跨步电压越大,当跨步电压超过允许值时,就会造成人员伤亡。

暂态电位升高不仅会通过跨步电压来威胁人身安全,而且还会通过人体在雷击瞬间正好接触防雷装置或与其相连的金属体而对人身构成伤害。如前所述,雷电流在防雷装置中传输会使其各个部位的暂态电位升高,并在接地体周围形成不均匀的电位分布。当人触摸与防雷装置相连的金属体时,从触摸的最高点到人站立点之间存在着一个暂态电位差,使人体承受电压,这一电位差称为接触电压,如图 5-5 所示。它可以达到几万伏甚至更高的数值,可能造成严重的触电事故。即使是接触那些不与防雷装置相连,但由防雷装置之间绝缘距离不够而受到雷电反击的金属体(如设备金属外壳和金属管道等),也可能会发生由接触电压所造成的触电事故。

5. 雷电参数

雷云对地的放电受到气象、地质和地形等许多自然条件的影响,带有很大的随机性,因此,描述雷云对

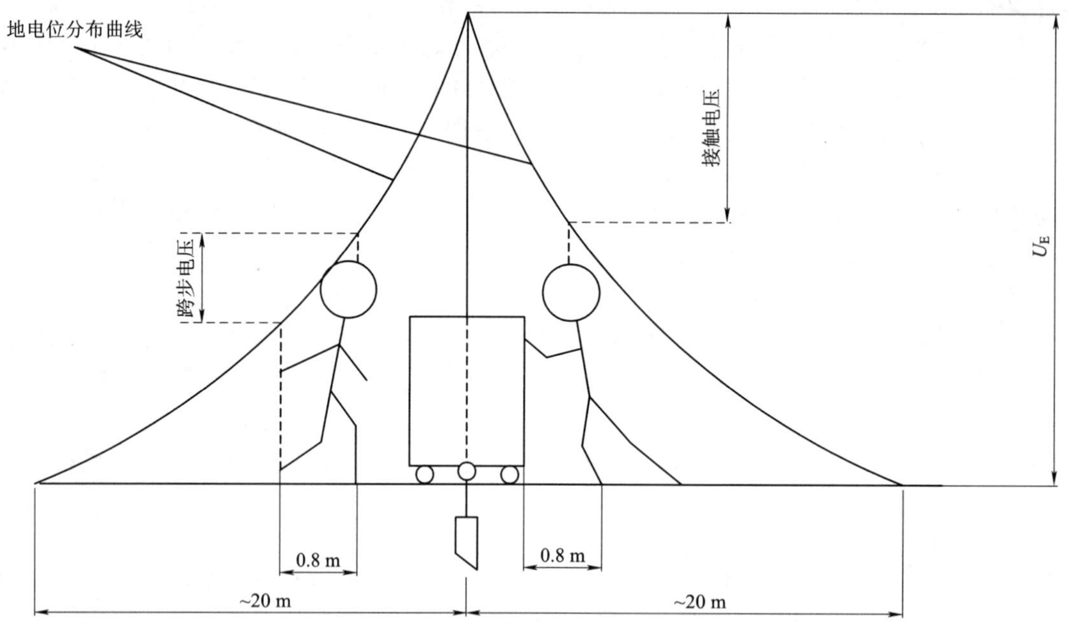

图 5-5 接触电压和跨步电压

地放电特性的各种参数都是必须通过长期的雷电观测，在统计处理大量观测结果的基础上才能得出，这些数据和经验公式在雷电防护设计中发挥着重要的作用。

(1)年平均雷暴日(T_d)

地面上不同地区雷电活动的频繁程度通常是以年平均雷电天数来度量的，称之为年平均雷暴日，其定义是：在指定地区内一年四季所有发生雷电放电的天数，以 T_d 表示。一天内只要听到一次或一次以上的雷声就算是一个雷电日。这里所说的雷声包括雷云对地放电发出的，也包括雷云之间放电发生的，由此可知，雷暴日不仅仅表征地面落雷的频繁程度。

根据《建筑物电子信息系统防雷技术规范》(GB 50343—2003)，我国把地区雷电活动的频繁程度划分为少雷区、多雷区、高雷区、强雷区。

① 少雷区：年平均雷暴日在 20 天及以下的地区。

② 多雷区：年平均雷暴日大于 20 天，不超过 40 天的地区。

③ 高雷区：年平均雷暴日大于 40 天，不超过 60 天的地区。

④ 强雷区：年平均雷暴日超过 60 天以上的地区。

据统计，我国雷电活动最频繁的地区是海南省和广东省的雷州半岛，其中海口的年平均雷暴日达到 113.8。西北地区的雷电相对较少，如新疆的乌鲁木齐的年平均雷暴日只有 9.3。

(2)雷击大地的年平均密度(N_g)

雷暴日的统计没有区分雷云之间放电和雷云对地放电，从大量的观察结果来看，雷云之间放电远远多于雷云对地放电。对建筑物防雷系统设计而言，更具有实际意义的是雷云对地放电的年平均次数，但是目前还缺乏这方面比较可靠的观察统计数据，只能采用经验公式来近似计算。雷击大地的年平均密度就是描述雷云对地放电的频繁程度，是指每平方公里年平均落雷次数。

$$N_g = 0.0024\ T_d^{1.3}$$

(3)建筑物等效面积(A_e)

由于雷电的选择性，一般建筑物都具有引雷效应，建筑物等效面积是评估建筑物受雷击概率的要素之一。建筑物等效面积 A_e 是指建筑物顶部实际几何平面向外扩大后的面积。其计算方法应符合下列规定：

①当建筑物的高度 H 小于 100 m 时，其每边的扩大宽度和等效面积应按下式计算：

$$D = \sqrt{H(200 - H)}$$

$$A_e = [LW + 2(L + W)D + \pi D^2] \times 10^{-6}$$

式中：D——建筑物每边的扩展宽度，m；

L、W、H——建筑物的长、宽、高，m。

②当建筑物高度 H 等于或大于 100 m 时，其每边的扩展宽度 D 应按建筑物的高度 H 来计算，其等值受雷面积应按下式来确定：

$$A_e = [LW + 2H(L+W) + \pi H^2] \times 10^{-6}$$

③当建筑物上各部位的高不同时，应沿建筑物周边逐点算出最大扩展宽度，其等效面积 A_e 应按每点最大扩展宽度外端的连线所包围的面积来计算。图 5－6 是建筑物的等效面积图。

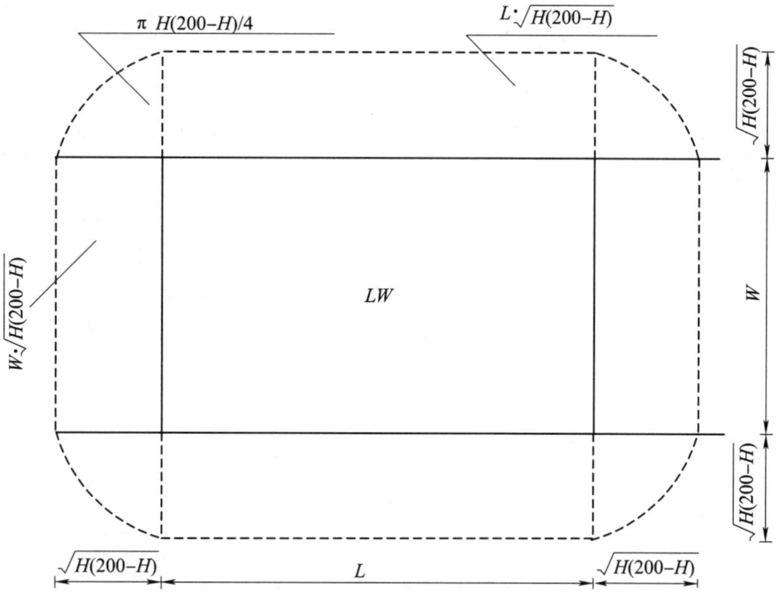

图 5－6　建筑物的等效面积

二、铁路信号设备雷电防护系统的重要性

铁路信号设备是保证列车运行安全，提高运输效率和改善铁路员工劳动条件的重要基础设施，随着铁路运输日趋繁忙，计算机等电子设备在铁路信号中得到了广泛的运用。

早期的信号设备多由机电产品构成，抗雷击能力较强，对防雷要求和标准不高，对雷电电磁脉冲的传统防护手段主要以各个设备分散设置防雷元器件、分散设置地线的方法。由于这种方式没有把信号设备的防雷元器件和建筑物的防雷作为一个整体系统来考虑防雷设计方案，加之信号设备主要设置在铁路沿线，设备分散，对于强电磁干扰尤其是直击雷缺乏有效的防护，导致信号设备工作期间特别容易受到不同地区的雷电气候的影响。

近年来，以 6502 电气集中为代表的继电联锁系统被效率更高、功能更强的计算机联锁系统逐步替代，加之列车运行调度指挥系统（TDCS）、调度集中系统（CTC）、列控中心设备（TCC）、微机监测等计算机类电子设备的大量上道运用，使铁路信号设备日趋电子化，同时，雷害给铁路运输带来的影响也越来越突出。随着国际防雷理论、防雷技术的发展和国内对信号防雷认识的不断深入，信号设备对雷电的防护逐步得到重视，尤其是铁路大面积提速和高速客运专线、城际铁路的大规模建设，对信号设备的可靠运行提出了更高的要求，提高信号设备防雷标准，完善雷电防护系统的设计，采用先进的以车站信号设备建筑物为中心的雷电信号综合防护体系已是大势所趋。

第二节　车站信号设备防雷基本原理及构成

随着国际防雷技术的不断提高，近年来铁路车站信号防雷系统得到了长足发展，把信号设备防雷和建筑物防雷有机地结合起来的综合防雷思想体系已基本形成。

一、铁路信号设备防雷基本原理

基于第一节对雷电防护基本概念的认知，不难看出铁路信号设备的雷电防护基本原理是合理有效地疏导雷电对设备建筑物的能量；改善设备房屋电磁兼容环境条件；分区、分级设置防雷措施；采取良好接地措施并实现区域等电位接地，从而减少雷电对信号设备的危害。

1. 改善电磁兼容环境条件

为了降低雷电电磁干扰，信号综合防雷系统应用了法拉第笼的电磁屏蔽原理，事实上信号综合防雷系统已经为信号设备提供了三层法拉第笼电磁屏蔽网：第一层屏蔽网由防直击雷的屋顶避雷带、避雷网、引下线和共用接地系统构成；第二层由电子设备机房墙面、天花板、地面设置的屏蔽网或屏蔽板组成；第三层由设备的金属机柜构成。由此三层屏蔽网有效改善了信号设备电磁兼容的环境条件，同时进一步合理优化设备之间的布线，并在室内设置了系统的等电位汇集线，为系统设备的接地提供了便利条件。

2. 分区、分级设置防雷单元

车站信号设备综合防雷系统根据信号设备所处的防雷区 LPZ(Lightning Protection Zones——需要规定和控制雷击、电磁环境的区域)和位置以及抗过电压、过电流的能力，采取多种防雷措施，分区、分级设置防雷单元，使信号设备对雷电有系统防护能力。图 5－7 是建筑物雷电防护区(LPZ)划分。

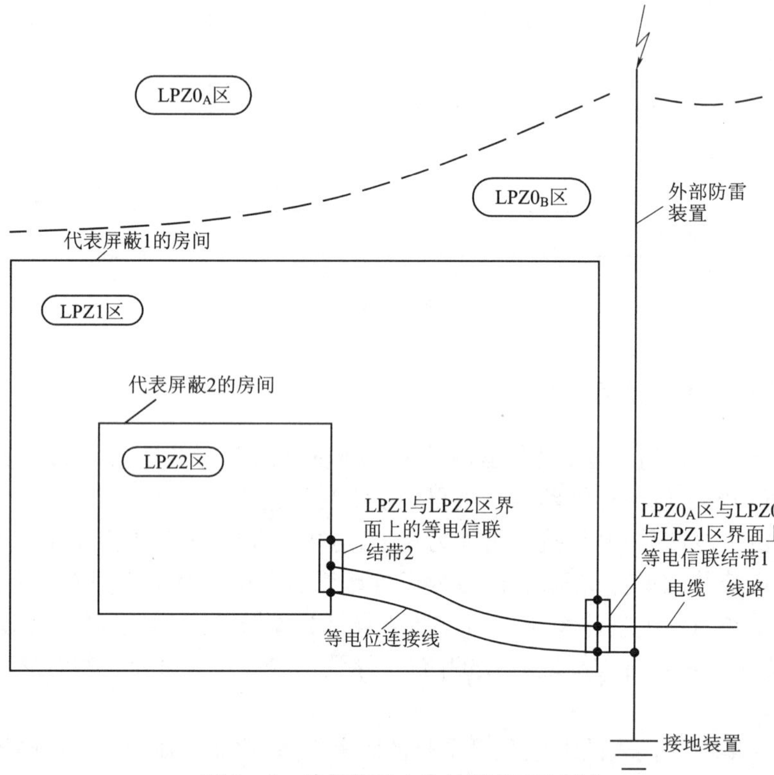

图 5－7 建筑物雷电防护区(LPZ)划分

分区是将需要保护的空间划分为不同的防雷区，以规定各部分空间不同的雷击电磁脉冲的严重程度和指明各区交界处的等电位连接点的位置。各区以在其交界处的电磁环境有明显改变作为划分不同防雷区的特征。通常，防雷区的序号越大，其中的电磁场强度也就越小。

分级是根据各区雷电的冲击负荷及设备抗过电压、过电流的能力设置相应的防雷保护装置。各区所设置的不同级别的防雷保护装置组成系统多级防雷。

信号设备防雷区 LPZ 的划分如下：

(1) LPZ0 区域。该区域为室外区域，根据是否处在避雷带、网(或避雷针)等直击雷防护系统的保护范围，又可进一步分为 $LPZ0_A$ 和 $LPZ0_B$。

处于避雷带、网(或避雷针)等直击雷防护系统保护范围之外的为 $LPZ0_A$，本区内的各物体都可能遭到直接雷击和导走全部雷电流；本区内的电磁场强度没有衰减。

处于避雷带、网(或避雷针)等直击雷防护系统保护范围之内的为 $LPZ0_B$，本区内的各物体不可能遭到大于所选滚球半径对应的雷电流直接雷击，但本区内电磁场强度没有衰减。非电气化铁路区段的信号室外设备基本都处在 $LPZ0_A$ 区域内，电气化铁路区段的信号室外设备大部分都在电力牵引线的保护范围内，处在 $LPZ0_B$ 区域内，但个别室外设备也可能在电力牵引线的保护范围之外，处在 $LPZ0_A$ 区域。

(2)LPZ1 区域。该区域为信号设备建筑物内的区域。本区内的物体不可能遭到直接雷击，流经各导体的电流比在 $LPZ0_B$ 区更小；本区内的电磁场强度可能衰减，这取决于屏蔽措施。信号机械室内的所有信号设备都处在 LPZ1 区域内。

(3)$LPZn+1(n=1,2,\cdots\cdots)$后续防雷区。当需要减少流入的电流和电磁强度时，应增设后续防雷区，并按照需要保护的对象所要求的环境区选择后续防雷区的要求条件。该区域为计算机电子设备机房内区域。由于微电子设备采用集成电路器件，对雷电浪涌抗干扰能力很差，要求进一步减小传导电流或电磁场，故应引入若干后续防雷区，设置更完善的微机室法拉第笼屏蔽。信号电子设备机房的设备都应处于 LPZ2 及其以后的防雷区。

3. 采取良好接地措施

接地是防雷系统的关键之一，传统的信号系统接地都是分散实施，工作地线、安全地线、屏蔽地线、防雷地线、计算机系统的逻辑地线等等，分别要在信号建筑物周围有限的地域内实施，还要保持一定的间距，实际上是很难做到并满足接地要求的。综合防雷系统尽量利用了建筑物基础这个具有良好接地效果的自然接地体，并配置比原来独立接地体规模更大的环形接地体，形成一个对雷电流泄放通畅，地电位抬升有限的地网，大大提高了信号防雷系统的接地效果。

4. 整合传统的防雷设备

传统的信号防雷都是以单项个体为防雷单位，防雷柜、分线柜、电源防雷箱等都是分开设置，各设备之间连线多而长，影响美观又增加了故障点，无法达到满意的防雷效果。采用综合防雷方案后，将防雷柜和分线柜合二为一，形成防雷分线柜。将信号配电、电源防雷和信号微机监测中电源的采集整合成信号防雷型配电盘，大大缩短了各设备间的连线，提高了防雷系统的整体效果。

二、铁路信号综合防雷系统的构成

铁路信号综合防雷系统由设备建筑物外部防雷措施、内部防雷措施构成(如图 5－8 所示)。其中外部防雷设施由接闪器(避雷带、网)、引下线、共用接地系统等组成；内部防雷设施由室外电缆进户屏蔽、信号电子设备机房法拉第笼、布线、室内等电位连接、共用接地系统、安装防雷单元等组成。

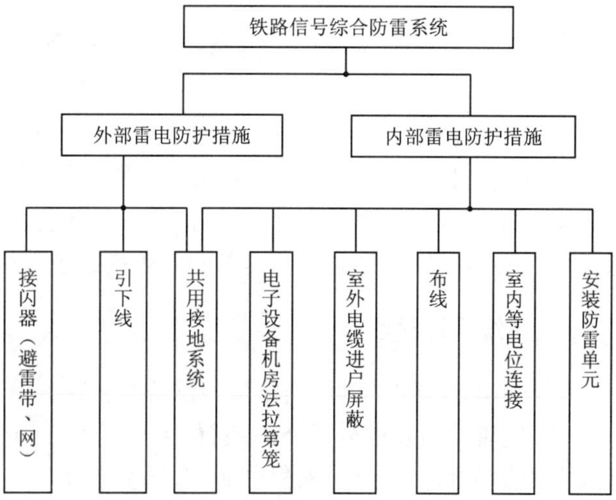

图 5－8　铁路信号综合防雷系统构成图

1. 外部雷电防护措施

外部雷电防护措施是指为抵御直击雷所设置的装置，包含接闪器、引下线、接地体。

由建筑物顶部的避雷带、避雷网，建筑物至少四角的引下线以及由建筑物基础和围绕其周围的环形接地装置构成的共用接地系统共同组成信号设备建筑物外部雷电防护系统，同时也是一个具有初级电磁屏蔽功能的法拉第笼屏蔽网。

2. 内部雷电防护措施

内部雷电防护措施是指为防护雷电流产生的电磁伤害效应所设置的装置，包括电子设备机房法拉第笼、室外电缆进户屏蔽、合理布线、等电位连接、共用接地系统和安装防雷单元。

对敏感脆弱的微电子设备集中的计算机室，采用镀锌铁板或圆钢网格建立一个法拉第笼，作为内层进一步的电磁屏蔽。

引入室内的电缆,在进户入口处进行屏蔽层接地处理。

在室内将安全保护地线、电源防雷地线、分线盘防雷地线、电缆屏蔽地线、电子设备机房屏蔽地线分别引出接到环形接地装置上。接地汇集线是共用接地系统向建筑物内部的延伸,所有功能性接地汇集线都与环形接地装置连接,实现共地不共线。为减少接地汇集线的相互影响,接地汇集线间的距离必须满足规定的最小值,同时,接地汇集线不能与任何导线成环,即平时只有电压,不准有电流。

根据雷电瞬间电位升高的侵袭通道,按照分区分级的原则,分别在分界面处,多级设置各种防雷单元形成瞬态等电位系统,具体为:

(1)在电力电源引入信号电源室的前端(信号楼配电间),设置Ⅰ级电源防雷设备(横向、纵向全模防护);

(2)在电源室内的配电盘处,加装Ⅱ级电源防雷箱(横向、纵向全模防护);

(3)在 TDCS、CTC、微机监测等系统设备 UPS 电源前端加装Ⅲ级电源防雷;

(4)在信号机械室室外电缆引入处,集中设置防雷分线柜;

(5)在电子设备机房内各电子系统设备内,加装通道防雷单元。

3. 室外设备防雷及接地

室外包含信号设备的箱、盒、柜等金属壳体应具有良好的电气贯通和电磁屏蔽性能,壳体内设置专用的接地端子。室外信号设备的金属壳体必须接地,进出箱、盒的电源线、信号线应采用屏蔽电缆。如果为非屏蔽电缆,必须穿钢管埋地敷设,屏蔽电缆的金属屏蔽层或钢管应接地。

在电子设备集中或开阔的区域,如驼峰编组场或大型车站的咽喉区,为避免直击雷的损害,可在距设备或建筑物 30 m 以外的地点安装避雷针,避雷针的地线单独设置。

如沿线敷设有贯通地线,室外信号设备根据各自要求可就近与贯通地线等电位连接。

第三节 铁路信号设备雷电综合防护系统工程设计

车站信号设备遭受雷电的影响是多方面的,既有直接雷击,又有从电源电缆、信号电缆、通信线路等侵入的雷电电磁脉冲,还有在建筑物附近落雷形成的电磁场感应,以及接闪器接闪后由接地装置引起的地电位反击。在进行防雷系统设计时,不但要考虑防直接雷击,还要防雷电电磁脉冲、雷电电磁感应和地电位反击,因此,必须采用外部防雷和内部防雷等措施进行综合防护,才能达到预期的效果。

一、系统设计思想

针对雷电损害的特点,铁路信号设备综合防雷系统应按照如下思路进行设计:

(1)完善建筑物的外部防护装置,包括避雷带、避雷网、引下线及共用接地网,保证信号设备建筑物顶部及其上面的金属物不至于累积电荷,这样雷电就不容易直接击在信号建筑物,即使信号建筑物在遭受雷电直接击中时,也可以安全地接闪、引下及泄放雷电流。

(2)由建筑物的避雷带、避雷网、引下线及共用接地网构成一个简单的法拉第笼结构,对信号设备形成初级屏蔽,初步改善信号设备的电磁兼容环境条件。

(3)电子设备机房的墙、顶及地面设置结构更紧密的法拉第笼屏蔽网,并将屏蔽网与共用地网连接,将屏蔽网上由于电磁感应产生的雷电流消耗和直接泄放入地,进一步改善电子设备机房的电磁兼容环境。

(4)在信号设备房屋建筑物周围设置环形接地装置,与建筑物地基构成的自然接地体、贯通地线或综合地线连接,组成共用接地网,接地电阻达到 1 Ω 以下,保证防雷系统泄流通畅。

(5)在环形接地装置上分别独立设置电源引入处的接地汇集线、防雷分线柜防雷接地汇集线、防雷分线柜屏蔽接地汇集线、安全接地汇集线、电子机房屏蔽接地汇集线的引出点,并保证它们相互之间及雷电流引下线接入点的距离要求,避免了各设备之间的相互干扰、反击。

(6)将进出信号设备房屋的所有不带电的自来水管、暖气管道等金属物体都与外部环形接地装置做等电位连接,从而将沿上述金属物体侵入的雷电流和瞬态过电压直接泄入大地。

(7)在电源引入处和防雷分线柜(即 LPZ0 区和 LPZ1 区交界处),集中设置电源和信号防雷单元,并设置直接与共用接地装置相连接的接地汇集线,将沿外线路侵入的瞬态过电压泄入大地。

(8)将电源电缆的铠装层、信号电缆的屏蔽层在电源室(电源引入处)和防雷分线柜处直接与相应的接地汇集线相连,这些接地汇集线是从环形接地体引来的,从而将沿上述金属层侵入的雷电流和瞬态过电压直接泄入大地。

(9)在电源线 LPZ1 区、LPZ2 区、后续防雷分区界面处和电子设备信号端口处,设置第二、三级防雷单元,分流残余电流和钳位各端口瞬态过电压,从而实现分区、分级、分设备的系统综合防雷。

二、工程设计主要内容

(1)信号设备房屋建筑物外部设置防直击雷装置,主要包括:建筑物的接闪装置(避雷网、避雷带)、建筑物的引下线、建筑物的共用接地装置。

(2)电子设备机房屏蔽。

(3)接地汇集线及等电位连接。主要有:接地汇集线、等电位连接。

(4)电源防雷单元。主要有:信号交流电源馈线引入处防雷箱、信号电源屏电源引入处防雷箱、UPS 电源等微电子设备前端防雷单元。

(5)防雷分线柜防雷单元。主要有:轨道电路防雷单元、信号机点灯电路防雷单元、灯丝报警电路防雷单元、站(场)间联系电路防雷单元、自动闭塞或半自动闭塞外线路防雷单元、各类传感器或踏板或有源应答器外线防雷单元。

(6)计算机设备(主要指计算机联锁系统、TDCS、CTC、微机监测设备)信号端口防雷单元、数据信号端口防雷单元、视频信号端口防雷单元、网络信号端口防雷单元。

(7)采用通信通道的应该考虑雷电防护;计算机设备终端室与设备机房之间的通道两端考虑防护;TDCS/CTC、微机监测的通道入口设置防雷单元;计算机联锁设备视频输出优先考虑安装光隔离器,如果未安装光隔离器,应考虑雷电防护。

三、工程实施

铁路信号设备综合防雷系统是一个有机的系统工程,对直击雷、瞬态过电压防护以及电磁兼容环境改善的设计,应坚持“以防为主、安全第一”的原则,凡是影响信号设备的雷电侵入通道和途径,都必须预先考虑采取相应的防护措施,将雷电高电压、大电流堵截或泄放在信号设备之外,不允许雷电电磁脉冲进入设备,即使漏过来的很小一部分,也要采取有效的分级防护措施,将其疏导入大地,同时充分结合建筑物的土建工程实施,达到科学、合理、经济的效果。

1. 建筑物避雷带、避雷网、引下线

由于避雷针具有主动引雷的作用,如果信号设备建筑物屋顶设置防雷针,会增加建筑物遭受雷击的概率,因此,含电子设备的信号设备建筑物屋顶不允许设置避雷针。而避雷带、避雷网属于被动防雷装置,当雷电击中建筑物时,雷云会首先对避雷带、避雷网进行放电,从而不对建筑物本身的构件放电,这样既能保护建筑物本身不直接被雷击,同时又降低了雷电电磁脉冲感应产生的概率,与避雷针相比较,避雷带和避雷网在建筑物顶上的覆盖面积要大得多,而且避雷带、避雷网、引下线和共用接地装置共同构成了建筑物的大空间屏蔽网,对电磁感应具有很好的防护作用,所以信号设备建筑物的雷电接闪器一般都采用设置避雷带、避雷网的方式。

(1)避雷带设计

避雷带敷设在建筑物的屋脊、屋檐(有坡面屋顶)、屋顶边缘的女儿墙或平屋面上,避雷带应尽可能设置成闭合状态,如果屋顶有其他凸起的金属构筑物或管道,均应与避雷网、带电气连接,如图 5－9、图 5－10 所示。避雷带应保持与大地良好的电气连接,当雷云的下行先导向建筑物上的这些易受雷击部位发展时,避雷带率先接闪,承受直接雷击,将强大的雷电流引入大地,从而使建筑物得到保护。

避雷带的材质采用热镀锌圆钢或扁钢,由于圆钢较扁钢容易施工,一般都采用圆钢。用于构成避雷带

的圆钢直径应不小于 8 mm；扁钢的截面积应不小于 48 mm²，且厚度不小于 4 mm。为了能尽量对那些不易受到雷击的部位也提供一定的保护，避雷带一般要高出墙体或屋面 0. 15 m，并用热镀锌圆钢均匀设置避雷带支撑柱，支撑柱的间距不大于 1 m，如图 5－9、图 5－10 所示。

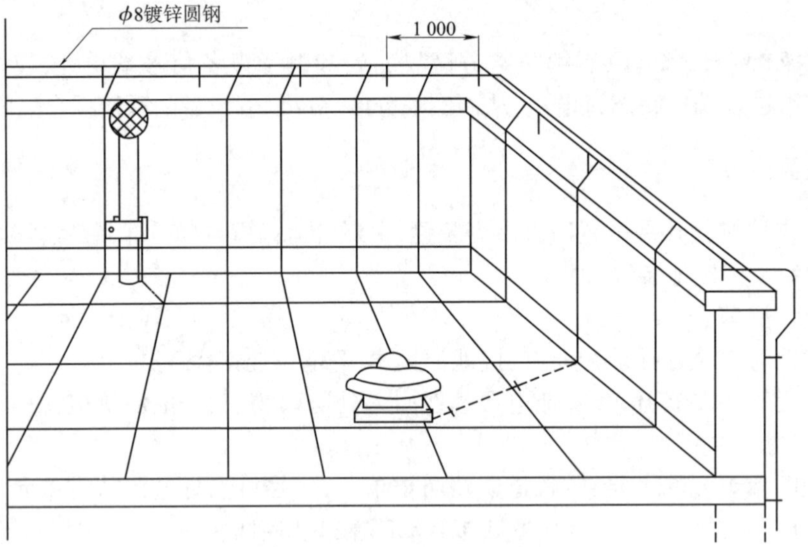

图 5－9　平面屋顶避雷网、避雷带示意图

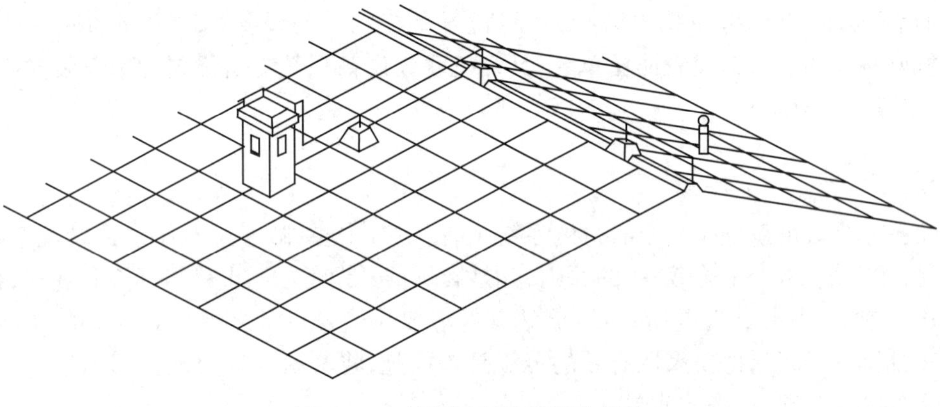

图 5－10　坡面屋顶避雷带示意图

（2）避雷网设计

避雷网实际上相当于纵横交错的避雷带叠加在一起，在信号设备建筑物上设置避雷网可以实施对建筑物的全面防雷保护。避雷网主要用于平顶建筑物的雷电防护。

避雷网的设置方式有明装和暗装两种形式，明装方式是将避雷网直接敷设在建筑物的顶面的隔热层之上，并距隔热层 0. 15 m。暗装方式是利用建筑物混凝土顶面里的钢筋来构成避雷网，尽管暗装方式能节省投资，同时又能保持建筑物的美观，但是，由于避雷网的主要功能是雷电防护系统防护直接雷击时作为接闪器用，当暗装避雷网在承受雷击后，雷击点处的屋面表层有被击出小洞并会有一些碎片脱落，使得这一小块的防水和保温层有受到破坏的可能。因此，信号设备建筑物顶避雷网的设置建议采用明装的方式，如果屋顶隔热层是架空方式时，可以考虑把避雷网设在房顶隔热层下面。

信号设备建筑物的避雷网由不大于 3 m × 3 m 的方形网格构成，每隔 3 m 与避雷带焊接连通。网格由 40 mm × 4 mm 的热镀锌扁钢交叉焊接构成。热镀锌钢材的镀层厚度应在 20 ~ 60 μm。图 5－11 是平顶避雷带（网）、引下线、接地装置布置图。

对于坡度大于 1/10 的坡面屋顶信号建筑物，由于屋脊设有避雷带，屋面及屋檐都处在屋脊避雷带的保护范围，因此，这类坡顶屋面可以不设避雷网。

(3)引下线设计

引下线是避雷带与接地装置的连接线，其主要作用是将避雷网、避雷带接受的雷电流引入接地网。由于在钢框架或钢筋混凝土建筑结构中的电流具有优先流向外层导体的特性，因此引下线尽可能设在建筑物周边的棱角处，引下线上端与屋面避雷带焊接连通，下端与环行地网连接。由于最简单的信号设备机房建筑物最少有四个棱角，所以一栋信号机房建筑物的引下线根数不少于4处。

① 既有信号机房建筑物的改造或新建非钢筋混凝土框架结构建筑物引下线

引下线采用40 mm×4 mm热镀锌扁钢，沿建筑物的四周棱角或外墙敷设，引下线距外墙面间隔不小于15 mm，并均匀设置固定卡具。在地面上方引下线设置绝缘管防护，绝缘管长度不小于2 m，避免当雷击发生时雷电流通过引下线泄放入地时，人员接触引下线造成电击伤害。绝缘管下端距地面0.02～0.03 m，便于绝缘护管内不会积水。窗、门边1 m内及运转室外墙边1 m内不宜设置引下线，当间距不足时应加绝缘管防护。

②新建钢筋混凝土框架结构信号建筑物引下线

对于新建钢筋混凝土框架结构信号建筑物，在混凝土框架内应选用不小于ϕ12 mm的圆钢为主筋(加强钢筋，不具备条件时选用多根小于ϕ12 mm的圆钢并联使用，电气效果等同于不小于ϕ12 mm的圆钢)，主筋间用相同规格的圆钢相互焊接成不大于5 m×5 m的网格，并保证电气连接的连续性。主筋上端必须与避雷带焊接，下端必须就近与基础接地网焊接。

③引下线的走线方式

在雷电发生时，雷电流流过引下线时会产生电动力，当引下线弯曲时，根据安培定律，凡含有拐弯部分的载流导体或金属构件，其拐弯部分都将受到电动力的作用，拐弯处的夹角越小，受到的电动力就越大，当这种电动力足够大时，就可能会使导体或构件受到破坏，所以当拐弯夹角为锐角时，所受到的电动力相对较大；而当拐弯处夹角为钝角时，所受到的电动力相对较小。如图5－12所示。

同时，我们知道，金属线路具有电阻和电感。当线路是直线时，线路的电感量较小，而当线路有弯曲时，线路增长，电感量增加。此段产生的阻抗为：

$$Z_L = 2\times\pi\times f\times H_L$$

式中：f——电流工作频率；

H_L——线路的电感量，

$$H_L = (k\times O\times S\times n^2)/L$$

O——真空磁导率，$O = 4\pi\times 10^{-7}$；

n——线圈的圈数；

S——线圈的截面积，m^2；

L——线圈的长度，m；

k——系数，取决于线圈的半径(R)与长度(L)的比值。

在单位长度内，线路的电压为$E = i\times R + i\times Z_L$，线路越弯曲，线路越长，电压越高。当$n = 0(R = 0)$时，增加的$L = 0(k = 0)$；当$n\neq 0(R\neq 0)$时，$L > 0(k\neq 0)$；引下线拐弯处的夹角越小，增加的电感量越大，产生的电压越大，相当于在此处加了一个线圈。

因此，避雷引下线的走线方式应尽可能走直线路径，在必须拐弯的情况下，弯曲角度应大于90°，采取钝角并带圆弧向下走线，而应避免采用锐角或绕直角向下走线。如图5－13所示。

避雷网、避雷带、引下线和接地网组成了一个立体的金属网，将整个建筑物罩住，这种笼式避雷网可以全方位地接闪、保护被罩住的建筑物。它既可以防建筑物顶部遭受雷击，又可以防建筑物侧面遭雷击。另外，笼式避雷网还可以看做是一个法拉第笼，它同时具有屏蔽和均衡暂态对地悬浮电压两种功能。一方面，笼式避雷网能够对雷电流产生的暂态脉冲电磁场起屏蔽作用，使进入建筑物内部的电磁干扰受到削弱；另一方面，笼式避雷网也能够对雷击时产生的暂态电位升高起到电位均衡作用，将笼网各部位的暂态对地悬浮电位均衡到大致相等的水平。当然，笼式避雷网的这些防护雷电损害作用的效果与笼体的大小及其网格尺寸有关，笼体越小且其网格尺寸越小，则其防雷效果就越好。按照《建筑物防雷设计规范》(GB 50057—94)

的规定:第一类防雷建筑物防直击雷的避雷网的网格尺寸不应大于5 m×5 m 或6 m×4 m,根据铁运〔2006〕26 号文的要求,信号设备建筑物的防直击雷的避雷网按网格尺寸不应大于3 m×3 m 的标准设计,这对信号设备的雷电防护和电磁兼容都有很好的作用。

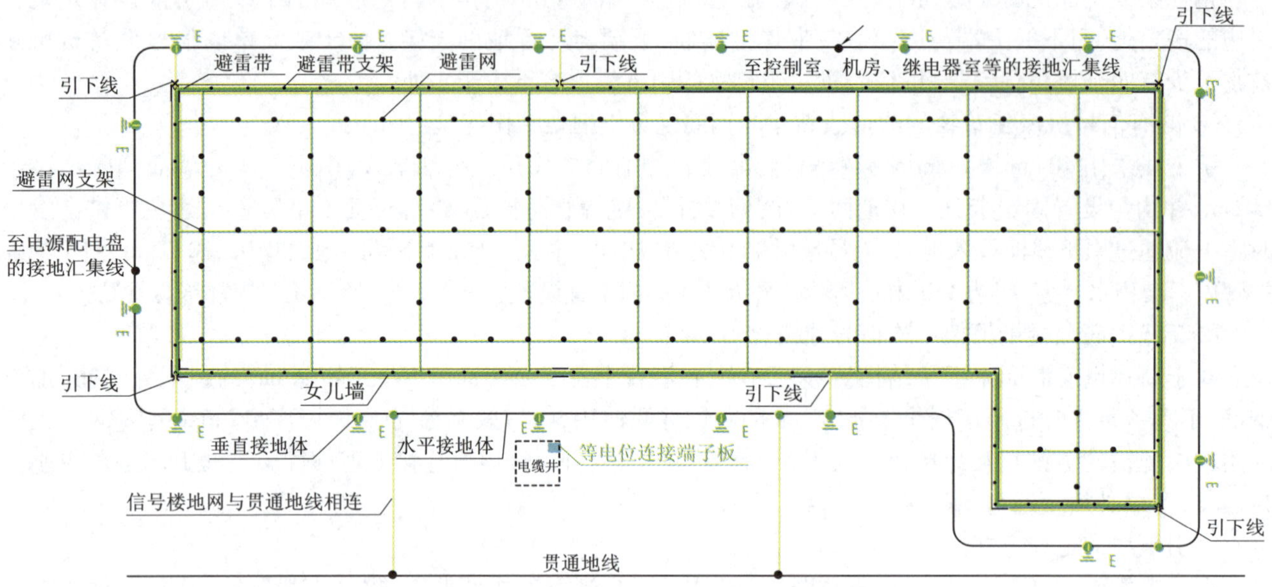

图 5－11 平顶避雷带(网)、引下线、接地装置布置图

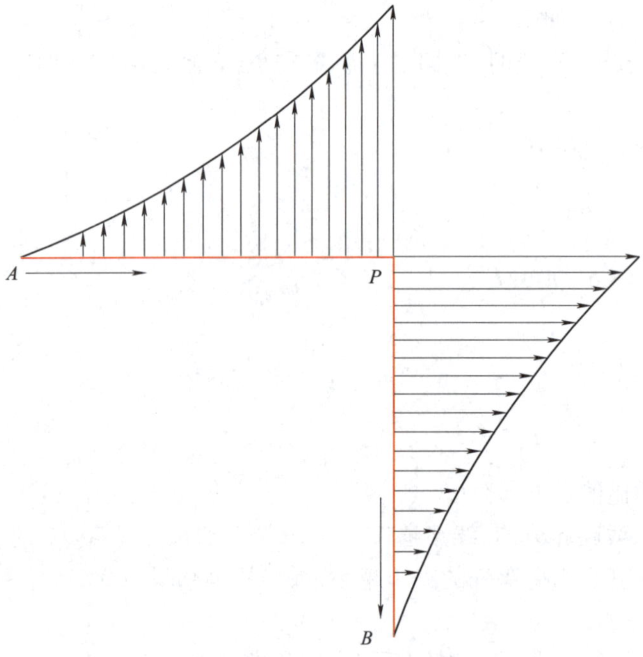

图 5－12 载有雷电流的弯曲导体受力示意图

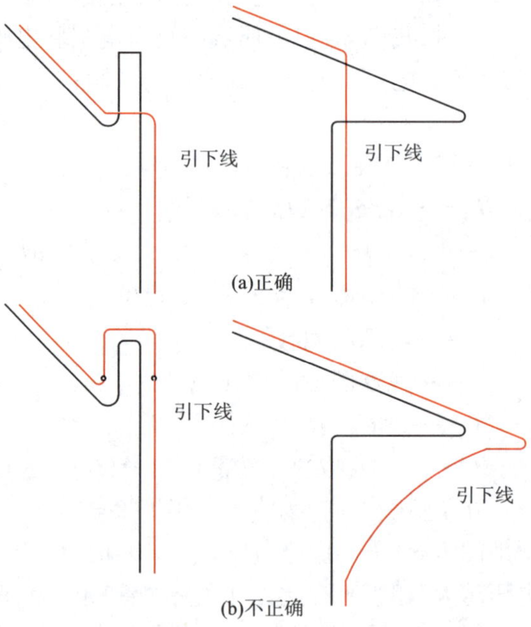

图 5－13 引下线的走线方式

2. 共用接地系统设计

防雷离不开接地,接地体是建筑物防雷装置中的重要环节,无论是对直接雷击的防护,还是对雷电感应的防护,最终都需要通过接地体将雷电流传导泄散到大地中去。从整体上讲,没有完善的接地系统,就不会有防雷装置的可靠防护,接地系统的性能将直接决定着各种防雷措施的效果。

铁路信号室内设备的防雷接地装置采用在信号设备建筑物周围设置共用接地系统的方案,以满足信号室内设备的安全地线、屏蔽地线、防雷地线等接地要求。这些地线包括:信号设备的机架(柜)、控制台等应设置的安全地线,交流电力牵引区段的电缆金属护套应设置的屏蔽地线,浪涌保护器应设置的防雷地线,电子设备机房的防静电地板应设置的防静电地线，电子设备机房电磁屏蔽网的接地线，特殊微电子设备需要设置的逻辑地线，上述地线均由共用接地系统引出。

建筑物的钢筋混凝土基础，在其干燥时，是不良导体，电阻率较大，但当其具有一定的湿度时，就成了较好的导电物质，可达到100～200Ω·m。潮湿的混凝土导电性能较好，是因为混凝土中的硅酸盐与水形成导电性的盐基性溶液。混凝土在施工过程中加入了较多的水分，形成后结构中密布着很多大大小小的毛细孔洞，因此就有了一些水分储存。当埋入地下后，地下的潮气，又可以通过毛细管作用吸入混凝土中，保持一定湿度。测试结果显示，混凝土的含水量约在3.5%及以上时，其电阻率就趋于稳定；当含水量小于3.5%时，电阻率随水分的减少而增大。如图5－14所示。

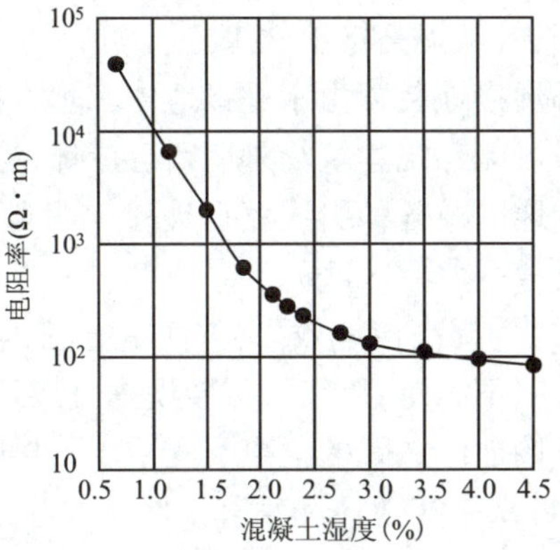

图5－14 混凝土基础电阻率随湿度的变化

根据我国的实际情况，土壤一般可保持有20%左右的湿度，即使在最不利的情况下，也有5%～6%的湿度，因此，对于新建信号设备建筑物应充分利用其基础中的钢筋网作为自然接地体，再在建筑物四周设置环形接地装置，从而构成共用接地系统。如图5－15所示。

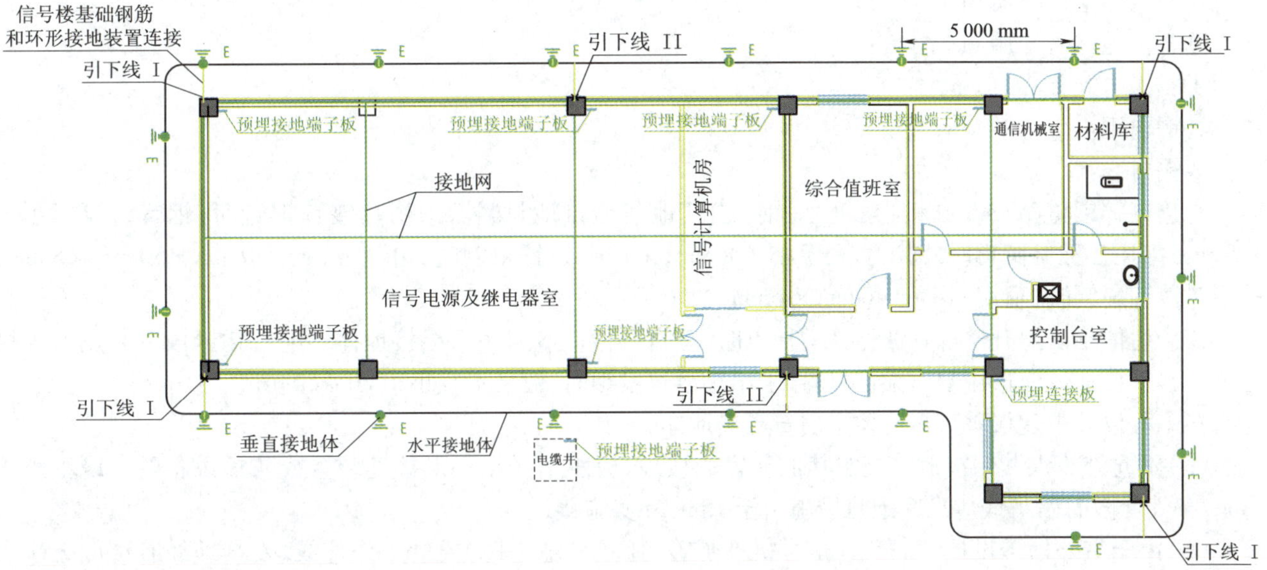

图5－15 建筑物共用接地系统

(1)新建信号建筑物的共用接地系统

由建筑物混凝土基础中的基础接地网和建筑物四周敷设的环形接地装置构成。钢筋混凝土结构的建筑物可以利用钢筋混凝土基础桩、地梁及地面钢筋网构成自然基础接地网，基础接地网内的钢筋必须焊接，基础地面钢筋网网格由直径不小于8 mm的圆钢构成，网格宽度不大于3 m×3 m。基础地网与房建工程一并实施，并在规定的地基位置预留地线引接端子板，供其他设备的接地需要。如图5－16所示。

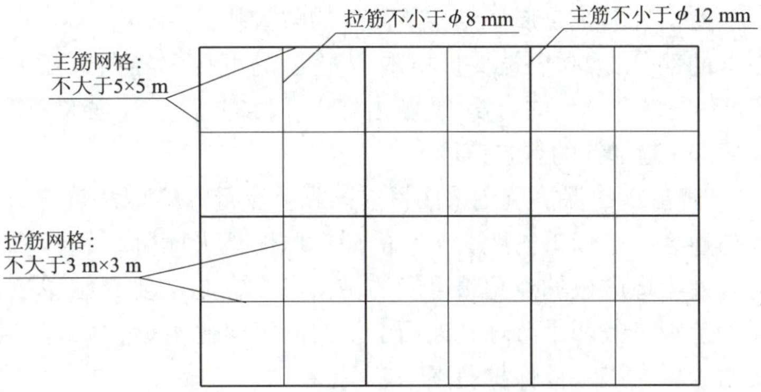

图5－16 建筑物地面基础地网示意图

新建信号建筑物的环形接地装置必须与建筑物四周的主筋焊接，并应在地下每隔5～10 m就近与建筑物基础接地网钢筋焊接一次。

(2)既有信号建筑物应在建筑物四周敷设环形接地装置

当既有信号房屋为混凝土基础时，在房建单位允许配合下，尽可能将环形接地装置与混凝土基础的结构钢筋连接，提高接地效果。

环形接地装置由水平接地体和垂直接地体组成，垂直接地体必须与水平接地体可靠焊接，环形接地装置应尽可能环绕建筑物外墙闭合成环，受条件限制时也可不闭环敷设，但应尽可能沿建筑物周围设置，以便与基础地网及各种引线就近连接。为避免跨步电压对人员的伤害，水平接地体距建筑物外墙间距不小于1 m，埋深不小于0.7 m。

(3)为提高接地效果，方便雷电流尽快泄入大地，在水平接地体与引下线连接处均应安装垂直接地体，接地电阻不满足要求时，可增设垂直接地体。为避免接地体散流的相互屏蔽作用，水平接地体上设置的多个垂直接地体之间的距离不宜小于其长度的2倍，并均匀布置。

(4)水平接地体和垂直接地体的选材

水平接地体采用如下材料：

①40 mm×4mm 热镀锌扁钢；

②镀层厚度大于250 μm、直径大于14 mm的镀铜圆钢；

③截面积不小于50 mm^2 铜带或缠绕的电线；

④与贯通地线材质相同。

垂直接地体可采用如下材料：

①石墨电极。

②铜包钢。

③铜材。

④热镀锌钢材(钢管、圆钢、角钢、扁钢)或其他新型接地材料。采用热镀锌钢管时，钢管壁厚不小于3.5 mm；采用热镀锌圆钢时，圆钢直径不小于8 mm；采用热镀锌角钢时，角钢不小于50 mm×50 mm×5 mm；采用热镀锌扁钢时，扁钢不小于40 mm×4 mm。

⑤接地体难以避开土壤腐蚀性强的地点时，垂直接地体应采用石墨接地体。电气化区段宜采用石墨接地体。水平接地体应选用耐腐蚀性材料，采用热镀锌扁钢时，镀层不宜小于20~60 μm。

在工程设计中建议垂直接地体采用石墨接地体。

(5)不允许接入共用接地系统的其他装置的接地，应距信号楼环形接地装置或防护设备的边缘不小于15 m，条件受限时引下线应采取绝缘措施引至15 m外实施接地。

(6)由于室外信号设备(如箱盒、信号机梯子等)比较分散，其需要的工作地线、安全地线有可能无法引至共用接地系统，可就近设置接地装置。

3. 避雷针设计

避雷针系统是属于结构最简单的防雷装置，由接闪器、引下线和接地体组成，其针状接闪器是直接承受雷电的部分，须高出被保护物体，当雷云的下行先导向地面上被保护物体发展时，处在高处的避雷针(接闪器)率先将先导引向自身，使雷击发生在接闪器上，让强大的雷电流经引下线和接地体泄入大地。

(1)避雷针的保护范围

避雷针的保护范围采用目前国际上流行的滚球法确定。滚球法是将雷击地面或地面物体的过程等值地描述为一个以雷击距为半径的假想球体从天而降，沿着随机路径接近地面或地面上物体，球体最先触及的且处于地电位的点是最可能的雷击点。在此主要介绍单支避雷针保护范围的计算。两支避雷针之间的保护范围是按两个滚球在地面上从两侧滚向避雷针，并与其接触后两球体的相交线而得出的。如图5-17所示为单支避雷针保护范围示意图。

①避雷针高度 h 不大于滚球半径 h_r

a. 在距离地面高 h_r 处做一条平行与地面的平行线。

b. 以避雷针针尖为圆心，以 h_r 为半径画圆弧，该圆弧交平行线于 A、B 两点。

c. 分别以 A、B 两点为圆心，以 h_r 为半径画圆弧，这两条圆弧上与避雷针针尖相交，下与地面相切，再将圆弧与地面所围面以避雷针为轴旋转 180°，所得的圆弧曲线曲面圆锥体即为避雷针的保护范围。

d. 避雷针在高度 h_x 的平面 XX 上的保护半径 r_x 可确定为：

$$r_x = \sqrt{h(2h_r - h)} - \sqrt{h_x(2h_r - h_x)}$$

避雷针在地面上的保护半径 r_o 可确定为：

$$r_o = \sqrt{h(2h_r - h)}$$

以上两式中，各量的单位均为 m。

②避雷针高度 h 大于滚球半径 h_r

在避雷针上截取高度为 h_r 的一点代替避雷针针尖为圆心，其余的做图步骤同 $h \leq h_r$ 的情况。据此可确定 $h > h_r$ 情况下的保护范围。由做图步骤可知，当 $h > h_r$ 时，避雷针的保护范围不再扩大，并在其高出滚球半径的部分，即 $h - h_r$ 部分，将会出现侧向暴露区，在避雷针的该部分上将会遭受侧面雷击。

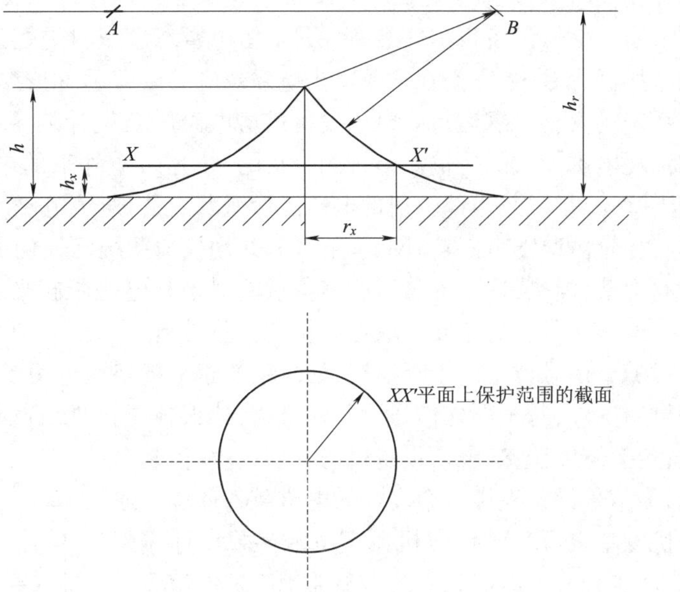

图 5－17 单支避雷针保护范围示意图

(2)避雷针设计

①由于避雷针的引雷作用，信号设备建筑物屋顶不允许设置避雷针。在室外电子设备集中的区域（如驼峰调车场），可在距电子设备和机房建筑物 30 m 以外的地点安装一只或多支独立避雷针。图 5－18 是避雷针示意图。

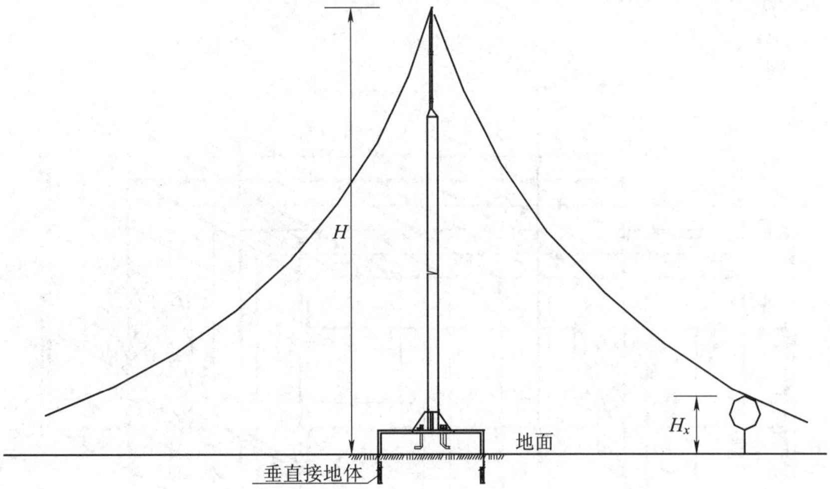

图 5－18 避雷针示意图

H—避雷针高度；H_x—被保护物体高度。

②避雷针雷击通流量不小于 100 kA 或根据雷击状况选择。

③避雷针及铁塔的抗风强度不小于 40 m/s 或根据实际状况选择。

④避雷针接地装置应就近单独设置，距信号楼环形接地装置或防护设备边缘间距不宜小于 15 m，条件受限时可接入环线接地装置或贯通地线，该连接点与环形接地装置上的其他连接点间距不得小于 5 m。

⑤避雷针高度超过 10 m，宜设置铁塔。

4. 电子设备机房电磁屏蔽设计

由于信号设备机房安装有大量对雷电暂态过压耐受能力较低的电子集成电路器件，这些器件对雷电电磁干扰极为敏感，它们在遭受雷击电磁效应的侵害后，很容易发生工作失灵或永久性破坏，从而严重威胁信号系统的安全可靠运行。电子设备机房电磁屏蔽设计的主要内容是充分利用房屋结构中的屏蔽体来阻挡和消耗电磁能量的传输。包含两个目的：一是防止外来的电磁能量进入某一区域，避免敏感的电子设备受到干扰；二是限制内部辐射的电磁能量泄漏出去，避免电磁波对周围其他设备产生干扰。

尽管由避雷带、避雷网、引下线和共用接地系统已经构成了一个初级法拉第笼，对信号建筑物实现了大空间屏蔽，但是，这个屏蔽网的屏蔽性能对于防电磁干扰要求较高的信号微电子系统还显不足，因此，对于信号电子设备机房还要采取更严格的屏蔽措施。

随着信号技术的不断发展，信号系统越来越多地运用了计算机等微电子设备，因此，为了确保信号系统的可靠工作，对于新建信号设备建筑物，建议在条件许可的情况下房屋的电磁屏蔽范围覆盖整个信号机械室，包括继电器室、电子设备机房、电源室和控制台室，为信号设备提供一个良好的电磁兼容环境。通信机械室也可参照信号机械室电磁屏蔽设计原则和方法，统筹考虑其完善的电磁兼容防护设计。

(1)新建信号设备房屋的屏蔽设计

对于新建信号房屋的电子设备机房可在墙内设置钢筋网作为屏蔽层。墙面屏蔽网采用 $\phi 6$ mm 圆钢、网格尺寸不大于 60 mm × 60 mm 的网格，交叉点采用捆扎，如图 5－19 所示。墙面钢筋网应与楼板地面内的结构钢筋网保持电气连通。

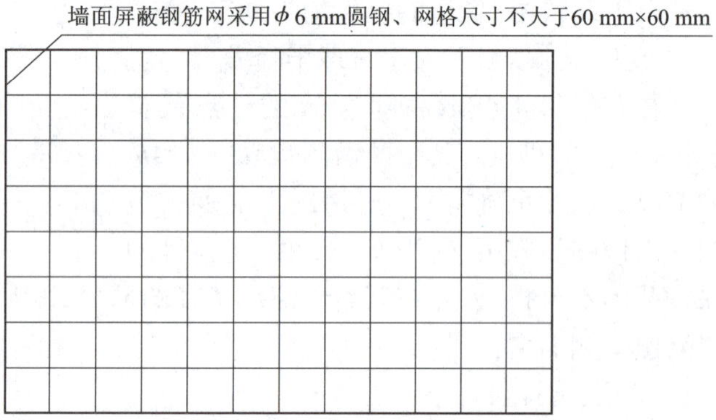

图 5－19　墙面钢筋屏蔽网示意图

这样，电子设备机房的屏蔽网由墙面、楼板中的钢筋网、窗户上的屏蔽网、金属门共同组成了一个电气连通的法拉第笼屏蔽网。如图 5－20 所示。

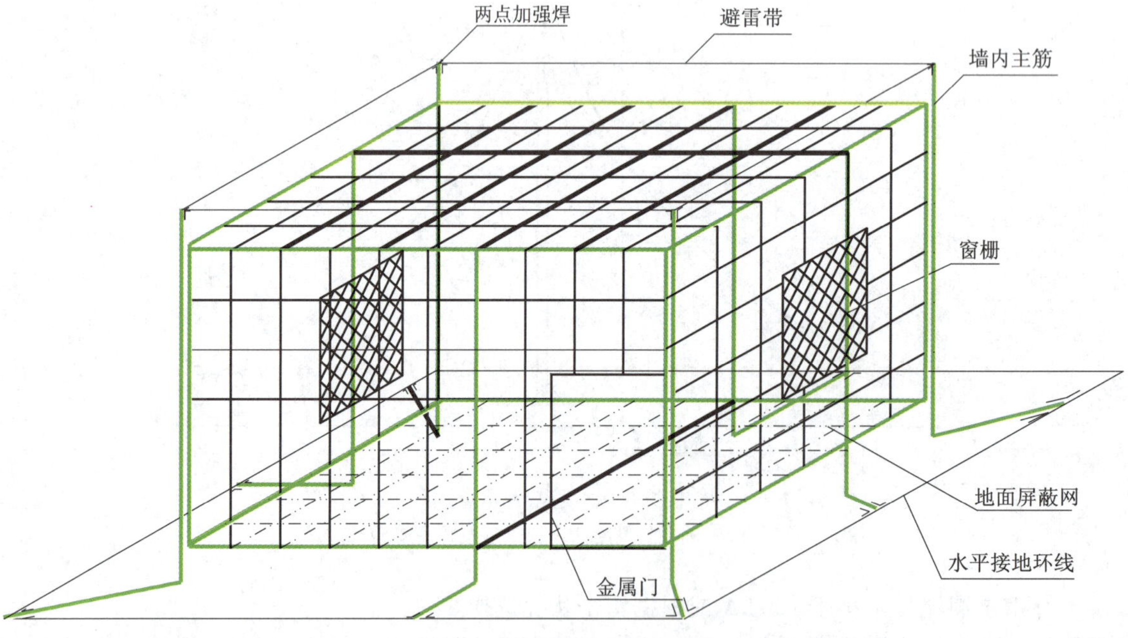

图 5－20　信号设备建筑物钢筋及门窗布置示意

房建施工时，在墙四周与主钢筋间隔 5 m 离地 150 mm 处预留接地汇集线，供防静电地板地线与屏蔽网连接或测试用。

(2)既有信号设备房屋的屏蔽设计

对于既有信号房屋，由于房屋已经建成，无法再在墙体内增加屏蔽钢筋网，只能在既有墙体、顶面的表层敷贴金属板，金属板优先采用镀锌电磁屏蔽铁板，铁板的厚度不小于0.6 mm，镀层厚度20～60 μm，金属板间每间隔500 mm必须焊接或用不小于2 mm^2 的软铜线可靠连接，从而形成法拉第笼屏蔽结构。屏蔽层必须用不小于25 mm^2 的软铜线与水平接地装置双点冗余连接，如图5－21所示。

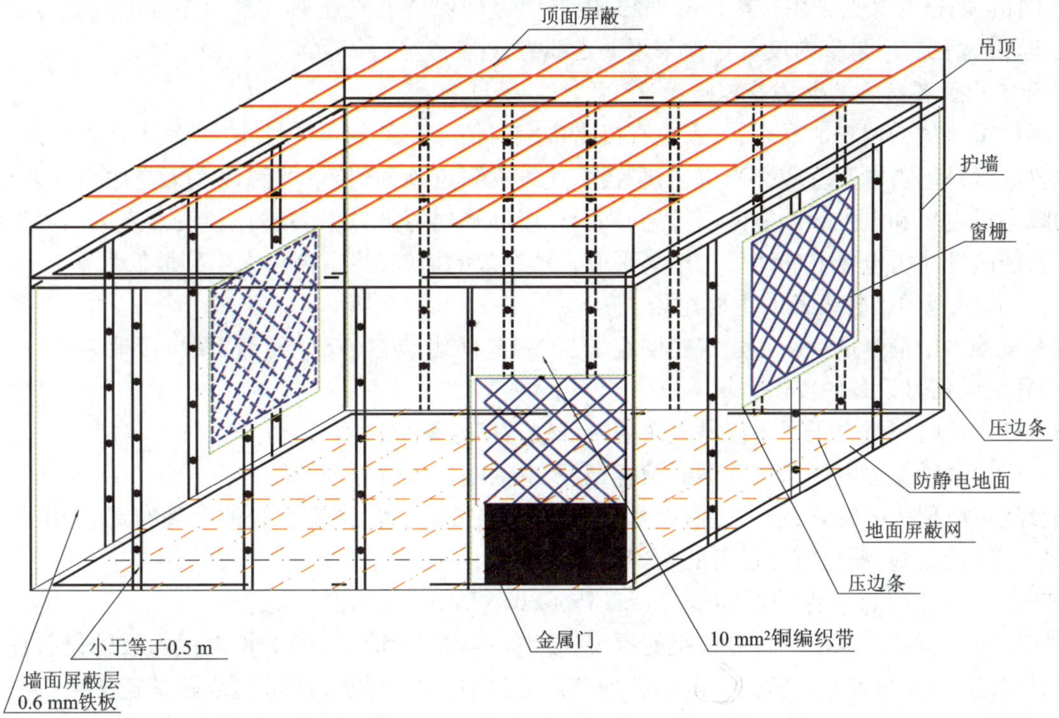

图5－21 既有信号设备房屋的屏蔽设计

(3)门、窗及室内隔断的屏蔽处理

信号电子设备机房的外墙门采用金属门(或金属外皮防火门)，窗户和室内隔断的玻璃采用金属网覆盖，金属网网格尺寸不大于80 mm×80 mm，截面积不小于9 mm^2，金属门及金属网、屏蔽笼之间采用截面积不小于16 mm^2 的软铜线相互铆接或栓接，确保可靠的电气连通。

(4)电子设备机房地面的处理

信号电子设备机房的地面敷设防静电地板，防静电地板的体积电阻率均应为 $1.0\times10^{7}\sim1.0\times10^{10}\ \Omega\cdot cm$，其导电性能应长期稳定，载重应符合设计要求。信号电子设备机房的地面敷设防静电地板不仅能够提高设备防静电干扰的能力，同时也为设备地面走线提供了通道。

防静电地板的各支架间应可靠连接，并与墙面屏蔽笼冷压栓接或焊接，至少每个墙角处应连接，连接点间距应不大于5 m，焊接或栓接所用多股绝缘软线截面不小于16 mm^2。

为了确保防静电地板各支架之间的可靠电气连接提高屏蔽性能，新建信号房屋，可在防静电地板支架下面敷设0.2 mm×20 mm铜箔带组成与防静电地板方格相同的网格，网格交叉点应焊接或与各支座卡接。

图5－22是电子设备机房防静电地板连接示意图。

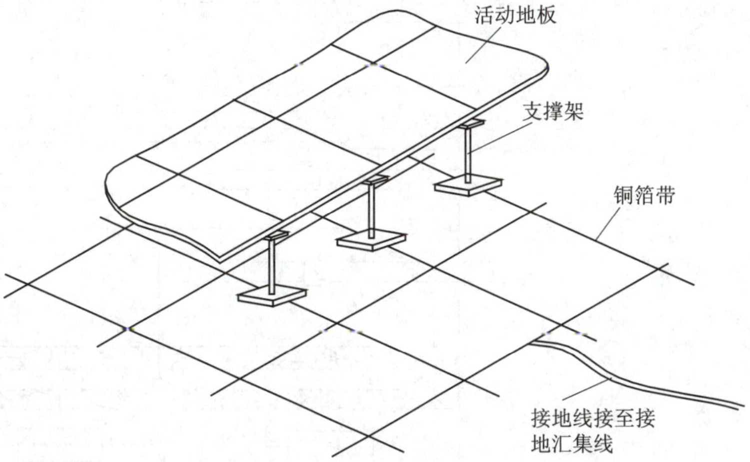

图5－22 电子设备机房防静电地板连接示意图

为了避免雷电流通过引下线时对屋内设施造成反击，电子设备机房屏蔽网的接地应单独采用截面积不小于50 mm^2（或两根25 mm^2）的软铜线直接与环形接地网进行多点冗余连接，并距雷电流引下线在环形接地体上的连接点不少于5 m 的距离。

新建信号设备机房地面可采用导静电地面，导静电地面下敷设0.2 mm×20 mm 铜箔带组成的600 mm×600 mm 的网格，网格交叉点采用粘接，并与墙面内的屏蔽网保持电气连通。采用导静电地面可以避免防静电地板被压坏的情况，但是室内设备必须采用上走线方式。

5. 信号室内设备防雷及电磁兼容防护设计

从实际雷害事故的调查情况来看，雷电直接击中室内信号设备的可能性不大，危害信号系统安全、可靠运行的主要因素是雷击电磁感应。当雷击建筑物、建筑物附近地面、传输线路以及天空中雷云之间放电时，所产生的瞬态过电压和电磁脉冲能够以传导、耦合感应和辐射等方式沿各种途径侵入室内信号系统，为此，信号防雷系统应针对雷电侵入的途径、方式，采取合理有效的措施，将雷害损失降到最低水平。

（1）雷电侵入室内信号设备的主要途径

①雷电直接击中信号设备所在建筑物防雷装置，引起防雷装置各部位（引下线、接地装置）瞬态电位的急剧升高，导致对信号设备的反击；

②雷电产生的瞬态过电压通过信号电源输入线侵入信号系统；

③雷电产生的瞬态过电压通过数据通信、信号及电话线侵入信号系统。

根据上述雷电侵入的特点，信号室内设备应在防雷器件的设置、防雷系统的合理布局、等电位连接等几个方面采取有效的措施，满足信号设备的防雷需求。

（2）信号防雷单元（浪涌保护器SPD, Surge Protective Devices）的设置要求

为了防止雷电暂态过电压对信号系统的侵害，必须在电源线和信号线等雷电侵入波的侵袭途径上设置防雷单元，以便对沿线路袭来的暂态过电压进行有效的抑制-钳位保护，使得与线路端连接的信号设备免受损坏。

钳位保护措施主要是通过在信号设备的电源线和信号侧设置防雷单元来实施的，如图5－23所示。

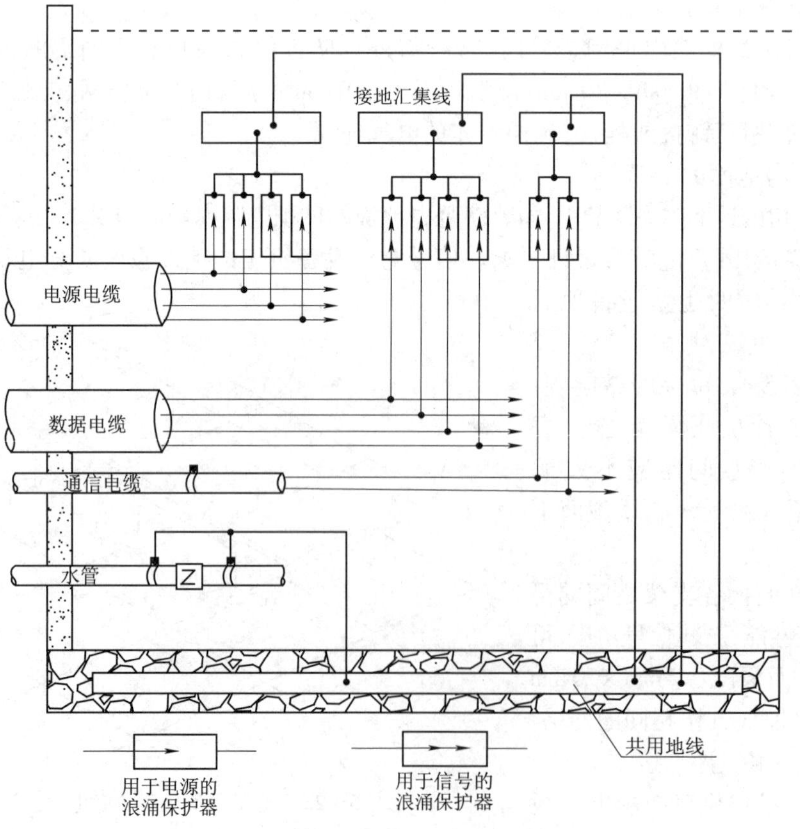

图5－23 信号设备引入线钳位保护措施

当雷电侵入波沿电源线或信号线袭来时,防雷单元将动作限压,对雷电侵入波过电压加以抑制,使电子设备得以保护。

信号防雷单元的基本要求是:

①承受能力。防雷单元应能承受安装位置上预计的最大瞬态过电压,而且在第一次雷电冲击后不能造成损坏。

②过压值的控制。防雷单元应能将瞬态过电压钳位或控制在被防护设备的允许承受值之下。

③系统兼容性。防雷单元应不妨碍和干扰被防护系统的正常工作。

④反应及时。在抑制暂态过电压时,防雷单元应能迅速动作限压。

⑤漏泄电流小。在无雷电暂态过电压时的正常工作情况下,处在不动作限压状态下的防雷单元中的漏泄电流应很小。

(3)信号电源防雷设计

信号电源应采用三级防雷措施:第一级(Ⅰ级)信号电源引入处(建筑物电力配电盘、信号机械室外),第二级(Ⅱ级)电源屏电源引入侧(信号机械室电源开关箱内),第三级(Ⅲ级)设在微电子设备处。

①第一级防雷设在户外交流电源馈线引入处。

采用通流容量为40 kA 的双路三相(或单相)电源全保护模式电源防雷箱,目的是将沿电源线路侵入的大部分雷电流阻止在信号建筑物之外。这一级通常由电力专业实施。该防雷箱采用 L(相线)-L、L-PE(保护地线)和 N(中性线)-PE 全模防护模式,并具有故障声光报警、雷电计数和状态显示功能。主要防护指标为冲击通流量不小于40 kA,限制电压小于或等于1 500 V,泄漏电流为0,响应时间为100 ns,防雷箱内所采用的防雷单元具有阻断续流并能实现热插拔。自带热脱扣装置,当处于劣化或损坏状态时,可立即自动脱离电路并给出劣化指标且不会影响电源设备正常工作,符合故障导向安全原则。第一级(Ⅰ级)信号电源防雷由电力专业设计、施工。

为将沿电源线路侵入的雷电流直接泄放入地,在防雷箱下方设置专用的接地汇集线,并采用截面积不小于25 mm^2 有绝缘外护套的多芯铜导线与环形接地装置单点冗余连接。

防雷箱安装时可采用直接并联式或凯文式安装方式。如采用直接并联式安装方式,则相线连接在总配电箱主开关之后,电源相线和中性线截面积宜采用16 mm^2,连接长度要求小于0.5 m,地线直接接在下方专用接地汇集线上,地线截面积采用25 mm^2,连线长度小于1 m。

对于稳定工作电流小于100A 的场所可采用凯文式安装方法,即电源相线和中性线先引到防雷箱内上方的接线端子上,再从连接端子引出接到电源屏,电源相线和中性线线径要求与进线一致,连接长度不做要求。地线直接接在下方专用接地汇集线上,地线截面积采用25 mm^2,连线长度要求小于1 m。

图5-24 是信号电源第一级防雷保护示意图。

②第二级电源防雷设在信号电源屏电源引入之前。

进一步分流残余雷电流并将雷击残压控制在电源屏可以承受的范围之内。第二级电源防雷箱技术标准同上述第一级一致,冲击通流容量不小于20 kA,限制电压小于或等于1 000 V,但要注意第二级的防雷箱所用的空气开关要与第一级电力空气开关相配。

③第三级电源防雷设在微电子设备及 UPS 电源前方。

采用 L(相线)-N、L-PE(保护地线)和 N(中性线)-PE 全模防护模式,防雷单元主要防护指标为:冲击电流容量为大于或等于10 kA,限制电压小于或等于500 V,泄漏电流为0,响应时间为100 ns。当处于劣化或损坏状态时,应能立即自动脱离电路并给出劣化指标,且不会影响电源设备正常工作,符合故障导向安全原则。该级建议由微电子设备供货商提供。

④防雷单元安装时可采用直接并联或凯文连接方式。

防雷单元连接线长度要求小于1 m,当小于0.5 m 时,可采用直接并联方式,当在0.5~1 m 时,应采用凯文连接方式。地线线径采用10 mm^2。

图5-25 是防雷单元的安装方式。

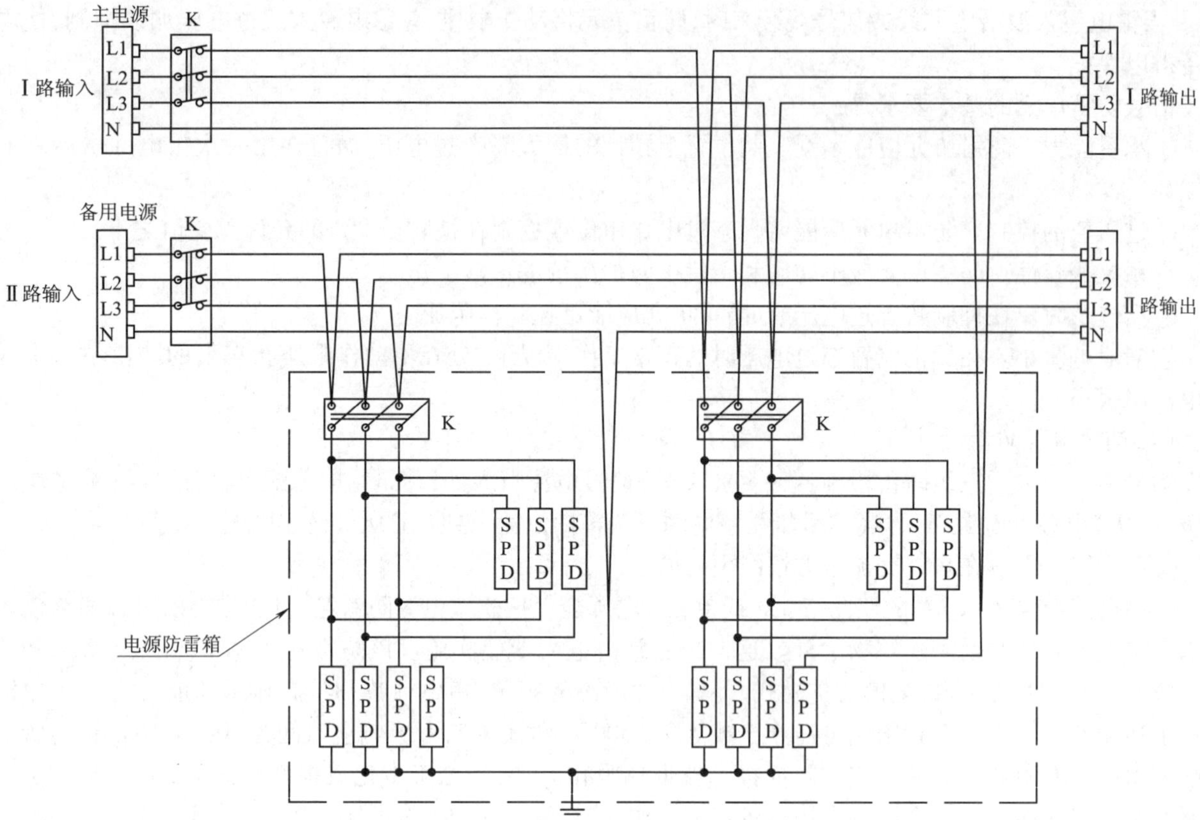

图5-24　信号电源第一级防雷保护示意图

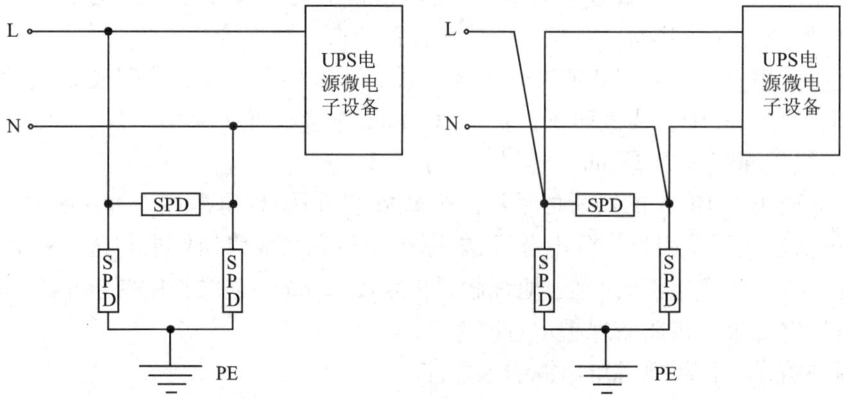

图5-25　防雷单元的安装方式

⑤室内信号电源防雷单元(SPD)应按表5-1选取冲击容量和限制电压。

表5-1　信号设备机房的电源防雷单元冲击通流容量和限制电压表

交流电源防雷单元						直流电源防雷单元	
信号防雷箱(Ⅰ)		电源屏前(Ⅱ)		微电子设备电源前(Ⅲ)			
冲击通流容量	限制电压	冲击通流容量	限制电压	冲击通流容量	限制电压	冲击通流容量	限制电压
≥40 kA	≤1 500 V	≥20 kA	≤1 000 V	≥10 kA	≤500 V	≥10 kA	注3

注:1. 微电子设备电源引入前安装的并联型交流电源防雷箱限制电压达不到要求时,应采用带滤波器的串联型电源防雷箱。

2. 电源防雷箱的功率应大于被保护设备总用电量的1.2倍。

3. 直流电源防雷单元的选取:工作电压24 V时,限制电压75 V;工作电压48 V时,限制电压110 V;工作电压110 V时,限制电压220 V;工作电压220 V时,限制电压500 V。

信号电源的SPD采用压敏电阻串放电管纵横向防雷设置。单相稳定电流小于100 A的机房，电源线与防雷箱的连接线长度不得大于0.5 m，受条件限制连接线长度大于0.5 m时，应采用凯文接线法连接。防雷箱接地线必须与电源保护地线（PE）连接，信号电源防雷保护地线应接入独立的电源接地汇集线，电源接地汇集线直接与水平接地装置连接。Ⅰ级与Ⅱ级配线长度不应小于5 m，如果小于5 m，采用补充至5 m长电源线的方式达到退耦的作用。Ⅱ级与Ⅲ级配线长度不应小于5 m。连接线应采用截面积不小于10 mm^2 的多股绝缘软线。

（4）防雷分线柜及信号传输线防雷设计

①防雷分线柜

防雷分线柜将分线盘和防雷柜功能合二为一，是室内设备和室外设备的分界点，是信号防雷的重点部位之一。其作用是：车站信号设备有关的防雷单元集中容纳其中，将由室外进入信号机械室的“脏线”集中堵在入口处；完成了室外电缆铠装层、屏蔽层的接地；实现室内设备和室外设备的连接，同时缩短了防雷单元至被保护对象之间的连线。有的防雷分线柜除了具有分线柜和防雷柜的所有功能外，还能对其内置的防雷单元的劣化、损坏、脱扣状态进行动态监测功能，并以RS485串口或CAN总线方式与微机监测系统进行接口，监测信息应能区别每个保安器的状态。

防雷分线柜包含的防雷内容有：轨道电路、信号机点灯电路、主灯丝报警电路、场（站）间联系电路、闭塞线路（包括自动、半自动闭塞）及计轴、有源应答器外线。

②信号传输线

室外架空线路应在架空线两端引入处设置防雷单元SPD。架空线供电的交流电源防雷SPD，冲击通流容量不小于20 kA，限制电压不大于700 V，在中雷区以上的地区，限制电压可不大于1 000 V。

室内数据传输线长度大于50 m小于100 m时，可在一端设备接口处设置防雷单元；大于100 m时，宜在两端设备接口处设置防雷单元。防雷单元的选用应符合以下要求：

室内采集、驱动信号传输线防雷单元冲击通流容量不小于1.5 kA，限制电压不大于60 V，信号衰耗不大于0.5 dB。

室内视频信号传输线防雷单元冲击通流容量不小于1.5 kA，限制电压不大于10 V，信号衰耗不大于0.5 dB。

室内RS232、RS422、RJ45、G.703/V.35等通信接口信号传输线防雷单元冲击通流容量不小于1.5 kA，限制电压不大于40 V，信号衰耗不大于0.5 dB。

其他室内信号传输线防雷单元冲击通流容量不小于5 kA，限制电压按表5-2选取。

安装于室外的电子设备宜在缆线终端入口处设置防雷单元或防雷变压器。室外信号传输线（非架空线）防雷单元冲击通流容量不小于10 kA，限制电压按表5-2选取。

并联型防雷单元与被保护设备间连接线的截面积应不小于1.5 mm^2，其长度不得大于0.5 m，受条件限制时，应不大于1.5 m或采用凯文接法。防雷单元与接地汇集线间连接线的截面积应不小于4 mm^2 其长度应不大于1 m。

所有传输放电电流的导线应采用阻燃型绝缘护套。220 V交直流电源线与其它电线（缆）在组合架（柜）上的走线槽内走线宜屏蔽隔离。

表5-2　信号传输线防雷单元限制电压表

序号	信号设备名称（工作电压）	限制电压（V）	序号	信号设备名称（工作电压）	限制电压（V）
1	轨道电路发送和接收端	≤190、330、500、700（注）	5	220 V交/直流回路	≤700/500
2	电码化轨道区段（≥220 V）	≤1 000	6	110 V交/直流回路	≤500/220
3	信号点灯、道岔表示、道岔启动（220 V时）	≤700	7	48 V交/直流回路	≤330/110
4	道岔启动（380 V时）	≤1 000	8	24 V以下交/直流回路	≤190/75

注：1. 交流轨道电路：工作电压小于36 V时，限制电压应小于或等于190 V；工作电压36～60 V时，限制电压应小于或等于330 V；工作电压60～110 V时，限制电压应小于或等于500 V；工作电压110～220 V时，限制电压应小于或等于700 V。

2. 直流轨道电路：工作电压小于24 V时，限制电压应小于或等于75 V。

③信号机点灯电路传输线路防雷设计

在信号机点灯电路的每一条进出线均采用纵向防雷保护。如图 5 – 26 所示。

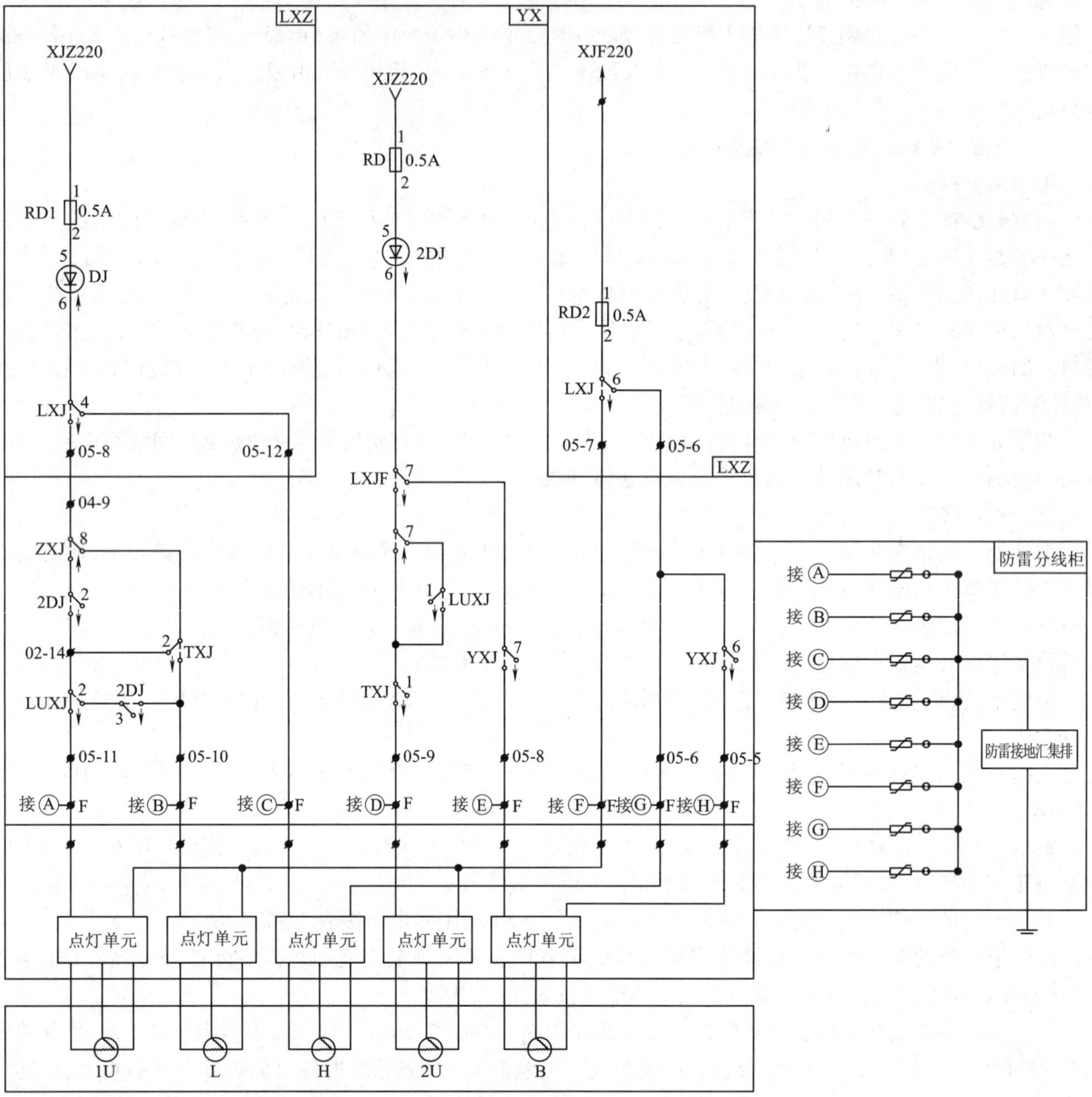

图 5 – 26 信号机点灯电路传输线路防雷图

④灯丝报警电路传输线路防雷设计

在灯丝报警电路的每一根线均做纵向防雷保护。如图 5 – 27 所示。

⑤场(站)间联系电路传输线路防雷设计

在场(站)间联系电路的每根外线采用纵向防雷保护。如图 5 – 28 所示。

⑥闭塞电路防雷设计

在半自动闭塞线路的每根线路均做纵向防雷保护。如图 5 – 29 所示。

四线制方向电路的每对线路均做纵横向防雷保护。如图 5 – 30 所示。

⑦计轴设备外线防雷设计(见图 5 – 31)

⑧有源应答器传输线路防雷设计(见图 5 – 32)

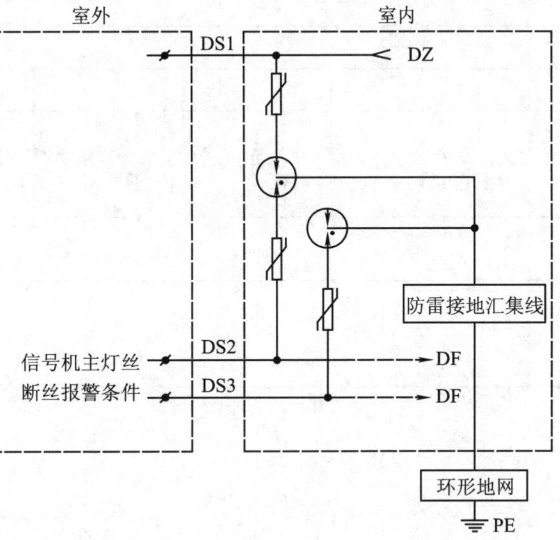

图 5 - 27　灯丝报警电路传输线路防雷图

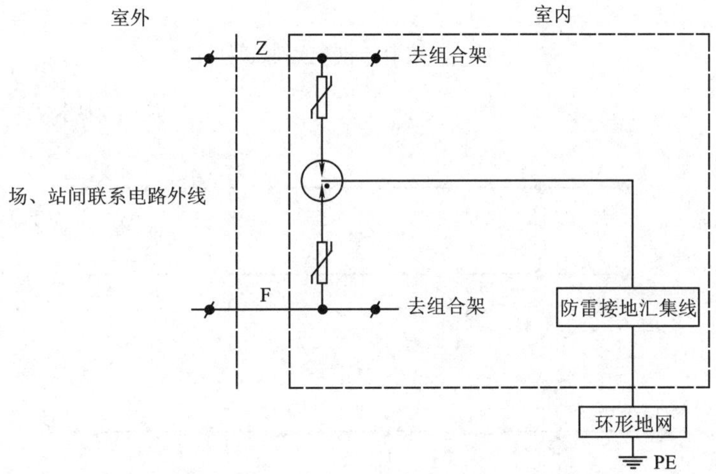

图 5 - 28　场(站)间联系电路传输线路防雷图

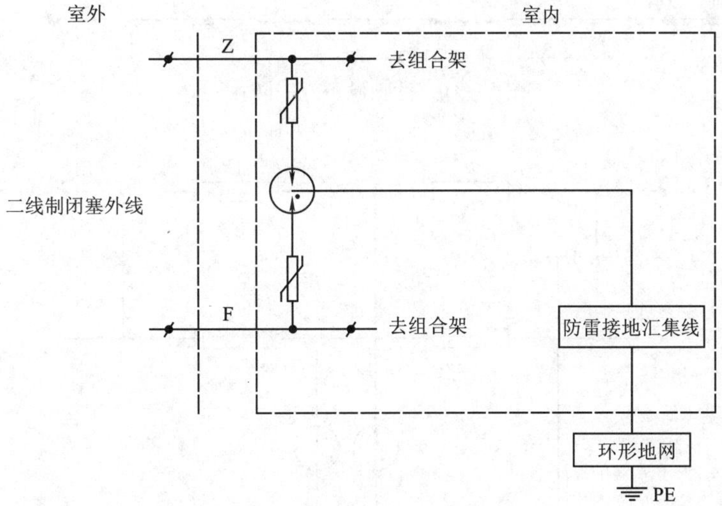

图 5 - 29　半自动闭塞线路防雷图

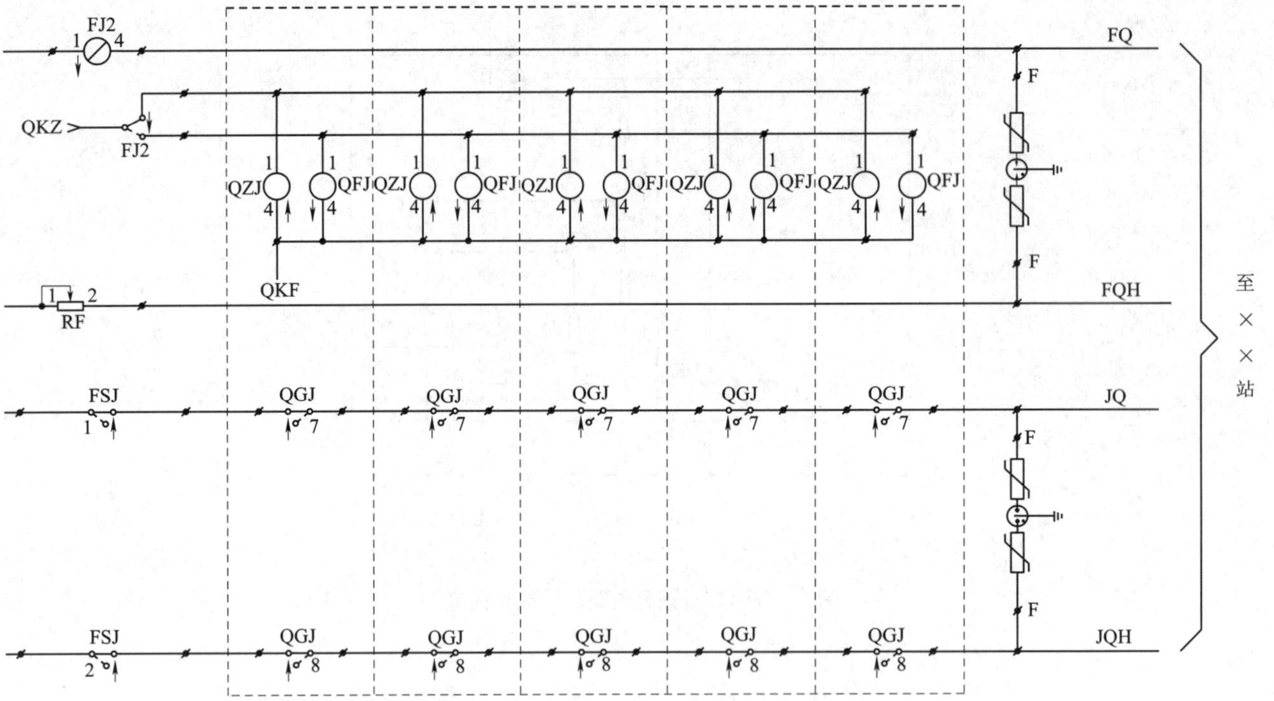

图 5-30 四线制方向电路通道防雷图

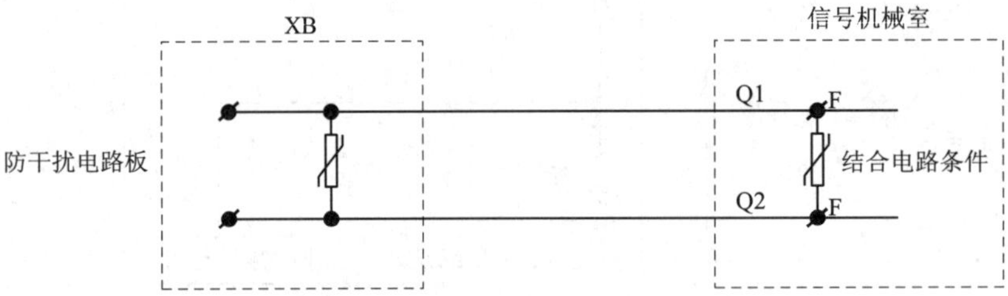

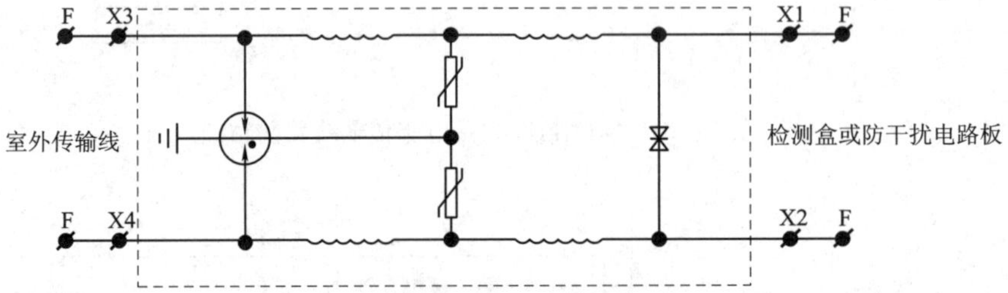

图 5-31 计轴设备外线防雷图

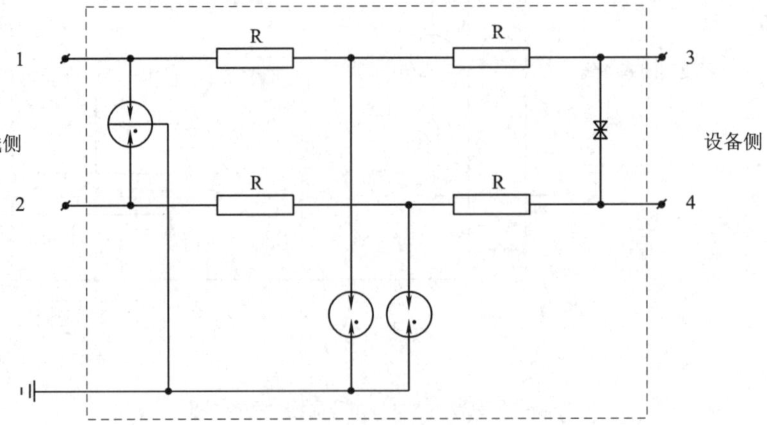

图 5-32 有源应答器传输线路防雷图

⑨驼峰测长、测速、测重及有源踏板通道防雷设计(见图5－33)

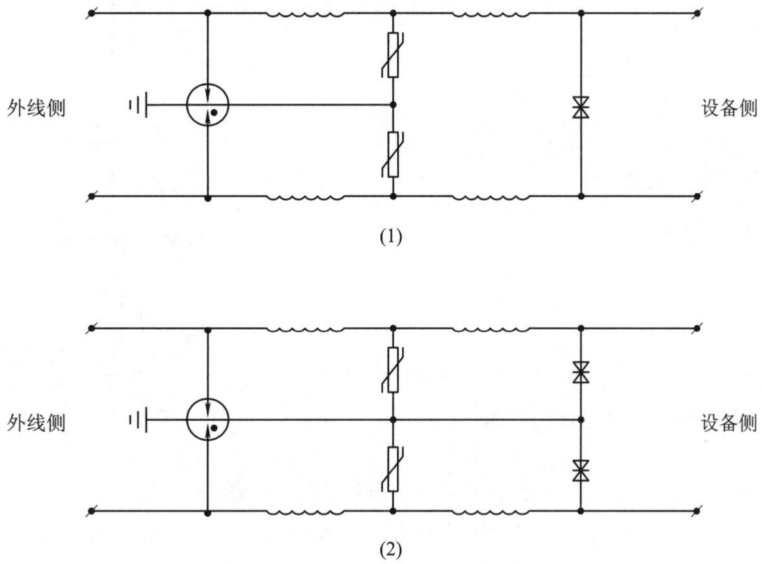

图5－33　驼峰测长、测速、测重及有源踏板通道防雷图

(5)计算机设备信号端口防雷设计

①数据信号端口防雷设计(见图5－34)

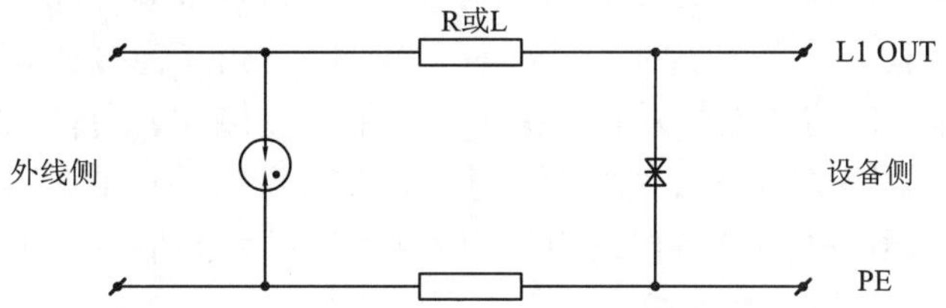

图5－34　数据信号端口防雷图

②视频信号端口防雷设计(见图5－35)

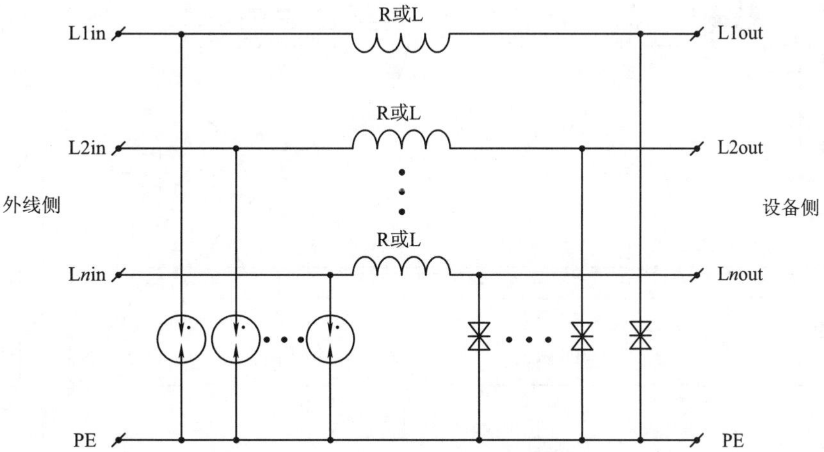

图5－35　视频信号端口防雷图

③网络信号端口防雷设计(见图5－36)

6. 接地汇集线及等电位连接

为了防止信号设备遭受雷电暂态高位电压的反击,室内的信号设备、金属构件、各类引入室内的电缆外屏蔽层都必须连接并与共用接地系统连接,这就是等电位连接。

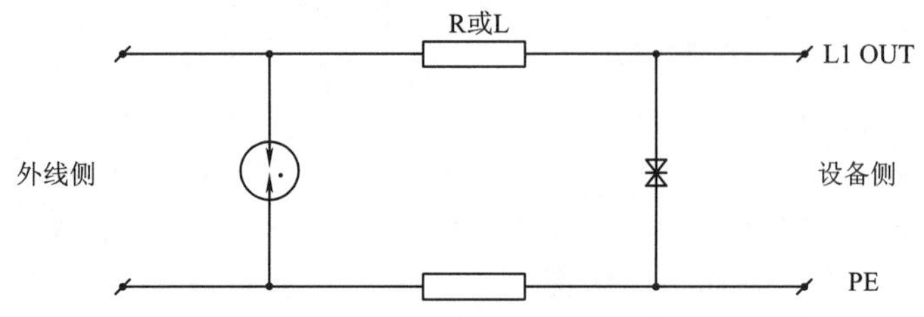

图 5－36 网络信号端口防雷图

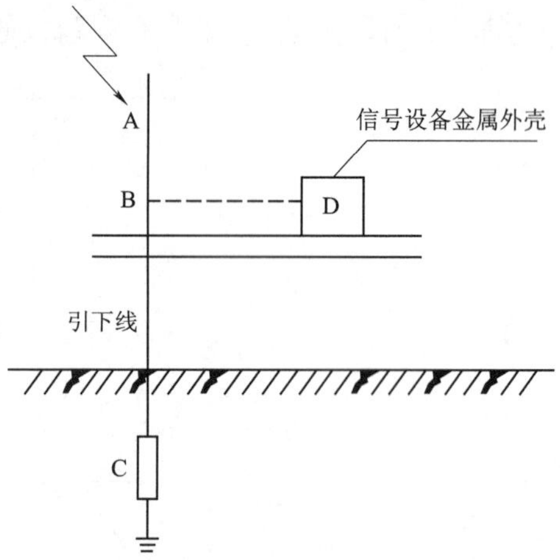

图 5－37 等电位连接的基本原理

等电位连接的原理(见图 5－37):当雷电击中建筑物防雷装置时,有部分雷电流经引下线 ABC 流入大地,在此过程,由于 BC 段引下线电感和接地电阻的存在,使得 B 点的暂态电位升高,此时,浮地或远处接地的电子设备金属外壳尚处于近似零电位,当 B、C 之间的暂态电位超过此处空气间隙的绝缘耐受强度时,引下线与设备之间就会出现放电击穿,即设备受到雷电反击。如果预先在引下线与设备的金属外壳 B、D 之间用导体连接起来,则在雷击时引下线的 B 点将与设备的金属外壳之间保持等电位,这样在两者之间就不会出现放电击穿,这是等电位连接的基本原理。

室内系统设备的等电位连接由接地汇集线实现,控制台室、继电器室、机房和电源室(电源引入处)应设置接地汇集线。接地汇集线宜采用大于 30 mm × 3 mm 紫铜排,可相互连接成条形、环形。环形设置时不得构成闭合回路。接地汇集排受制造长度的限制需使用多根铜排连接时,铜排间直接连接的接触部分长度不少于 60 mm,接触面应打磨后用 3 个铜螺栓双螺帽连接。接地汇集线一般在距地面 200 ~ 300 mm(踢脚线紧上方)处设置,注意不要与墙面的插座及墙内的电线重叠冲突,接地汇集线应根据设备布置情况进行设置,尽可能减少其敷设长度。如图 5－38 所示。

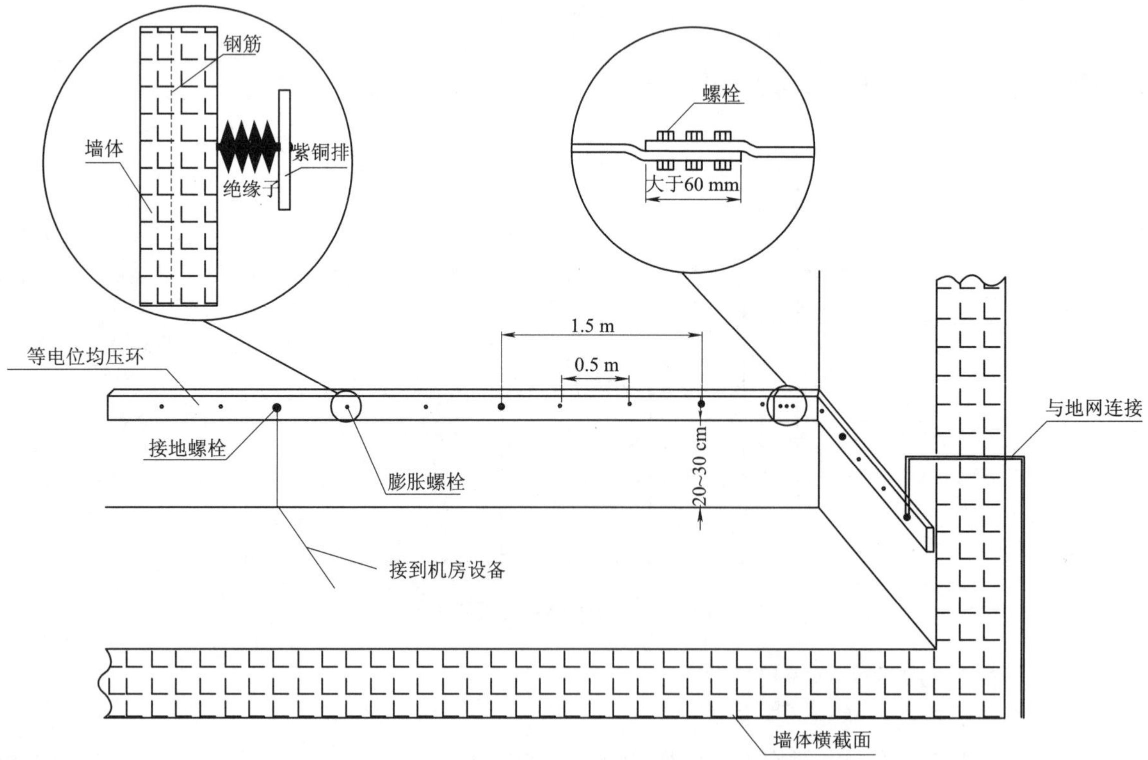

图 5－38 接地汇集线安装示意图

如有防静电地板的机房，接地汇集线可在地板下方距地面 30 ~ 50 mm 处设置，距墙面宜为 100 ~ 150 mm；也可在地板下方设成条状或网格状。接地汇集线上每隔 1 ~ 1.5 m 应预留接地螺栓供连接使用。

室内走线架、组合架、电源屏、控制台、机架、机柜等所有室内设备必须与墙体绝缘，其安全地线、工作地线等地线必须以最短距离分别就近与接地汇集线连接。

走线架不得布置成环形，已构成闭合回路的可加装绝缘。在不构成闭合回路的前提下，必须保持走线架在电气上的连续性，每排走线架之间用剥开的 25 mm^2 铜导线进行连接，并将每段走线架至少在两点进行连接，并用不小于 25 mm^2 有绝缘外护套的多股铜线就近与接地汇集线连接，连接螺栓采用 ϕ8 mm 铜质或不锈钢质，并不得少于 3 枚。

室内同一排不同的金属机架、柜之间用大于 10 mm^2 多股铜导线栓接后再用不小于 25 mm^2 有绝缘外护套的多股铜线就近与接地汇集线连接。

机房面积较大时，可以设置与地网单点冗余连接的总接地汇集线。控制台室、继电器室、计算机房的接地汇集线可分别与总接地汇接线单点连接，也可相互连接后再与总接地汇接线单点连接。

机房分布在几个楼层时，各楼层可设置总接地汇集线。总接地汇集线间应采用 25 mm^2 有绝缘外护套的多股铜导线焊接或加线鼻栓接，实现单点冗余连接。图 5 – 39 是等电位连接示意图。

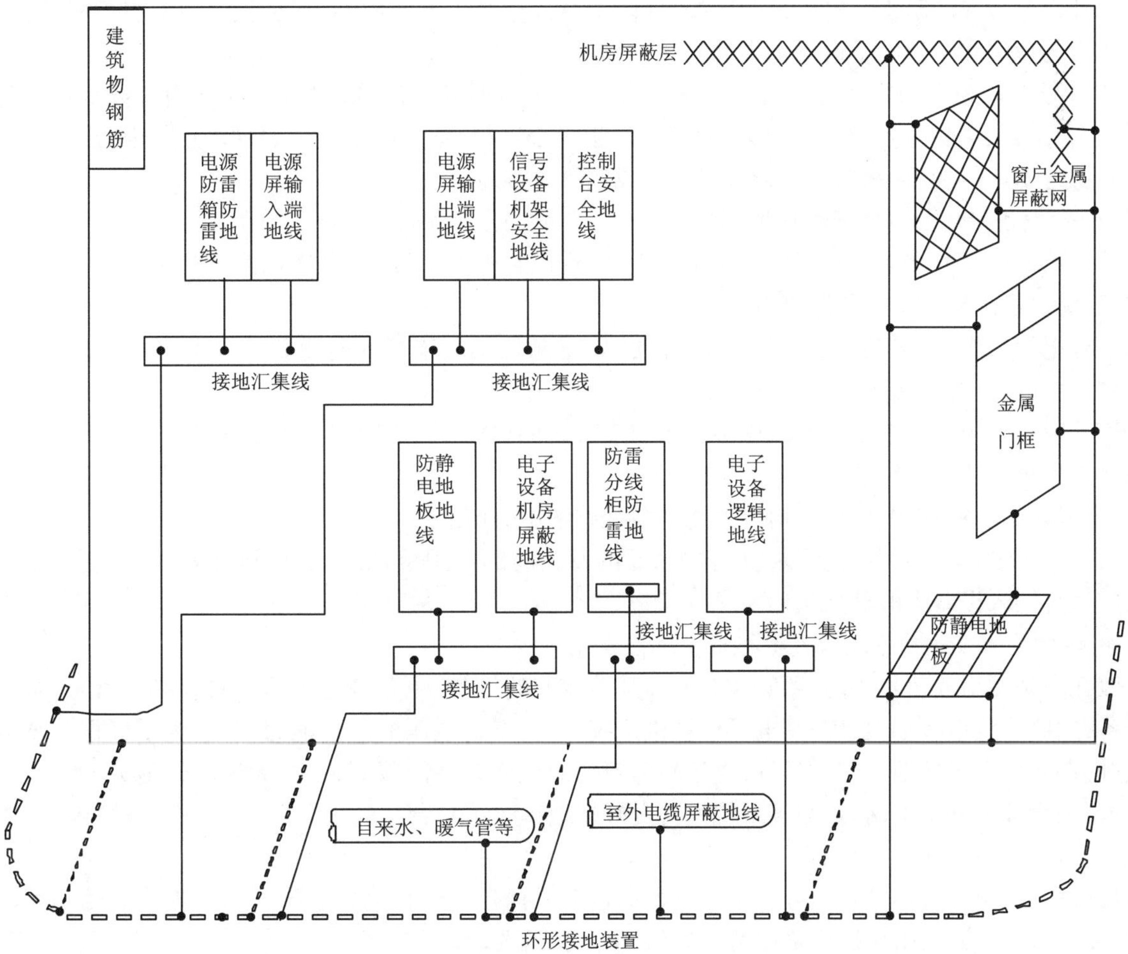

图 5 – 39　等电位连接示意图

接地汇集线的分类：

（1）信号电源引入防雷箱防雷地线、电源屏的输入端地线共设接地汇集线单独接入环形接地装置，并与其他汇集线在环形接地装置上的连接点之间的距离宜大于 5 m。

（2）信号电源屏的输出端地线、信号设备的机架（柜）与控制台安全地线共用接地汇集线单独接入环形接地装置，并与其他汇集线在环形接地装置上的连接点之间的距离宜大于 5 m。

(3)防雷分线柜防雷地线、室外电缆金属护套屏蔽地线共用接地汇集线单独接入环形接地装置,并与其他汇集线在环形接地装置上的连接点之间的距离宜大于5 m。

(4)防静电地板防静电地线、机房屏蔽地线、不带电金属管道共用接地汇集线单独接入环形接地装置,并与其他汇集线在环形接地装置上的连接点之间的距离宜大于5 m。

(5)微电子设备逻辑地线单独设置(根据设备厂家的特殊需要确定)接地汇集线接入环形接地装置,并与其他汇集线在环形接地装置上的连接点之间的距离宜大于5 m。

各接地汇集线采用两根25 mm^2 的绝缘铜导线单点冗余接入室外环形接地装置上。

7. 信号室外设备防雷及电磁兼容防护设计

由于大部分铁路信号室外设备受其他物体构成的接闪器的保护,处在 $LPZ0_B$ 内,一般不会遭受直接雷击,但该区内的雷电电磁场因没有屏蔽装置,雷电产生的电磁场也能自由传播,没有衰减。因此,对信号室外设备采用防止暂态过电压影响的措施是信号设备综合防雷的必不可少的重要组成部分。

(1)室外信号设备组成

主要包括轨道电路、信号机、转辙机、电缆、应答器、计轴、驼峰测长、测速、测重、有源踏板等设备及器材。主要承受雷电波侵入、地电位反击的影响,包括来自雷云和电气化牵引电流引起的暂态过电压。

对室外设备采取的防雷及电磁兼容防护措施,主要是通过等电位联结,保证设备具有良好的接地效果。在雷击严重的地区和室外电子设备集中的区域,如有必要可设置避雷针。

包含信号设备的箱、盒、柜等壳体应具有良好的电气贯通和电磁屏蔽性能,壳体内应设专用接地端子(板)。室外信号设备的金属箱、盒壳体必须接地。进出金属箱、盒的电源线、信号线宜采用屏蔽电缆或非屏蔽电缆穿钢管埋地敷设,屏蔽电缆的金属屏蔽层或钢管应接地。

(2)轨旁设备接地及电缆屏蔽接地要求

①轨旁信号设备的金属材料壳体应用不小于10 mm^2 的绝缘电线,与贯通地线就近采用冷压接、焊接等方式连接,无贯通地线可采用分散接地方式。

②室外电缆钢带(铝护套)应采用单端接地方式,屏蔽层相互连接的电缆总长度不超过1 000 m,并与箱盒为金属材料的盒体及大地绝缘。

③道岔表示二极管宜采用反向耐压不小于10 kV、正向电流不小于4.5 A的二极管。

④严禁用钢轨代替地线。

⑤室外信号设备及电缆单端接地点宜在电缆径路图中表明。

⑥对于电子设备较多和接地要求较高的地区可设置局部共用接地线,提高接地效果,共用接地线的接地标准应满足接入设备中的最高接地要求。

8. 铁路信号综合防雷系统与其他接地系统接口

一般在车站站房或信号楼内,还安装有许多其他专业的设备,主要有电力的、通信的以及信息等专业的系统设备,这些系统设备都大量采用电子计算机系统,对暂态过电压的耐受能力很低,为了确保系统的正常工作,它们都有较高的接地要求,但是由于车站建筑物的地面条件的限制,有时无法较好地分别满足各自的接地需求,采用综合共用地网后,为各系统设备良好接地搭建了平台。

(1)与建筑物内其他系统的接口

通信、信息系统本身不易对信号系统造成暂态过电压损害,通信、信息系统的各类地线和信号系统地线一样接入环形接地装置,引接线规格应符合通信、信息接地要求。

电力系统的地线可以接入环形接地装置,但电力地线在环形接地装置上的接入点应与信号等系统的接入点相距不小于5 m。

(2)与综合接地系统、贯通地线的接口

随着铁路信号水平的提高,电气化区段、繁忙干线、铁路枢纽、编组场、强雷区和埋设地线困难地区及微电子设备集中的区段设置了贯通地线,部分列车运行速度较高的线路还设置有综合接地系统。由于贯通地线,综合接地系统具有良好的接地效果,对铁路信号防雷系统接地效果的提高会有极大的促进作用,因此,信号设备建筑物防雷系统在有条件的情况下,应尽可能与综合接地系统、贯通地线等电位连接。

建筑物环形接地装置与综合接地系统或贯通地线在信号设备建筑物一侧用 50 mm^2 裸铜线连接两次，间隔 2 ~ 3 m。图 5 – 40 是环形接地装置与贯通地线连接示意图。

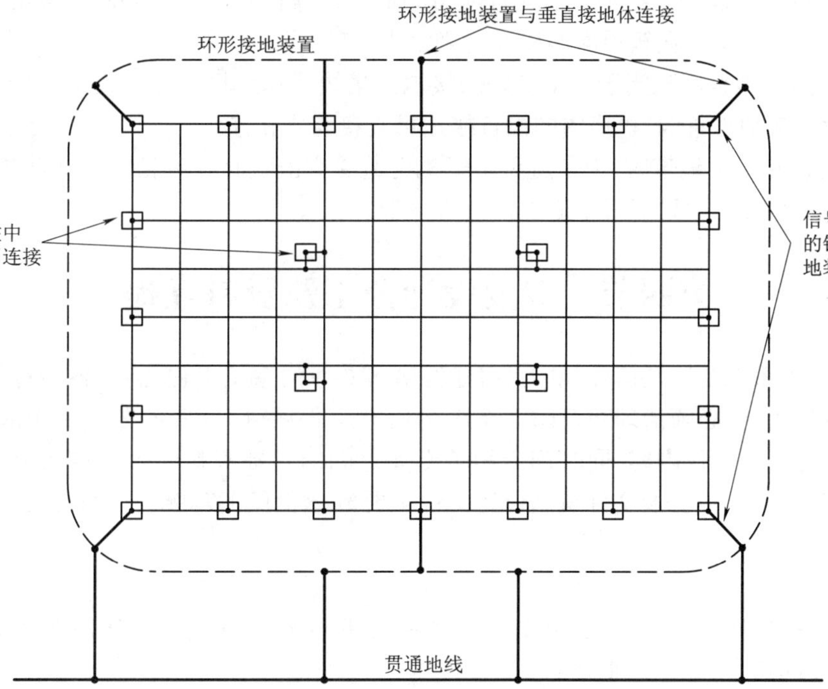

图 5 – 40　环形接地装置与贯通地线连接示意图

9. *新建综合站房信号房屋设备防雷及接地设计*

综合站房的混凝土基础总体较大，其接地电阻可以达到很低，一般不增加专用接地地网，也能使共用接地系统达到 1 Ω 以下的要求。对于新建综合站房，如果仍按照全屋顶设置避雷网，全地面设置地网和环形接地装置，势必造成投资增加。因此，鉴于综合站房的特点，信号设备综合防雷接地设计需注意如下情况：

(1) 可利用新建综合站房的屋顶面的避雷带、避雷网及引下线及基础结构钢筋网，不再单独设计。

(2) 引下线可利用建筑物钢筋混凝土框架中的结构钢筋作为引下线。上端与避雷带焊接，下端就近与基础钢筋焊接，并在信号房屋相应基础部分预留连接端子板，供环形接装置连接用。

(3) 根据站房的结构形式，可在信号房屋侧设置满足信号设备接地要求的环形接地装置（L 形或 U 形），并按有关规定就近与新建综合站房的建筑物基础地网等电位连接。

(4) 室内接地汇集线引至 L 形或 U 形环形接地装置的绝缘软线或多股铜缆，可采取合理的隐蔽措施，以保持综合站房外墙面的美观。

(5) 新建综合站房信号综合防雷系统的其他设计满足相关要求。

10. *箱式机房防雷及接地设计*

近年来，随着铁路信号技术的大力发展，信号设备逐步开始应用箱式机房。由于信号箱式机房采用铁质材料制成，具有完整的电磁屏蔽性能，给处于房屋内的信号设备提供了良好电磁兼容环境，对箱式信号房屋的雷电防护主要防止直击雷对房屋的机械效应和雷电通过接入线缆传导产生的瞬态过电压对室内信号设备的损害，因此，箱式信号房屋的雷电防护工作主要是解决好接地问题。

(1) 应充分利用箱式房屋的钢筋混凝土基础作为自然接地体，在基础四周敷设的水平接地体，水平接地体应尽可能环绕基础闭合成环，距基础外缘间距不小于 1 m，埋深不小于 0.7 m。对于设有综合接地系统或贯通地线的箱式信号房屋，根据当地土质条件，当共用接地网接地电阻达到 1 Ω 以下时，水平接地体上可不再设置垂直接地体，但需要将水平接地体至少在房屋四角与混凝土基础相连接。当有综合接地系统或贯通地线时，水平接地体至少两处与综合接地系统或贯通地线相连接，水平接地体及连接线的材质采用 40 mm × 4 mm 的热镀锌扁钢。

(2)箱式机房的箱体应至少在四角与基础相连接,其连接点应尽可能与连接水平环形接地体所使用的连接端子共用。

(3)箱式机房应尽可能被安置在不易遭受直击雷的地方,如高架桥梁下,为避免直击雷对箱体的机械损害,处于空旷地带的箱式房屋应在箱顶面四周设置避雷带。

(4)由于箱式机房的地板就相当于一个良好的接地汇集线,因此,只需在箱式机房的钢制地板上预留接地端子,可以不再设置接地汇集线,机房内的设备接地可直接与之相连。

(5)当箱式机房设在空旷地带时,为了避免箱式机房遭受直击雷时导致箱体表面防护层被损害,使箱体锈蚀,可在箱式机房的顶面四周设置短小避雷针及避雷带。

第四节　专业设计分工及资料互提

铁路信号综合防雷系统是涉及信号、电力、房建等诸多专业的系统工程,需要各专业共同配合才能到达理想的雷电防护效果,为此,必须清理综合防雷系统的所有工程项目,分清各专业衔接的界面,根据各专业的特点,合理分配各专业的工作内容,同时确定相关专业之间的互提资料内容。本指南专业分工主要依照《铁路防雷、接地工程设计专业分及文件编制研讨会议纪要》(鉴信〔2007〕96 号)的有关要求编制。

一、工程内容

根据综合防雷的技术要求,首先确定相关工程项目,然后再按照新建信号房屋和既有信号房屋改造的不同情况及有关专业的特点,进行专业分工。

表 5-3　铁路信号综合防雷系统工程项目

序号	工程项目	单位	工作内容	备注
1	避雷带	m	1. 支撑柱安装; 2. 避雷带安装	避雷带的材质采用热镀锌圆钢,圆钢直径不小于 8 mm;避雷带要高出墙体或屋面 0.15 m,并用热镀锌圆钢均匀设置避雷带支撑柱,支撑柱的间距不大于 1 m
2	避雷网	m^2	1. 避雷网安装; 2. 避雷网与避雷带连接; 3. 支撑座安装	既有信号房屋的避雷网采用明装方式,即将避雷网直接敷设在建筑物顶面隔热层之上,并距隔热层 0.15 m。避雷网由不大于 3 m×3 m的方形网格构成,每隔 3 m 与避雷带焊接连通。网格由 40 mm×4 mm 的热镀锌扁钢交叉焊接构成。热镀锌钢材的镀层厚度不宜小于 20~60 μm。新建信号房屋可采用明装方式,也可安装在隔热层与楼顶板之间
3	(1)引下线 (新建信号房屋)	m	由房建工程实施,与房屋结构钢筋一并施工	新建信号房屋引下线可利用建筑物钢筋混凝土框架结构内的钢筋。钢筋采用直径不小于 12 mm 的圆钢,上端与避雷带焊接,下端就近与环形接地网焊接
	(2)引下线 (既有信号房屋)	m	1. 固定卡具安装; 2. 绝缘套管安装	既有信号房屋引下线采用 40 mm×4 mm 热镀锌扁钢,沿建筑物的四周棱角或外墙敷设,引下线距外墙面间隔不小于 15 mm,并均匀设置固定卡具,在地面上方引下线设置绝缘管防护,绝缘管长度不小于 1.8 m,绝缘管下端距地面宜 0.02~0.03 m
4	(1)电子机房屏蔽 (新建信号房屋)		由房建工程实施,与房屋工程一并施工	墙面屏蔽网采用 ϕ6 mm 圆钢、网格尺寸不大于 60 mm×60 mm 的网格,交叉点采用捆扎; 墙面屏蔽网与楼板内结构钢筋网保持电气连通
	(2)电子机房屏蔽 (既有信号房屋)	m^2	敷贴金属板,板间可靠连接	在既有墙体、顶面的表面敷贴金属板,金属板优先采用镀锌铁板,铁板的厚度不小于 0.6 mm,金属板间每间隔 500 mm 必须焊接或用不小于 2 mm^2 的软铜线可靠连接,屏蔽层必须用不小于 25 mm^2 的软铜线与水平接地装置至少 3 处可靠连接
5	窗户、室内隔断的屏蔽	m^2	窗户和室内隔断的金属屏蔽网安装、连接	窗户和室内隔断的玻璃采用金属网覆盖,金属网网格应不大于 80 mm×80 mm,截面积不小于 9 mm^2,金属门及金属网、屏蔽笼之间应采用截面积不小于 16 mm^2 的软铜线相互铆接或栓接,确保可靠的电气连通

续上表

序号	工程项目	单位	工作内容	备注
6	防静电地板敷设 0.2 mm×20 mm 铜箔带	m^2	敷设铜箔、网格交叉点焊接或与各支座卡接	在防静电地板支架下面敷设 0.2 mm×20 mm 铜箔带组成与防静电地板方格相同的网格，网格交叉点焊接或与各支座卡接
7	室外水平环形地线	m	1. 挖沟、沟内敷设环形地线； 2. 与引下线连接接头； 3. 测试接地电阻，回填	新建信号房屋由房建施工单位实施； 既有信号房屋由信号施工单位实施
8	石墨地线	处	安装固定、敷设引接线、焊接	新建信号房屋由房建施工单位实施； 既有信号房屋由信号施工单位实施
9	接地汇集线	m	制作安装固定接地汇集线及其所需螺栓带帽	
10	接地连接线		敷设接地电缆、做头连接，并测试接地电阻	
	(1)接地电缆 25 mm^2	10 m	室内等电位汇集线与水平环形地网的连接	室内等电位汇集线连接网室外环形地网的接地引出线，采用双根 25 mm^2 带绝缘护套铜线，外套用 ϕ15～25 mmPPR 管防护
	(2)接地电缆 35 mm^2	10 m	水平环形接地线和贯通地线连接	
	(3)接地电缆 70 mm^2	10 m	水平环形接地线和贯通地线连接	
11	室内设备及屏蔽的接地连接		室内设备与接地汇集线连接	
	(1)电缆 10 mm^2	10 m	敷设接地电缆、做头连接，并测试接地电阻	信号电源屏的输出端地线、信号设备的机架(柜)与控制台安全地线、防静电地板防静电地线、微电子设备逻辑地线
	(2)电缆 16 mm^2	10 m	敷设接地电缆、做头连接，并测试接地电阻	机房屏蔽板网复联，信号电源引入防雷箱防雷地线、电源屏的电源输入端防雷地线、防雷分线柜防雷地线、室外电缆金属护套屏蔽地线、不带电金属管道
12	信号电源引入处的Ⅰ级防雷	台	开箱检验，安装固定，缠绕环线，配线连接，导通测试	纵横相全模防雷，由电力专业设计、施工
13	电源引入防雷箱 XL-220V	台	开箱检验，安装固定，缠绕环线，配线连接，导通测试	Ⅱ级(即 C 级)电源防雷箱，纵横向全模防护
14	电源引入防雷箱 XL-380V	台	开箱检验，安装固定，缠绕环线，配线连接，导通测试	Ⅱ级(即 C 级)电源防雷箱，纵横向全模防护
15	安装防雷分线柜	台	开箱检验，安装固定，缠绕环线，套管打字，配线连接，导通测试	
16	安装防雷组合	台	开箱检验，安装固定，缠绕环线，套管打字，配线连接，导通测试，接地连接	
17	计算机电源防雷模块安装	套	模块安装	Ⅲ级(即 D 级)电源防雷组合，纵横向全模防护
18	计算机通道防雷模块安装	只	模块安装	50～100 m 单端加装，100 m 以上两端加装，跨楼层两端加装
19	防雷模块 信号机	只	模块安装	
20	防雷模块 轨道	只	模块安装	
21	防雷模块 站内电码化 8 信息等	只	模块安装	
22	防雷模块 ZPW-2000	只	模块安装	

续上表

序号	工程项目	单位	工作内容	备注
23	防雷模块灯丝及其他	只	模块安装	
24	避雷针	台	1. 基础制作； 2. 避雷针组装、安装； 3. 引下线； 4. 接地极，测试接地电阻	避雷针应根据国家建筑标准设计图设计由专业厂家生产； 由信号专业设计、施工

二、专业设计分工

1. 新建信号设备房屋综合防雷设计分工

表 5－4 铁路信号综合防雷系统新建房屋设计专业分工表

序号	工程项目	单位	工作内容	备注
信号专业				
1	石墨地线	处	安装固定、敷设引接线、焊接	如果共用接地系统接地电阻没有达到要求，需要信号专业补充部分部分接地装置，或特殊需要的独立接地极
2	接地汇集线	m	制作安装固定接地汇集线及其所需螺栓带帽	制作安装固定接地汇集线及其所需螺栓带帽
3	接地连接线		敷设接地电缆、做头连接，并测试接地电阻	
	（1）接地电缆 25 mm^2	10 m	室内等电位汇集线与水平环形地网的连接	室内等电位汇集线连接网室外环形地网的接地引出线，采用双根 25 mm^2带绝缘护套铜线，外套用 ϕ15～25 mmPPR 管防护
	（2）接地电缆 35 mm^2	10 m	水平环形接地线和贯通地线连接	
	（3）接地电缆 70 mm^2	10 m	水平环形接地线和贯通地线连接	
4	室内设备及屏蔽的接地连接		室内设备与接地汇集线连接	
	（1）电缆 10 mm^2	10 m	敷设接地电缆、做头连接，并测试接地电阻	信号电源屏的输出端地线、信号设备的机架（柜）与控制台安全地线、防静电地板防静电地线、微电子设备逻辑地线
	（2）电缆 16 mm^2	10 m	敷设接地电缆、做头连接，并测试接地电阻	机房屏蔽板网复联，信号电源引入防雷箱防雷地线、电源屏的电源输入端防雷地线、防雷分线柜防雷地线、室外电缆金属护套屏蔽地线、不带电金属管道
5	电源引入防雷箱 XL-220V	台	开箱检验，安装固定，缠绕环线，配线连接，导通测试	Ⅱ级（即 C 级）电源防雷箱，纵横向全模防护
6	电源引入防雷箱 XL-380V	台	开箱检验，安装固定，缠绕环线，配线连接，导通测试	Ⅱ级（即 C 级）电源防雷箱，纵横向全模防护
7	安装防雷分线柜	台	开箱检验，安装固定，缠绕环线，套管打字，配线连接，导通测试	
8	安装防雷组合	台	开箱检验，安装固定，缠绕环线，套管打字，配线连接，导通测试，接地连接	
9	计算机电源防雷模块安装	套	模块安装，Ⅲ级（即 D 级）电源防雷组合，纵横向全模防护	包括计算机联锁系统、TDCS、CTC、微机监测。 该防雷由系统供货商提供

续上表

序号	工程项目	单位	工作内容	备注
10	计算机通道防雷模块安装	只	模块安装，50～100 m 单端加装，100 m 以上两端加装，跨楼层两端加装	计算机联锁系统、CTC、TDCS 系统控制室和机房之间的通道两端考虑防护；采用光芯通道的计算机系统可以不考虑雷电防护，采用通信通道的应该考虑雷电防护；TDCS、微机监测的通道入口设置防雷单元。计算机联锁设备视频输出优先考虑安装光隔离器，如果未安装光隔离器应考虑雷电防护。 该防雷由系统供货商提供
11	防雷模块 信号机	只	模块安装	
12	防雷模块 轨道	只	模块安装	
13	防雷模块 站内电码化 8 信息等	只	模块安装	该防雷由系统供货商提供
14	防雷模块 ZPW-2000	只	模块安装	该防雷由系统供货商提供
15	防雷模块灯丝及其他	只	模块安装	
16	避雷针	台	1. 基础制作 2. 避雷针组装、安装， 3. 引下线 4. 接地极，测试接地电阻	避雷针应根据国家建筑标准设计图设计由专业厂家生产
房建专业				
1	避雷带	m	1. 支撑柱安装； 2. 避雷带安装	避雷带的材质采用热镀锌圆钢，圆钢直径不小于 8 mm；避雷带要高出墙体或屋面 0.15 m，并用热镀锌圆钢均匀设置避雷带支撑柱，支撑柱的间距不大于 1 m
2	避雷网	m^2	1. 避雷网安装； 2. 避雷网与避雷带连接； 3. 支撑座安装	新建信号房屋可采用明装或暗装方式
3	引下线	m	由房建单位实施，与房屋结构钢筋一并施工	新建信号房屋引下线可利用建筑物钢筋混凝土框架结构内的钢筋，钢筋采用直径不小于 12 mm 的圆钢，上端与避雷带焊接，下端就近与环形接地网焊接
4	电子机房屏蔽	m^2	由房建单位实施，与房屋工程一并施工	墙面屏蔽网采用 ϕ6 mm 圆钢、网格尺寸不大于 60 mm × 60 mm 的网格，交叉点采用捆扎； 墙面屏蔽网与楼板内钢筋网保持电气连通，房建专业设计、施工
5	窗户、室内隔断的屏蔽	m^2	窗户和室内隔断的金属屏蔽网安装、连接	窗户和室内隔断的玻璃采用金属网覆盖，金属网网格应不大于 80 mm × 80 mm，截面积不小于 9 mm^2，金属门及金属网、屏蔽笼之间应采用截面积不小于 16 mm^2 的软铜线相互铆接或栓接，确保可靠的电气连通。 房建专业设计、施工
6	防静电地板敷设 0.2 mm × 20 mm 铜箔带	m^2	敷设铜箔、网格交叉点焊接或与各支座卡接。	在防静电地板支架下面敷设 0.2 mm × 20 mm 铜箔带组成与防静电地板方格相同的网格，网格交叉点焊接或与各支座卡接。 房建专业设计、施工
7	室外水平环形地线	m	1. 挖沟、沟内敷设环形地线； 2. 与引下线连接接头； 3. 测试接地电阻，回填	电力专业设计，房建专业施工
8	石墨地线	处	安装固定、敷设引接线、焊接	电力专业设计，房建专业施工
9	室内接地汇集线	m	制作安装固定接地汇集线及其所需螺栓带帽	根据信号专业提供的位置预留接地汇集线，电力专业设计，房建专业施工

续上表

序号	工程项目	单位	工作内容	备注
电力专业				
1	避雷带	m	1. 支撑柱安装； 2. 避雷带安装	电力专业设计，房建专业施工
2	避雷网	m^2	1. 避雷网安装； 2. 避雷网与避雷带连接； 3. 支撑座安装	电力专业设计，房建专业施工
3	引下线	m	由房建工程实施，与房屋结构钢筋一并施工	电力专业设计，房建专业施工
4	室外水平环形地线	m	1. 挖沟、沟内敷设环形地线； 2. 与引下线连接接头； 3. 测试接地电阻，回填	电力专业设计，房建专业施工
5	石墨地线	处	安装固定、敷设引接线、焊接	电力专业设计，房建专业施工
6	接地汇集线	m	制作安装固定接地汇集线及其所需螺栓带帽	信号专业向电力专业提供位置资料，电力专业设计，房建专业施工
7	信号电源引入处的Ⅰ级防雷	台	开箱检验，安装固定，缠绕环线，配线连接，导通测试	纵横相全模防雷

2. 既有信号房屋综合防雷设计分工

表 5－5 铁路信号综合防雷系统既有房屋设计专业分工表

序号	工程项目	单位	工作内容	备注
信号专业				
1	避雷带	m	1. 支撑柱安装； 2. 避雷带安装	避雷带的材质采用热镀锌圆钢，圆钢直径不小于 8 mm；避雷带要高出墙体或屋面 0.15 m，并用热镀锌圆钢均匀设置避雷带支撑柱，支撑柱的间距不大于 1 m
2	避雷网	m^2	1. 避雷网安装； 2. 避雷网与避雷带连接； 3. 支撑座安装	既有信号房屋避雷网采用明装方式，即将避雷网直接敷设在建筑物的顶面的隔热层之上，并距隔热层 0.15 m。避雷网由不大于 3 m×3 m 的方形网格构成，每隔 3 m 与避雷带焊接连通。网格由 40 mm×4 mm 的热镀锌扁钢交叉焊接构成。热镀锌钢材的镀层厚度不宜小于 20～60 μm
3	引下线	m	1. 固定卡具安装； 2. 绝缘套管安装	引下线采用 40 mm×4 mm 热镀锌扁钢或直径不小于 8 mm 的热镀锌圆钢，沿建筑物的四周棱角或外墙敷设，引下线距外墙面间隔不小于 15 mm，并均匀设置固定卡具，在地面上方引下线设置绝缘管防护，绝缘管长度不小于 1.8 m，绝缘管下端距地面宜 0.02～0.03 m
4	既有电子机房屏蔽	m^2	敷贴金属板，板间可靠连接	在既有墙体、顶面的表面敷贴金属板，金属板优先采用镀锌铁板，铁板的厚度不小于 0.6 mm，金属板间每间隔 500 mm 必须焊接或用不小于 2 mm^2 的软铜线可靠连接，屏蔽层必须用不小于 25 mm^2 的软铜线与水平接地装置至少 3 处可靠连接
5	窗户、室内隔断的屏蔽	m^2	窗户和室内隔断的金属屏蔽网安装、连接	窗户和室内隔断的玻璃采用金属网覆盖，金属网网格应不大于 80 mm×80 mm，截面积不小于 9 mm^2，金属门及金属网、屏蔽笼之间应采用截面积不小于 16 mm^2 的软铜线相互铆接或栓接，确保可靠的电气连通
7	室外水平环形地线	m	1. 挖沟、沟内敷设环形地线； 2. 与引下线连接接头； 3. 测试接地电阻，回填	

续上表

序号	工程项目	单位	工作内容	备注
8	石墨地线	处	安装固定、敷设引接线、焊接	
9	接地汇集线	m	制作安装固定接地汇集线及其所需螺栓带帽	
10	接地连接线		敷设接地电缆、做头连接，并测试接地电阻	
	(1)接地电缆 25 mm^2	10 m	室内等电位汇集线与水平环形地网的连接	室内等电位汇集线连接网室外环形地网的接地引出线，采用双根 25 mm^2 带绝缘护套铜线，外套用 ϕ15 ~ 25 mmPPR 管防护
	(2)接地电缆 35 mm^2	10 m	水平环形接地线和贯通地线连接	
	(3)接地电缆 70 mm^2	10 m	水平环形接地线和贯通地线连接	
11	室内设备及屏蔽的接地连接		室内设备与接地汇集线连接	
	(1)电缆 10 mm^2	10 m	敷设接地电缆、做头连接，并测试接地电阻	信号电源屏的输出端地线、信号设备的机架(柜)与控制台安全地线、防静电地板防静电地线、微电子设备逻辑地线
	(2)电缆 16 mm^2	10 m	敷设接地电缆、做头连接，并测试接地电阻	机房屏蔽板网复联，信号电源引入防雷箱防雷地线、电源屏的电源输入端防雷地线、防雷分线柜防雷地线、室外电缆金属护套屏蔽地线、不带电金属管道
12	电源引入防雷箱 XL-220V	台	开箱检验，安装固定，缠绕环线，配线连接，导通测试	Ⅱ级(即 C 级)电源防雷箱，纵横向全模防护
13	电源引入防雷箱 XL-380V	台	开箱检验，安装固定，缠绕环线，配线连接，导通测试	Ⅱ级(即 C 级)电源防雷箱，纵横向全模防护
14	安装防雷分线柜	台	开箱检验，安装固定，缠绕环线，套管打字，配线连接，导通测试	
15	安装防雷组合	台	开箱检验，安装固定，缠绕环线，套管打字，配线连接，导通测试，接地连接	
16	计算机电源防雷模块安装	套	模块安装，Ⅲ级(即 D 级)电源防雷组合，纵横向全模防护	包括计算机联锁系统、TDCS、CTC、微机监测。该防雷由系统供货商提供
17	计算机通道防雷模块安装	只	模块安装，50 ~ 100 m 单端加装，100 m 以上两端加装，跨楼层两端加装	计算机联锁系统、CTC、TDCS 系统控制室和机房之间的通道两端考虑防护；采用光芯通道的计算机系统可以不考虑雷电防护，采用通信通道的应该考虑雷电防护；TDCS、微机监测的通道入口设置防雷单元。计算机联锁设备视频输出优先考虑安装光隔离器，如果未安装光隔离器应考虑雷电防护。 该防雷由系统供货商提供
18	防雷模块信号机	只	模块安装	
19	防雷模块轨道	只	模块安装	
20	防雷模块站内电码化 8 信息等	只	模块安装	该防雷由系统供货商提供
21	防雷模块 ZPW-2000	只	模块安装	该防雷由系统供货商提供
22	防雷模块灯丝及其他	只	模块安装	

续上表

序号	工程项目	单位	工作内容	备注
23	避雷针	台	1. 基础制作； 2. 避雷针组装、安装； 3. 引下线； 4. 接地极，测试接地电阻	避雷针应根据国家建筑标准设计图设计由专业厂家生产
电力专业				
1	信号电源引入处的Ⅰ级防雷	台	开箱检验，安装固定，缠绕环线，配线连接，导通测试	纵横相全模防雷
房建专业				
1	敷设防静电地板及0.2 mm × 20 mm 铜箔带	m^2	敷设防静电地板及铜箔、网格交叉点焊接或与各支座卡接	信号专业提供铜箔带技术要求，房建专业设计、施工

3. 新建综合站房信号设备综合防雷设计分工

表 5－6　铁路信号综合防雷系统新建综合站房设计专业分工表

序号	工程项目	单位	工作内容	备注
信号专业				
1	石墨地线	处	安装固定、敷设引接线、焊接	如果共用接地系统接地电阻没有达到要求，需要信号专业补充部分部分接地装置，或特殊需要的独立接地极
2	接地汇集线	m	制作安装固定接地汇集线及其所需螺栓带帽	制作安装固定接地汇集线及其所需螺栓带帽
3	接地连接线		敷设接地电缆、做头连接，并测试接地电阻	
	(1)接地电缆 25 mm^2	10 m	室内等电位汇集线与水平环形地网的连接	室内等电位汇集线连接网室外环形地网的接地引出线，采用双根 25 mm^2 带绝缘护套铜线，外套用 ϕ15～25 mmPPR 管防护
	(2)接地电缆 35 mm^2	10 m	水平环形接地线和贯通地线连接	
	(3)接地电缆 70 mm^2	10 m	水平环形接地线和贯通地线连接	
4	室内设备及屏蔽的接地连接		室内设备与接地汇集线连接	
	(1)电缆 10 mm^2	10 m	敷设接地电缆、做头连接，并测试接地电阻	信号电源屏的输出端地线、信号设备的机架(柜)与控制台安全地线、防静电地板防静电地线、微电子设备逻辑地线
	(2)电缆 16 mm^2	10 m	敷设接地电缆、做头连接，并测试接地电阻	机房屏蔽板网复联，信号电源引入防雷箱防雷地线、电源屏的电源输入端防雷地线、防雷分线柜防雷地线、室外电缆金属护套屏蔽地线、不带电金属管道
5	电源引入防雷箱 XL-220V	台	开箱检验，安装固定，缠绕环线，配线连接，导通测试	Ⅱ级(即C级)电源防雷箱，纵横向全模防护
6	电源引入防雷箱 XL-380V	台	开箱检验，安装固定，缠绕环线，配线连接，导通测试	Ⅱ级(即C级)电源防雷箱，纵横向全模防护
7	安装防雷分线柜	台	开箱检验，安装固定，缠绕环线，套管打字，配线连接，导通测试	
8	安装防雷组合	台	开箱检验，安装固定，缠绕环线，套管打字，配线连接，导通测试，接地连接	

续上表

序号	工程项目	单位	工作内容	备注
9	计算机电源防雷模块安装	套	模块安装，III 级(即 D 级)电源防雷组合，纵横向全模防护	包括计算机联锁系统、TDCS、CTC、微机监测。该防雷由系统供货商提供
10	计算机通道防雷模块安装	只	模块安装，50～100 m 单端加装，100 m 以上两端加装，跨楼层两端加装	计算机联锁系统、CTC、TDCS 系统控制室和机房之间的通道两端考虑防护；采用光芯通道的计算机系统可以不考虑雷电防护，采用通信通道的应该考虑雷电防护；TDCS、微机监测的通道入口设置防雷单元。计算机联锁设备视频输出优先考虑安装光隔离器，如果未安装光隔离器应考虑雷电防护。 该防雷由系统供货商提供
11	防雷模块信号机	只	模块安装	
12	防雷模块轨道	只	模块安装	
13	防雷模块站内电码化 8 信息等	只	模块安装	该防雷由系统供货商提供
14	防雷模块 ZPW-2000	只	模块安装	该防雷由系统供货商提供
15	防雷模块灯丝及其他	只	模块安装	
16	避雷针	台	1. 基础制作 2. 避雷针组装、安装， 3. 引下线 4. 接地极，测试接地电阻	避雷针应根据国家建筑标准设计图设计由专业厂家生产
			房建专业	
1	避雷带	m	1. 支撑柱安装； 2. 避雷带安装	按《建筑物防雷设计规范》有关规定执行
2	避雷网	m^2	1. 避雷网安装； 2. 避雷网与避雷带连接； 3. 支撑座安装	按《建筑物防雷设计规范》有关规定执行
3	引下线	m	由房建单位实施，与房屋结构钢筋一并施工	利用建筑物钢筋混凝土框架中的结构钢筋作为引下线。上端与避雷带焊接，下端就近与基础钢筋焊接，并在信号房屋相应基础部分预留连接端子板，供环形接装置连接用
4	电子机房屏蔽	m^2	由房建单位实施，与房屋工程一并施工	墙面屏蔽网采用 ϕ6 mm 圆钢、网格尺寸不大于 60 mm × 60 mm 的网格，交叉点采用捆扎； 楼板地面钢筋网与墙面屏蔽网保持电气连通； 房建专业设计、施工
5	窗户、室内隔断的屏蔽	m^2	窗户和室内隔断的金属屏蔽网安装、连接	窗户和室内隔断的玻璃采用金属网覆盖，金属网网格应不大于 80 mm × 80 mm，截面积不小于 9 mm^2，金属门及金属网、屏蔽笼之间应采用截面积不小于 16 mm^2 的软铜线相互铆接或栓接，确保可靠的电气连通。 房建专业设计、施工
6	防静电地板敷设 0.2 mm × 20 mm 铜箔带	m^2	敷设铜箔、网格交叉点焊接或与各支座卡接	在防静电地板支架下面敷设 0.2 mm × 20 mm 铜箔带组成与防静电地板方格相同的网格，网格交叉点焊接或与各支座卡接。 房建专业设计、施工
7	室外水平环形地线	m	1. 挖沟、沟内敷设环形地线； 2. 与引下线连接接头； 3. 测试接地电阻，回填	电力专业设计，房建专业施工
8	石墨地线	处	安装固定、敷设引接线、焊接	电力专业设计，房建专业施工

续上表

序号	工程项目	单位	工作内容	备注
9	室内接地汇集线	m	制作安装固定接地汇集线及其所需螺栓带帽	根据信号专业提供的位置预留接地汇集线,电力专业设计,房建专业施工
电力专业				
1	避雷带	m	1. 支撑柱安装; 2. 避雷带安装	电力专业设计,房建专业施工
2	避雷网	m^2	1. 避雷网安装; 2. 避雷网与避雷带连接; 3. 支撑座安装	电力专业设计,房建专业施工
3	引下线	m	由房建单位实施,与房屋结构钢筋一并施工	电力专业设计,房建专业施工
4	室外水平环形地线	m	1. 挖沟、沟内敷设环形地线; 2. 与引下线连接接头; 3. 测试接地电阻,回填	电力专业设计,房建专业施工
5	石墨地线	处	安装固定、敷设引接线、焊接	电力专业设计,房建专业施工
6	接地汇集线	m	制作安装固定接地汇集线及其所需螺栓带帽	信号专业向电力专业提供位置资料,电力专业设计,房建专业施工
7	信号电源引入处的Ⅰ级防雷	台	开箱检验,安装固定,缠绕环线,配线连接,导通测试	纵横相全模防雷

4. 箱式机房综合防雷设计分工

表 5－7 铁路信号综合防雷系统箱式机房设计专业分工表

序号	工程项目	单位	工作内容	备注
	信号专业			
1	石墨地线	处	安装固定、敷设引接线、焊接	如果共用接地系统接地电阻没有达到要求,需要信号专业补充部分部分接地装置,或特殊需要的独立接地极
2	机房箱体接地连接线	处	箱式机房的箱体与基础相连接,并测试接地电阻	采用 40 mm × 4 mm 的热镀锌扁钢焊接
3	室内设备及屏蔽的接地连接		室内设备接地连接	直接与箱式机房地板或防静电地板支架连接
	(1)电缆 10 mm^2	10 m	敷设接地电缆、做头连接,并测试接地电阻	信号电源屏的输出端地线、信号设备的机架(柜)与控制台安全地线、防静电地板防静电地线、微电子设备逻辑地线
	(2)电缆 16 mm^2	10 m	敷设接地电缆、做头连接,并测试接地电阻	机房屏蔽板网复联,信号电源引入防雷箱防雷地线、电源屏的电源输入端防雷地线、防雷分线柜防雷地线、室外电缆金属护套屏蔽地线、不带电金属管道
4	电源引入防雷箱 XL-220V	台	开箱检验,安装固定,缠绕环线,配线连接,导通测试	Ⅱ级(即 C 级)电源防雷箱,纵横向全模防护
5	电源引入防雷箱 XL-380V	台	开箱检验,安装固定,缠绕环线,配线连接,导通测试	Ⅱ级(即 C 级)电源防雷箱,纵横向全模防护
6	安装防雷分线柜	台	开箱检验,安装固定,缠绕环线,套管打字,配线连接,导通测试	
7	安装防雷组合	台	开箱检验,安装固定,缠绕环线,套管打字,配线连接,导通测试,接地连接	

续上表

序号	工程项目	单位	工作内容	备注
8	计算机电源防雷模块安装	套	模块安装,Ⅲ级(即D级)电源防雷组合,纵横向全模防护	包括计算机联锁系统、TDCS、CTC、微机监测。 该防雷由系统供货商提供
9	计算机通道防雷模块安装	只	模块安装,50~100 m单端加装,100 m以上两端加装,跨楼层两端加装	计算机联锁系统、CTC、TDCS系统控制室和机房之间的通道两端考虑防护;采用光芯通道的计算机系统可以不考虑雷电防护,采用通信通道的应该考虑雷电防护;TDCS、微机监测的通道入口设置防雷单元。计算机联锁设备视频输出优先考虑安装光隔离器,如果未安装光隔离器应考虑雷电防护。 该防雷由系统供货商提供
10	防雷模块 信号机	只	模块安装	
11	防雷模块 轨道	只	模块安装	
12	防雷模块 站内电码化8信息等	只	模块安装	该防雷由系统供货商提供
13	防雷模块 ZPW-2000	只	模块安装	该防雷由系统供货商提供
14	防雷模块 灯丝及其他	只	模块安装	
房建专业				
1	室外水平环形地线	m	1. 挖沟、沟内敷设环形地线; 2. 与引下线连接接头; 3. 测试接地电阻,回填	电力专业设计,房建专业施工
2	石墨地线	处	安装固定、敷设引接线、焊接	电力专业设计,房建专业施工
电力专业				
1	室外水平环形地线	m	1. 挖沟、沟内敷设环形地线; 2. 与引下线连接接头; 3. 测试接地电阻,回填	电力专业设计,房建专业施工
2	石墨地线	处	安装固定、敷设引接线、焊接	电力专业设计,房建专业施工
3	信号电源引入处的Ⅰ级防雷	台	开箱检验,安装固定,缠绕环线,配线连接,导通测试	纵横相全模防雷

三、专业设计互提资料

1. 新建信号房屋

表5-8 新建信号房屋设计专业互提资料表

序号	互提资料项目内容	设计阶段	信号	电力	房建
1	车站信号设备综合防雷系统设计原则(需要按综合防雷标准设计的房屋、设计标准等)	预可研 可 研 初 设	○ ○ ○	△ △ △	
2	车站信号设备综合防雷系统实施要求(避雷网、避雷带、引下线、电子设备机房屏蔽,室内接地汇集线技术要求)	预可研 可 研 初 设 施 设	 ○ ○ ○	 △ △ △	 △ △ △

注:1. ○表示各设计阶段各专业提供的资料;△表示各设计阶段各专业接收的资料。

2. 各相关专业设备的设计资料互提内容仍按照原设计要求实施,本表中不再反映。

2. 既有信号房屋

表 5－9　既有信号房屋设计专业互提资料表

序号	互提资料项目内容	设计阶段	信号	电力	房建
1	敷设防静电地板的信号房屋	预可研	○	△	△
		可　研	○	△	△
		初　设	○	△	△
2	敷设防静电地板的信号房屋及防静电地板铜箔带技术要求	预可研			
		可　研	○	△	△
		初　设	○	△	△
		施　设	○	△	△

注：1. ○表示各设计阶段各专业提供的资料；△表示各设计阶段各专业接收的资料。
2. 各相关专业设备的设计资料互提内容仍按照原设计要求实施，本表中不再反映。

第六章　工程质量验收主要原则

第一节　综合接地系统工程质量验收主要原则

一、一般规定

1. 防雷、接地工程施工质量验收应符合《建筑电气工程施工质量验收规范》(GB 50303)、《电气装置安装工程接地施工及验收规范》(GB 50169)及铁路相关专业工程施工质量验收标准的有关规定。

2. 铁路综合接地系统可纳入相关专业综合接地的分项工程中,并按表 6－1 划分。

表 6－1　综合接地系统分项工程、检验批划分

专业	分项工程名称	检验批	检验项目条文号	
			主控项目	一般项目
路基	贯通地线、人工接地体、接地端子排	连续长度不大于 1 000 m 范围	本节二、的 1. ~7.	
	横向连接地线、引接线	每个施工段	本节二、的 8. ~9.	
	电气设备、声屏障、隔离栅栏	每个施工段	本节二、的 18.	
	标志	每个施工段	本节二、的 19.	本节三、的 1.
轨道	轨道完全横向连接线、构筑物的钢筋接地	每个安装段	本节二、的 10. ~12.	
	无砟轨道板接地	每个安装段	本节二、的 13.	
	标志	每个安装段	本节二、的 19.	本节三、的 1.
桥梁	贯通地线、人工接地体、接地端子排	每个施工段	本节二、的 1. ~7.	
	横向连接地线、引接线	每个施工段	本节二、的 8. ~9.	
	桥墩接地极	每个墩台	本节二、的 14.	
	梁体接地	每片梁	本节二、的 15.	
	电气设备	每个施工段	本节二、的 18.	
	标志	每个施工段	本节二、的 19.	本节三、的 1.
隧道	贯通地线、接地端子排	每 100 m	本节二、的 1. ~3. 本节二、的 6. ~7.	
	隧道接地极	每个安装段	本节二、的 16.	
	隧道二次衬砌接地	每个安装段	本节二、的 17.	
	电气设备	每个安装段	本节二、的 18.	
	标志	每个安装段	本节二、的 19.	本节三、的 1.

3. 检验批可根据施工及质量控制和验收需要按长度、施工段(处)等进行划分,并应在该检验批完工后及时验收。

4. 分项工程应由监理工程师组织施工单位分项工程技术负责人等进行验收。

二、主控项目

1. 贯通地线进场后应进行验收，其材质、截面积应符合设计要求，对其主要参数应进行测试。电气特性、机械性能应符合相关产品标准的规定及设计要求。

检验数量：同一生产厂家的贯通地线每十盘为一批，当不足十盘时也按一批计。施工单位每批抽检1盘。监理单位按施工单位抽样数量的50%见证取样检测，当不足一盘时也按一盘计。

检验方法：查验每批产品合格证、性能报告单，抽样检验贯通地线直流电阻值、机械性能。

2. 贯通地线敷设深度、径路应符合现场实际情况及设计文件的规定。

检验数量：施工单位、监理单位全部检查。

检验方法：观察、测量检查。

监理单位旁站。

3. 贯通地线接地电阻值应满足设计要求。

检验数量：施工单位、监理单位全部检查。

检验方法：随工程进度，用接地电阻测试仪及时进行测试。

监理单位旁站。

4. 人工接地体所用材料、规格应满足设计要求。

检验数量：施工单位全检。监理单位见证30%。

检验方法：观察检查。

5. 人工接地体埋设位置、埋设深度应满足设计要求。

检验数量：施工单位、监理单位全部检查。

检验方法：观察、测量检查。

监理单位旁站。

6. 接地端子排的材质、规格、数量应符合设计要求。

检验数量：施工单位全检。监理单位见证30%。

检验方法：观察、尺量检查。

7. 贯通地线的接续、"T"形引接及横向连接的工艺、间隔、防护措施应满足设计要求。

检验数量：施工单位、监理单位全部检查。

检验方法：观察检查。

监理单位旁站并按建设单位规定的比例留证（图像资料）。

8. 引接线应短而直，不得绕圈。

检验数量：施工单位全检。监理单位见证30%。

检验方法：观察、测量检查。

9. 轨道完全横向连接线的设置间隔、连接工艺及防护措施应符合设计要求。

检验数量：施工单位、监理单位全部检查。

检验方法：观察、尺量检查。

监理单位旁站。

10. 电缆过轨钢管或通道、电缆过孔、贯通地线及引出线接口等应符合设计要求。

检验数量：施工单位、监理单位全部检查。

检验方法：观察、测量检测。

11. 距接触网带电体5 m范围内站台混凝土内部纵向长度超过2 m的全部金属结构应与综合接地系统可靠连接。

检验数量：施工单位全检。监理单位见证30%。

检验方法：观察、测量检查。

12. 距接触网带电体5 m范围内混凝土构筑物（如道床板、防护挡墙）中非预应力钢筋、金属管道接地应连接到综合接地系统。

检验数量:施工单位全检。监理单位见证 100% 。

检验方法:观察、测量检查。

13. 无砟轨道的纵向接地钢筋每 100 m 与贯通地线“T”形连接一次。

检验数量:施工单位、监理单位全部检查。

检验方法:观察、尺量检查。

14. 桥墩接地极。接地电通路、接地钢筋的截面、焊接的工艺和长度、接地端子或接地母排位置以及接地电阻值应符合有关办法、标准和设计要求。

检验数量:施工单位、监理单位全部检查。

检验方法:观察,仪表测量。

监理单位旁站并按建设单位规定的比例留证(图像资料)。

15. 梁体接地。接地电通路、接地钢筋的截面和位置、焊接工艺和长度以及接地母排的位置应符合有关办法、标准和设计要求。

检验数量:施工单位、监理单位全部检查。

检验方法:观察检查。

监理单位旁站并按建设单位规定的比例留证(图像资料)。

16. 隧道接地极。接地电通路、接地钢筋的截面、焊接工艺和长度以及锚杆和钢架(含环向接地钢筋)的间隔应符合有关办法、标准和设计要求。

检验数量:施工单位、监理单位全部检查。

检验方法:观察检查。

监理单位旁站并按建设单位规定的比例留证(图像资料)。

17. 隧道二次衬砌接地。接地电通路、接地钢筋的截面和位置、焊接工艺和长度以及接地端子或接地母排的位置应符合有关办法、标准和设计要求。

检验数量:施工单位、监理单位全部检查。

检验方法:观察检查。

监理单位旁站并按建设单位规定的比例留证(图像资料)。

18. 距铁路线路 20 m 范围内各种电气设施、声屏障、隔离栅栏等接地应符合设计要求。

检验数量:施工单位全检。监理单位见证 100% 。

检验方法:观察、尺量检查。

19. 贯通地线的标志的设置位置及编号应满足设计要求。

检验数量:施工单位全检。监理单位见证 30% 。

检验方法:观察、测量检查。

20. 接地端子的接地电阻应满足设计要求。

检验数量:施工单位全检。监理单位见证 100% 。

检验方法:观察、测量检查(文字资料)。

三、一般项目

1. 各种标志编号正确,表面平整光洁,无明显丢边掉角现象。

检验数量:施工单位全检 。

检验方法:观察检查。

第二节　车站信号防雷系统工程质量验收主要原则

1. 验收内容包括检查技术文件,检查、检测防雷设施。

2. 技术文件应包含：

(1)设计方案及变更设计记录；

(2)隐蔽工程(环形接地装置、垂直接地体、建筑物基础地网)的安装技术记录和随工验收记录；

(3)避雷网、避雷带、引下线、环形接地装置、垂直接地体、建筑物基础地网和室内各接地汇集线、屏蔽设施等竣工图纸；

(4)防雷保安器配置图和接线、配线图；

(5)防雷保安器使用说明书,包括技术性能、安装方法,技术指标、维修和故障应急处理方法等；

(6)防雷保安器出厂检验报告、出厂合格证,CRCC 证书等；

(7)地网接地电阻(一组)测试记录,包括测试仪表和环境描述(时间、气候、土质等)。

3. 避雷网、避雷带、引下线、地网检查。

(1)使用材料；

(2)安装、连接和防腐检查；

(4)地网埋设、标志及隐蔽工程记录检查。

4. 接地汇集线及机房屏蔽的检查。

(1)使用材料；

(2)安装及连接检查(其中,金属门窗与地网、防静电地板支柱与地网、机房屏蔽与地网、机房屏蔽的任两点之间用毫欧表进行测试,电阻应小于 0.1Ω)。

5. 防雷保安器安装检查

(1)安装位置、方式及配线的规格、颜色、长度、径路检查；

(2)各级能量配合及参数检查,并有 CRCC 认证标志；

(3)电源防雷箱报警和雷击计数器检查。

6. 根据现场实际或特殊要求的其他项目检查验收。

附录　名词术语

1　直击雷 direct lightning strike

直接击在建筑物地面突出物或大地并产生电效应、热效应和机械力的雷电放电。

2　雷电感应 lightning Induction

雷电放电的强大电磁场作用在邻近的导线或电子、电气设备系统内产生的静电感应过电压和过电流以及电磁感应过电压和过电流。

3　雷电波侵入 lightning surge on incoming services

由于雷电对架空线路或金属管道的作用，雷电波可能沿着这些管线侵入建筑物内，危及人身安全或损坏设备。

4　雷电防护系统(LPS) lightning protection system

用来降低雷击建筑物导致的实体损害的总的装置。由外部防雷装置和内部防雷装置组成。

5　外部雷电防护系统 external protection system

LPS 的一部分，它含有接闪器、引下线和接地装置。

6　内部的雷电防护系统 internal lightning protection system

由雷电等电位连接构成的 LPS 的一部分，它遵循受保护建筑物内间隔距离规定。

7　综合接地系统 integrated earthing system

将铁路沿线的牵引供电回流系统、电力供电系统、信号系统、通信及其他电子信息系统、建筑物、道床、站台、桥梁、隧道、声屏障等需接地的装置通过贯通地线连成一体的接地系统。

8　共用接地系统 common Earthing system

将各部分防雷装置、建筑物金属构件、低压配电保护线(PE)、设备工作地和保护地、屏蔽体接地、防静电接地等连接在一起的接地系统。

9　贯通地线 runthrough earth cable

沿铁路敷设的连接各种设备、设施的接地导体。

10　自然接地体 natural earthing electrode

具有兼作接地功能的但不是为此目的而专门设置的与大地有良好接触的各种金属构件、金属井管、钢筋混凝土中的钢筋、埋地金属管道和设施等的统称。

11　等电位连接 equipotential bonding(EB)

使设备和装置外露可导电部分的电位基本相等的电气连接。

12　信号传输线(信号线) signal transmission line

指铁路通信系统、信号系统及各种电子信息系统的信息传输线。

13　接闪器 aie termination system

外部 LPS 的一部分，利用金属元件，例如杆、网格型导体或悬线以截获雷电闪击。

14　引下线 down - conductor system

外部的 LPS 的一部分，用以将接闪器的雷击电流引入到接地终端装置。

15　接地装置 earthing equipment

外部的 LPS 的一部分，接地线和接地极的总和。用以将雷击电流引导泄放到大地。

16　接地极 earthing electrode

接地装置的一部分或一组。用以与大地进行直接的电气接触并将雷击电流泄放到大地。

17　环形接地体 ring earthing electrode

在位于地表或地下的建筑物周围形成一个封闭环形的接地体。

18 基础接地体 foundation earthing electrode

作为接地体的嵌入建筑物混凝土地基的钢筋或附加导体。

19 连接部件 connecting component

属于外部 LPS 的一部分,用于导体互连或与金属装置的连接。

20 固定部件 fixing component

属于外部 LPS 的一部分,用以将 LPS 部件固定于建筑物上。

21 电气系统 electrical system

装有低压供电部件和可能也有电子部件的系统。

22 电子系统 electronic system

一个由敏感性电子部件组成的系统,例如通信设备、计算机、控制和仪表系统、无线电系统、电子电源装备。

23 雷电电磁脉冲(LEMP) lightning electromagnetic impulse

作为干扰源的雷电流及雷电电磁场产生的电磁场效应。

24 雷电等电位连接(EB) lightning equipotential bonding

将分离的金属部件连接到 LPS,这种直接的导电连接或通过浪涌保护器的连接使得雷击电流造成的电位差减少。

25 浪涌保护器(SPD) surge protective device

至少应包含一个非线性电压限制元件,用于限制暂态过电压和分流浪涌电流的装置。

26 防雷保安器 lightning protector

防雷保安器是浪涌保护器的一种,是用来限制雷电过电压及过电流的装置,它至少应含有一个非线性元件。

27 楼层接地汇流板 floor equipotential terminal board

建筑物内,楼层设置的接地汇流板,供局部等电位接地端子板作等电位连接用。

28 电源防雷箱 protection pannel used in low-voltage power circuits

由防雷保安器、断路器、雷电计数器、指示灯及告警模块(单元)组成的具有防止雷电过电压、过电流损害的防雷保护装置。

29 防雷分线柜 lightning protector distribution cabinet

由防雷保安器、分线端子、告警模块(单元)组成,进行室内与室外信号线的转接、分配及雷电电磁脉冲防护的防雷保护装置。

30 接地汇流排 earthing board

将金属装置、外来导电物、防雷器等通过接地线连接其上从而等电位连接的金属铜带。

31 电磁兼容性 electromagnetic compatibility

设备或系统在其电磁环境中能正常工作且不对该环境中任何事物构成不能承受的电磁骚扰的能力。

32 钢轨电位 track potential

钢轨电位指牵引回流流过轨道线路时,钢轨对大地间产生的电位。

33 接触电压 touch voltage

接地短路(故障)电流流过接地装置时,大地表面形成分布电位,在地面上离设备水平距离为 0.8 m 处与设备外壳、构架或墙壁离地面的垂直距离 1.8 m 处两点间的电位差称为接触电压。

34 跨步电压 step voltage

地面一步距离的两点间的电位差,此距离取最大电位梯度方向上 0.8 m 的长度。

35 土壤电阻率

土壤电阻率指土壤的导电性,通常用 Ω · m 作单位。其数值代表边长为 1 m 的正方体土壤的电阻。可以根据接地体的尺寸和当地的土壤电阻率对接地体或接地系统得对地电阻进行精确计算,以便设计时参考。

参考文献

[1] TB 10007—2006. 铁路信号设计规范[S]. 北京:中国铁道出版社,2006.

[2] TB 10009—2005. 铁路电气化设计规范[S]. 北京:中国铁道出版社,2005.

[3] TB 10006—2005. 铁路运输通信设计规范[S]. 北京:中国铁道出版社,2005.

[4] TB 10008—2006. 铁路电力设计规范[S]. 北京:中国铁道出版社,2006.

[5] 铁建设〔2007〕47 号. 新建时速 300 ~ 350 公里客运专线铁路设计暂行规定(上、下)[S]. 北京:中国铁道出版社,2007.

[6] 铁建设〔2005〕140 号. 新建时速 200 ~ 250 公里客运专线铁路设计暂行规定[S]. 北京:中国铁道出版社,2005.

[7] 铁建设函〔2005〕285 号. 新建时速 200 公里客货共线铁路设计暂行规定[S]. 北京:中国铁道出版社,2005.

[8] TB/T 3074—2003. 铁路信号设备雷电电磁脉冲防护技术条件[S]. 北京:中国铁道出版社, 2003.

[9] TB/T 2311—2007. 铁路信号设备用浪涌保护器[S]. 北京:中国铁道出版社,2007.

[10] TB/T 2653—2003. 铁路信号设备雷电防护用变压器[S]. 北京:中国铁道出版社,2003.

[11] GB 50057—94. 建筑物防雷设计规范(2000 年版)[S]. 北京:中国计划出版社,2000.

[12] 铁运〔2006〕26 号. 铁路信号设备雷电及电磁兼容综合防护实施指导意见.

[13] 运基信号〔2007〕230 号. 关于进一步加强铁路信号设备雷电综合防护管理的通知.

[14] 运基信号〔2007〕535 号. 关于印发《铁路信号设备雷电及电磁兼容综合防护举例设计》的通知.

[15] 运基信号〔2008〕362 号. 关于对铁路信号设备雷电及电磁兼容综合防护进行补充规定的通知.

[16] 运基信号〔2009〕235 号. 关于印发《铁路通信信号箱式机房技术条件(暂行)》的通知.

[17] 铁建设〔2007〕39 号. 铁路防雷、电磁兼容及接地工程技术暂行规定[S]. 北京:中国铁道出版社,2007.

[18] 铁集成〔2006〕220 号. 客运专线综合接地技术实施办法(暂行).

[19] 鉴信〔2007〕96 号. 铁路防雷、接地工程设计专业分及文件编制研讨会议纪要.

[20] 经规标准〔2009〕35 号. 关于发布《铁路综合接地系统》通用参考图的通知. 图号:通号(2009)9301.

[21] [德]KieBling, Puschmann, Schmieder 著. 中铁电气化局集团有限公司译. 电气化铁道接触网[M]. 中国电力出版社. 2004.

[22] [英]W J Furse & Co Ltd 著. 薛瑞民 译,邱传睿 校. 电子系统防护手册[M]. 北京:中国铁道出版社,2002.